Albert Slosman

LA TRILOGIE DES ORIGINES
I
LE GRAND CATACLYSME

En ces temps-là vivaient Isis et Osiris

OMNIA VERITAS

ALBERT SLOSMAN
(1925-1981)

LE GRAND CATACLYSME
1976

Publié par
OMNIA VERITAS LTD

www.omnia-veritas.com

Tous droits réservés. Aucune partie de cette publication ne peut être reproduite par quelque moyen que ce soit sans la permission préalable de l'éditeur.

... EN GUISE DE PROLÉGOMÈNES 7

PRÉFACE 9

CHAPITRE PREMIER 30
AU COMMENCEMENT DIEU ! 30

CHAPITRE DEUXIÈME 54
LES « COMBINAISONS-MATHÉMATIQUES-DIVINES » 54

CHAPITRE TROISIÈME 76
LA CRÉATION 76

CHAPITRE QUATRIÈME 91
LE SYMBOLISME ORIGINEL DE LA CRÉATION 91

CHAPITRE CINQUIÈME 108
LA NUMÉRIQUE SYMBOLIQUE TERRESTRE 108

CHAPITRE SIXIÈME 121
AHA-MEN-PTAH (« LE-CŒUR-AINÉ-DE-DIEU ») 121

CHAPITRE SEPTIÈME 140
UNE SÉANCE AU GRAND CONSEIL 140

CHAPITRE HUITIÈME 158
GEB LE DERNIER MAÎTRE ! 158

CHAPITRE NEUVIÈME 178

LA REINE NOUT 178

CHAPITRE DIXIÈME **197**

OUSIR ET ISET 197

CHAPITRE ONZIÈME **220**

SIT : FILS DE LA REBELLION (« MESIT BETESOU ») 220

CHAPITRE DOUZIÈME **244**

LE GRAND CATACLYSME 244

CHAPITRE TREIZIÈME **265**

MANDJIT 265

CHAPITRE QUATORZIÈME **282**

CHRONOLOGIE D'AHA-MEN-PTAH 282

BIBLIOGRAPHIE **302**

DES PRINCIPAUX DOCUMENTS ÉTUDIÉS POUR UNE COMPRÉHENSION ANAGLYPHIQUE DES TEXTES 302

AUTRES OUVRAGES D'ALBERT SLOSMAN 307

... En guise de prolégomènes

> Peut-être avez-vous entendu prononcer le nom d'Atlas, et celui de la race qui descendit de lui en nombreuses générations ? C'est, dit-on, aussi de lui que descendirent les nombreuses familles qui composèrent notre race. Hélas ! Ce fut jadis une nation heureuse et chérie des dieux aussi longtemps qu'elle honora le ciel.
>
> Jérôme FRASCATOR
> (Syphilidis, chant III)

> La théogonie des Atlantes, rapportée par Diodore de Sicile, s'est probablement introduite en Égypte, dans cette grande irruption dont il est parlé dans le Timée de Platon.
>
> BUFFON
> (Époques de la nature)

> L'engloutissement de l'Atlantide peut être regardé avec autant de raison comme un point historique. Le peu de profondeur de la mer Atlantique jusqu'aux Canaries pourrait bien être une preuve de cet événement dont les îles pourraient être les restes de l'Atlantide.
>
> VOLTAIRE
> (Dict. phil. des changements arrivés sur le globe)

> Pourquoi les Canaries et les Açores, îles de l'océan Atlantique, ne seraient-elles pas les restes de la terre appelée Atlantide ? Elles montrent les montagnes les plus solides des parties qui furent les plus élevées. Les collines les plus humbles, et les vallées intermédiaires furent submergées, quand par l'effet des tremblements de terre et du déluge, ce continent disparut dans les eaux de la mer.
>
> Père Athanase KIRCHER
> (Le Monde souterrain, tome I, 3)

> La pensée rationnelle, sans l'aide de la parcelle Divine
> constituant l'Âme impalpable,
> ne peut conduire qu'à une philosophie du Néant.
>
> A. S.

ALBERT SLOSMAN

Passionné par l'Égypte ancienne et l'Atlantide.

Professeur de mathématiques et expert en analyse informatique a participé aux programmes de la NASA pour le lancement de Pioneer sur Jupiter et Saturne.

Son intention était de retrouver la source du monothéisme et d'en écrire l'histoire.

Sa recherche des origines de tous et de tout, l'a conduit, par des chemins curieux et inattendus, à fixer son attention sur l'antique civilisation égyptienne, dont la formation et le développement furent abordés avec un esprit ouvert et indépendant, tout au long de sa courte vie.

Albert fut résistant pendant la 2ème guerre mondiale, torturé par la Gestapo, et plus tard victime d'un accident qui le laissa 3 ans dans le coma.

Slosman a été une personne d'aspect et de santé extrêmement fragiles, mais animé par une intense force intérieure qui l'a maintenu en vie, motivée par le désir de mener à terme une œuvre en 10 volumes qui se voulait comme une immense trame de la permanence du monothéisme à travers le temps, et que sa mort prématurée ne lui a pas permis de conclure.

Un accident banal, une fracture du col du fémur, suite à une chute dans les locaux de la Maison de la Radio à Paris, lui a enlevé la vie, peut-être parce que son corps, (sa carcasse humaine comme il aimait à le dire) déjà bien ébranlé, n'a pas supporté une agression supplémentaire pour aussi insignifiante qu'elle fut.

Préface

> *Ceux qui, parmi les anciens Égyptiens, désiraient parvenir à la Connaissance apprenaient avant tout le genre de lettres appelé épistolographique ; en second lieu : l'hiératique, dont se servaient les hiérogrammates ; enfin : l'hiéroglyphique. Cette dernière est de deux genres : l'un, cyriologique, emploie les lettres alphabétiques ; l'autre est symbolique. La méthode symbolique se subdivise en trois espèces : l'une, représente les objets en propre, par imitation ; une autre, exprime d'une manière tropique la figuration ; la troisième enfin, s'exprimant par allégories définit certaines énigmes.*
>
> Clément d'Alexandrie
> (*Stromates*, V, 657)

Un texte, depuis deux mille ans, a fait couler beaucoup d'encre, et il continue d'ailleurs, ne serait-ce que par cet ouvrage qui, pour commencer, le cite : il s'agit du fameux « Timée », de Platon, dont les autres récits, philosophiques sont aussi internationalement connus. Mais dans le « Timée », l'auteur s'est inspiré du poème, en vers, du Sage Solon, ce qu'il reconnaît bien volontiers.

Des centaines de livres plus ou moins discutables et discutés ont paru, sans parler du très beau roman de Pierre Benoit qui, à lui seul, suscita la vocation de tant de chercheurs... et de rêveurs ! L'Atlantide, pour garder provisoirement ce nom platonicien, a été situé pratiquement dans toutes les parties du monde ! Nous n'aborderons pas ici le côté humoristique, afin de consacrer un maximum de chapitres à l'Histoire du Continent disparu lui-même, et sous son vrai nom, tel que nous l'ont appris les textes hiéroglyphiques antiques, dans leurs sous-titres anaglyphiques, c'est-à-dire : dans leur deuxième sens Sacré, soit Aha-Men-Ptah, qui veut dire : Cœur-Aîné-de-Dieu.

Ce fut pourquoi les rescapés du Grand Cataclysme qui submergea le pays, l'appelèrent en débarquant en terre africaine : Amenta, Royaume-des-Morts.

Ce fut pourquoi les rescapés, en arrivant à Ta Merit, Lieu-Aimé, ne purent le baptiser, par l'entremise de leur premier roi : Ménès, qu'Ath-Ka-Ptah, qui veut dire : Deuxième-Âme-de-Dieu, et qui devint phonétiquement par une grâce que seuls les Grecs comprennent : Ae-Guy-Ptos, ou en français : Égypte...

Des textes très nombreux attestent formellement cette antique origine. Mais avant de les aborder en détail, voyons la narration platonicienne des événements survenus à ce continent englouti. L'auteur fait parler Critias :

> « Je vais vous dire la vieille histoire que j'ai entendue d'un vieil homme. Car mon aïeul était alors, à ce qu'il disait, près de ses quatre-vingt-dix ans, et moi, j'avais tout au plus dix ans. Nous nous trouvions le jour des Coureotis, durant les Apatouries.[1] La cérémonie se déroula cette fois-là comme de coutume pour nous autres enfants : nos pères nous proposèrent des concours de récitation. On débita force poèmes, et comme en ce temps-là les poésies de Solon étaient encore dans leur nouveauté, beaucoup d'entre nous en chantèrent. Or, quelqu'un de mes frères, soit que tel fut alors son goût, soit qu'il voulut aussi faire sa cour à notre aïeul, déclara que Solon ne lui paraissait pas seulement avoir été le plus sage des hommes pour le reste, mais également par son talent poétique, le plus noble de tous les poètes. Le vieillard, il m'en souvient fort bien, en fut enchanté ; et, tout souriant, il lui répondit : « Eh oui, Amynandre, si Solon n'eût pas fait des vers simplement par passe-temps, s'il se fût appliqué comme d'autres, et s'il eût achevé le récit qu'il avait rapporté d'Égypte, s'il n'eût pas

---

[1] Fête ionienne d'octobre, qui durait quatre jours, et qui permettait d'introniser les jeunes gens dans les diverses phratries.

été forcé par des séditions et d'autres calamités qu'il trouva ici même, à son retour, de négliger complètement la poésie, à mon avis, ni Hésiode, ni Homère, ni aucun autre poète, ne fût jamais devenu plus célèbre que lui.

- Et quel était ce récit, ô Critias ?

- Il traitait de l'exploit le plus grand, et qui eût justement mérité d'être le plus illustre de tous ceux que cette cité ait jamais accomplis. Mais par l'effet du temps et de la mort des acteurs, le récit n'est pas venu jusqu'à nous.

- Redites-le depuis le début, demanda Amynandre. Quel était-il ? Comment fut-il accompli ? Et de qui Solon l'avait-il appris pour le rapporter comme véridique ? »

Cela prologue au récit platonicien du « Timée » attestant ainsi l'authenticité de celui effectué par Solon plus d'un siècle auparavant. Nous savons par maints échos d'auteurs contemporains du Sage hellène, que son poème en vers, inachevé, traitait d'une façon extrêmement détaillée et précise, et pour la première fois révélée, de l'Histoire de l'Égypte ; durant son long séjour sur les bords du Nil, il apprit à lire dans le texte lui-même, les hiéroglyphes, qui retraçaient la tragique et réelle aventure d'un continent englouti par un Grand Cataclysme, et dont les rescapés fondèrent, par leurs descendances, les familles égyptiennes, puis celles des Sémites, des Phéniciens, et des Grecs, entre autres.

Avant d'entrer dans le vif de la vie en Aha-Men-Ptah, continuons quelque peu la lecture du récit en prose, interprété par Platon, afin de l'avoir en une sorte de concordance en notre mémoire pour la suite de ce livre :

« Il y a en Égypte, dit Solon, dans le Delta, vers la pointe duquel le cours du Nil se partage, un certain Nome qu'on appelle Saïtique, et dont la plus grande ville est Saïs. C'est là que régnait le Roi Amasis.[2] Pour ceux de cette ville, c'est une certaine déesse qui l'a fondée ; en égyptien, son nom est Neith. Mais en grec, à ce qu'ils disent, c'est Athéna. Or, ces gens-là sont très amis des Athéniens, et ils affirment être en quelque manière leurs parents. Solon raconta qu'étant arrivé chez eux, il y acquit une grande considération, et que, comme il interrogeait un jour sur les antiquités les prêtres les plus savants en ces matières, il avait découvert que ni lui-même, ni aucun autre Grec n'en avait pour ainsi dire rien su. Et une fois, les voulant induire à parler des vieilles choses, il entreprit de leur raconter ce que nous avons ici de plus ancien. Il leur parla de Phoroneus, celui qu'on appelle le premier homme ; de Niobé, du déluge de Deucalion et de Pyrrha, et des mythes qu'on rapporte sur leur naissance, et des généalogies de leurs descendants. Et il s'efforça, en supputant les années où se passaient les événements, de calculer leur date. Mais l'un des prêtres qui était très vieux, de dire : « Solon ! Solon ! Vous autres Grecs, vous êtes toujours des enfants : un Grec n'est jamais vieux ! » À ces mots, Solon s'empressa de demander : « Comment l'entendez-vous ? » Et le prêtre de répondre : « Vous êtes jeunes, tous tant que vous êtes, par l'Âme ! Car, en elle, vous n'avez nulle opinion ancienne, provenant d'une vieille tradition, ni aucune science blanchie par le temps. Et en voici la raison : les hommes ont été détruits, et ils le seront encore de bien des manières. Par le feu et par l'eau eurent lieu des destructions les plus graves. Mais il y en eut de moindres, de mille autres façons. Car, ce qu'on raconte aussi chez vous, qu'une fois, Phaéton, le fils d'Hélios, ayant attelé le char de son père, mais incapable de le diriger sur la voie

---

[2] Durant le VIe siècle avant Christ, les Libyens de l'ouest se battaient contre l'armée égyptienne du général Apriès et contre des Grecs doriens de Cyrène, eux-mêmes en butte aux rebelles d'Amasis, célèbre pour son ivrognerie et sa vulgarité. À la suite de diverses batailles, Amasis fut couronné Pharaon !

paternelle, incendia tout ce qu'il y avait sur Terre, et il périt lui-même frappé de la foudre, cela se dit en forme de légende. La vérité, la voici : une déviation se produit parfois dans les corps qui circulent au ciel, autour de la Terre. Et, à des intervalles de temps espacés largement, tout ce qui est sur terre périt alors par la surabondance du feu. Alors tous ceux qui habitent sur les montagnes, dans les lieux élevés et dans les endroits secs, périssent, plutôt que ceux qui demeurent proches les fleuves et la mer. Mais pour nous, le Nil, notre sauveur en d'autres circonstances, nous préserve aussi de cette calamité-là, en débordant. Au contraire, d'autres fois, quand les dieux purifient la terre par les eaux et la submergent, seuls, les bouviers et les pâtres des montagnes sont sauvés ; mais les habitants des villes de chez vous sont entraînés dans la mer par les fleuves. À l'inverse, dans ce pays-ci, ni alors, ni dans d'autres cas, les eaux ne descendent des hauteurs dans les plaines, mais c'est toujours de dessous la terre qu'elles sourdent tout naturellement. De là vient, dit-on, qu'ici se soient conservées les plus anciennes traditions. Mais la vérité est que, dans tous les lieux où il n'y a pour l'enchâsser, ni un froid excessif, ni une chaleur ardente, il y a toujours, tantôt plus, tantôt moins nombreuse, la race des hommes. Aussi, soit chez vous, soit ici, soit en tout autre lieu dont nous avons entendu parler, s'il s'est accompli quelque chose de beau, de grand, ou de remarquable à tous autres égards, tout cela est ici par écrit depuis l'Antiquité, dans les temples, et la mémoire en a ainsi été sauvée. Mais chez vous et chez les autres peuples, à chaque fois que les choses se trouvent un peu organisées en ce qui touche l'écriture et tout le reste de ce qui est nécessaire aux États, voici que de nouveau; à des intervalles réglés comme une maladie, les flots du ciel retombent sur vous et ne laissent survivre d'entre vous que des illettrés et des ignorants. Ainsi, périodiquement, vous redevenez jeunes, sans rien savoir de ce qui s'est passé ici, ni chez vous, dans les anciens temps. Car ces généalogies· que vous citiez à l'instant, ô Solon, ou du moins ce que vous venez d'en parcourir touchant les événements de chez vous, diffèrent bien peu des contes des enfants !... »

Indiscutablement, tous ces propos sont bien tirés du poème écrit par Solon. Il y est parlé réellement de ce que le Sage a vu et entendu en Égypte. La Vérité sort par sa bouche, ayant vérifié les textes hiéroglyphiques par lui-même. Les faits énoncés par le Prêtre sont donc exacts.

Mais si Platon a fidèlement recopié jusque-là les paroles de son très Sage ancêtre, il va introduire, manifestement, dans la suite du « Timée » un morceau de bravoure de sa propre invention, qui sera le prélude de la voie philosophique qu'il tracera dans « La République » et « Les Lois », à la gloire de l'État parfait, et Grec, bien naturellement !

Le schéma organisateur politico-social apparaît de plus en plus nettement dès le paragraphe suivant, où Platon idéalise la Cité et l'Armée de son pays ! Ainsi, dans le passage suivant, le pays Atlante cesse d'être un continent pour se confondre dans le Passé avec la Grèce toute-puissante ! Car, en effet, le Présent dans lequel se débat l'auteur a besoin d'un sérieux coup de main· pour ne pas sombrer !...

Écoutons donc la fable inventée à cet effet, et contée - ce qui est impensable dans la réalité - par le Prêtre égyptien du Temple initiatique de Saïs :

« Et puis, la race la meilleure et la plus belle parmi les hommes, vous ne savez pas que c'est dans votre pays qu'elle est née, ni que de ces hommes-là, vous et toute votre cité actuelle vous descendez ; car un peu de leur semence s'est conservée. Vous l'ignorez parce que pendant de nombreuses générations, les survivants sont morts sans avoir été capables de s'exprimer par écrit. Oui, Solon! Il fut un temps, avant la plus grande destruction par les eaux, où la cité qui est aujourd'hui celle des Athéniens, était de toutes la meilleure dans la guerre, et la mieux policée à tous les égards. Chez elle, dit-on, furent accomplis les exploits les plus beaux. Il y

eut les organisations politiques les meilleures de toutes celles dont nous ouïmes oncques parler sous le ciel »

Ce passage ne pouvait manquer, évidemment, de redresser le chef des Grecs, et les inciter à redevenir ce qu'ils avaient été censés être !

Pour réussir ce tour de force, Platon ne ménage ni ses effets, ni ses efforts tous azimuts ! Il ouvre toutes grandes les archives mythologiques fictives des dieux athéniens, faisant intervenir la bienveillante Athéna pour fonder Saïs où elle s'implante sous le nom de Neith !... Oubliant que cette protectrice du Nome Saïtique existait déjà en ce lieu bien avant la pose de la première pierre du Parthénon d'Athènes !... Mais peu lui importe, la renaissance grecque ayant des exigences qui passent avant la réalité ! Mais écoutons encore un peu ce prêtre égyptien *(sic)* peu... orthodoxe :

« *Je n'userai point de réticence, et par égard pour vous, ô Solon, pour votre cité, et plus encore pour la déesse qui a protégé, élevé, instruit votre cité et celle-ci, je vous conterai cette merveilleuse histoire. De nos deux cités, la plus ancienne est La vôtre, et de mille années, car elle a reçu votre semence de Gaia et d'Héphaïstos. Celle-ci est plus récente. Depuis que notre pays est civilisé, il s'est écoulé, portent nos écrits sacrés, le chiffre de huit mille ans. C'est donc de vos concitoyens d'il y a neuf millénaires que je vais vous découvrir brièvement les lois, et parmi leurs hauts faits, je vous dirai le plus beau qu'ils aient accompli.* »

Arrêtons là cette description platonicienne des plus emphatiques, car le célèbre écrivain donne libre cours à ses propres visions, et à ses propres préceptes philosophiques sur les diverses classes de cette société antique, où les combattants... hellènes avaient une place prépondérante et privilégiée ! Ce qui est un non-sens des plus aberrants dans la bouche d'un prêtre égyptien des plus érudits, et dont les hiéroglyphes n'assemblaient jamais le mot guerre car le peuple de son pays n'avait point de militaires !

La suite du récit de Platon évoquerait plutôt la seconde guerre médique qu'Eschyle mit en scène dans « Les Perses ». Notre auteur, pour rattraper en quelque sorte son homélie et revenir véritablement à l'Atlantide de Solon, décrit comment le vénérable aïeul Critias a rappelé ses souvenirs. Mais cela n'a plus rien à faire en notre préface. Si quelque lecteur curieux de la suite de ce morceau glorieux le désire, les innombrables traductions du « Timée qui existent sur le marché du livre, le satisferont amplement.

Revenons donc au continent d'Aha-Men-Ptah, depuis son origine humaine. Pour ce faire, il faudra également remonter jusqu'à l'Origine tout court, telle que la concevaient ses habitants, et qui nous est parvenue sur les bords du Nil par leurs arrière-petits-enfants.

L'Origine avec un O majuscule ; l'Origine de chacun de nous, de tous, de tout : du ciel et de la terre, de leurs contenants et de leurs contenus ! Que nous soyons croyants ou athées, nos pensées, au moins une fois se sont dirigées vers cette Origine commune, unique, et son Créateur, qu'Il soit appelé Dieu, ou tout simplement « hasard » ! Et qui serait plus habilité pour parler de cette Origine, que ceux-là même qui la vécurent et la racontèrent à leurs descendances, qui la gravèrent pour l'Éternité dans la pierre ?...

Le but de cet ouvrage est donc de permettre au lecteur, quelles que soient ses pensées spirituelles, de se faire une opinion par lui-même, en lisant l'Histoire - et non une histoire ! - d'Aha-Men-Ptah, que le Grand Cataclysme gomma de la surface de notre globe terrestre en quelques heures !

Pour remonter à cette Origine, il convient donc de parcourir à reculons la chronologie analytique du continent englouti. Et s'il paraît complexe de s'en retourner aussi lointainement dans le passé, la tâche n'en est nullement insurmontable ! Bien des écrits subsistent, qui narrent, même s'ils sont en hiéroglyphes anaglyphiques, les Annales d'Aha-Men-Ptah, d'autant qu'ils remontent à une substantielle Antiquité !... Ces textes, qu'ils soient gravés sur la brique crue, cuite, puis sur la pierre ; qu'ils soient imprimés dans l'argile ou bien peints sur peaux de cuir à peine tannées avant d'être écrits sur papyrus, il est aisé de s'apercevoir que *tous* concordent à définir une Origine unique, hautement spirituelle et essentiellement monothéiste.

La métaphysique tellement surprenante par sa clarté tant liturgique que théologique, qui se dégage de cette Connaissance prédynastique égyptienne, fait qu'il est parfaitement logique de dire que leurs auteurs représentaient une civilisation supérieure, arrivée là par suite d'un Exode, et descendant d'un peuple infiniment plus antique ayant vécu ailleurs.

Comment faire comprendre dès cette préface, le besoin vital de communiquer son Origine, qu'avait cette race en voie d'extinction, tant sur ses réalisations, que sur le Dieu-Unique qui les avait permis, cela afin de donner le moyen aux générations futures de faire de même en s'harmonisant avec Ses commandements ?

Comment faire toucher du doigt aux hommes du XXe siècle, ce besoin inné de communion antique qu'avaient les Ames en tant que parcelles Divines lovées dans des enveloppes charnelles mortelles, avec leurs Pères à toutes, durant leurs vies terrestres non éternelles ?

Comment faire admettre aux esprits contemporains, trop complexés par leur environnement qu'ils détruisent eux-mêmes, ce besoin vital d'harmoniser chaque acte de la vie quotidienne aux commandements naturels d'un seul Dieu : Ptah ?

Comment ne pas hocher la tête de stupéfaction, de nos jours, devant cette éthique rigoureuse contraignant l'homme à ne rien commettre qui puisse lui être reproché lors de la « pesée de l'âme », sous peine de ne pouvoir accéder à l'Amenta, cet « au-delà de la mort », pour pénétrer au « Royaume des Bienheureux » ?...

Toutes ces questions ne restent cependant pas sans réponses, puisque la plus ancienne Histoire de l'Humanité nous les a retransmises, transcrites par des générations successives de scribes ! Elles sont là, dans une multitude d'inscriptions, gravées sur les murs des plus vieux tombeaux : à Saquarah, à Dendérah, à Thèbes, ou bien sur les soubassements des plus anciens Temples , « recopiées de textes antiques ». À sa manière, Ména ou Ménès en phonétisation grecque, qui fut le premier Roi de la première dynastie, narra l'Histoire de ses Ancêtres. Nous sommes en l'année 4303 avant que ne commence l'ère chrétienne ! L'unificateur réalisa le rêve caressé par ses arrière-grands-parents : édifier un Temple à la gloire de Dieu, *et autour duquel se bâtirait la capitale de la seconde Patrie ainsi fondée.* L'édifice religieux fut appelé Ath-Ka-Ptah, ou Deuxième-Âme-de-Dieu.

Cette deuxième âme, ou ce « second cœur » devint vite le nom du pays, qui se phonétisa en : Ae-guy-ptos, en grec, et Égypte en français. Ce fut également durant les deux premières dynasties le nom de la capitale qui devint ensuite Aneb-Hedj ou Les-Murs-Blancs, dont les Hellènes firent... Memphis...

La simple logique devant cette dénomination primordiale d'Ath-Ka-Ptah, est d'admettre, qu'auparavant, il y a eu un premier cœur, une première âme, *ailleurs;* un cœur ancien, un « Cœur-Aîné » de Dieu : Aha-Men-Ptah.

L'Origine de ce peuple remonte ainsi indiscutablement à un Fils de Dieu qui assit les créatures faites à l'image du Créateur dans un endroit terrestre en tant que civilisation, trente-six mille ans environ avant la naissance de Jésus. En cet endroit, un Adam apprit à parler et à se servir de ses mains pour œuvrer. Le Verbe était incarné ! Les Pharaons en furent considérés durant plus de quatre millénaires comme les lointains descendants, cette appellation venant de la hiéroglyphe Per-Aha qui signifie précisément : Descendant de l'Aîné !

Le pionnier des premiers temps, à la fin de cet exténuant Exode, terminé par la traversée du torride désert libyen, avait de plus en plus une Foi presque inconditionnelle en ce Dieu qui avait si sévèrement puni ses ancêtres. En édifiant le Deuxième-Cœur sous l'unification éclairée de Ménès, il savait en son for intérieur qu'il pourrait désormais vivre en paix avec les autres hommes et en harmonie avec son Créateur dont il était l'image. Il connaissait les tâches à accomplir durant sa vie terrestre ainsi que les péchés à ne point commettre sous peine de sanctions redoutables au-delà de la Vie Humaine. Il avait appris par l'expérience ce qu'il en coûtait de transgresser les commandements Divins ! Une fois la perte de leur Éden, au soleil de cette terre privilégiée qu'avait été Aha-Men-Ptah, suffisait amplement ! Il ne la récupérerait une seconde fois que grâce à une abnégation totale de sa propre personnalité au profit de celle de la communauté. Ainsi l'Espérance renaîtrait, de même que les droits de chacun d'accéder à la Vie Éternelle.

Cette notion de la Divinité, telle qu'elle existait à cette époque fort reculée, nécessitait indéniablement un cycle de pensées abstraites dominantes tout autant que déterminantes, formée, justement, en une longue addition d'observations, de réflexions, et de méditations, tout au long de nombreux millénaires.

Ce qui explique, en un certain sens, que le jour où fut atteint ce maximum d'intense spiritualité, une certaine force d'inertie bien humaine, s'instaura, planant sur toutes choses et tout acte de la vie quotidiennement répété. Les hautes pensées antiques qui reliaient l'Âme à son Dieu furent submergées dès cet instant précis, et cédèrent la place à un esprit purement raisonneur et des plus matérialistes ! Ce que les Prêtres de la seconde Patrie ne voulaient revoir sous aucun prétexte se rétablir ! D'où cette abondance d'interdits et de « dieux » ou plutôt de protecteurs des provinces, qui assuraient une surveillance incessante sur tous les instants de la vie de tous et de tout.

Mais depuis Ménès, les dogmes religieux impératifs s'estompèrent au fil des siècles, à nouveau, pour s'effacer totalement les millénaires passant ! Après les invasions précédant le début de l'ère chrétienne, et la pénétration grecque, il ne subsista plus que la mythologie affabulatoire...

Ainsi se vérifièrent les propos d'Imouthès le Sage, dont les Hellènes firent Asklépios : « *Ô Égypte ! Égypte ! Il ne restera de ta religion que des fables ! Tes enfants eux-mêmes, plus tard, n'y croiront même plus. Rien ne survivra que des mots gravés sur des pierres qui seules se souviendront de tes pieux exploits.* »

Cela se révèle d'une rigoureuse exactitude ! Car qui se préoccupe aujourd'hui d'expliquer, ou même plus simplement d'étudier rationnellement ce que les spécialistes appellent la « mythologie » ? Nul ne pouvant, ou ne désirant, remonter le temps au sein d'une chronologie plus ou moins biblique forcément antérieure au déluge de Noé, cette narration encore plus antique restait ainsi une simple fable !

L'Église, ainsi que la Commission Biblique du Vatican, je m'empresse de le souligner ici, sont revenues à des notions moins simplistes de l'Origine ; elles ont conseillé, au cours d'une réunion de 1958, à tous les spécialistes, de se pencher sur cet épineux problème historique.

Car il ne faut point oublier que jusqu'à Esdras, soit vers le milieu du Ve siècle seulement avant l'ère chrétienne, les juifs ne possédaient aucun écrit sacré, ni aucune règle canonique provenant d'une autorité religieuse, d'autant que la Grande Synagogue n'existait pas encore.

Il y avait certes les lois transcrites par Moïse, et rappelées par ses successeurs désireux de créer une plus stricte observance des Commandements. Il y avait aussi les discours des prophètes qui excitaient le peuple hébreux et appelaient à plus de piété et de vertu. Il y avait enfin de nombreux poètes, qui confiaient à des chants épiques une gloire illusoire... Mais cela ne remplaçait pas *une Autorité ecclésiastique*, pour choisir et désigner comme tels les écrits de la volonté Divine, inspirés par Elle !... Alors que depuis plus de quatre mille ans ceux-ci étaient déjà, effectivement, en vigueur en Égypte !

Esdras ne se contenta d'ailleurs pas seulement de réunir dans les cinq livres du « Pentateuque » les lois qu'il tentait de léguer aux juifs en tant qu'œuvre de Moïse, mais il y ajouta des légendes courantes chez les Chaldéens de son temps, elles-mêmes affabulées de textes égyptiens démontrant la Puissance de Dieu sur la Terre, notamment au sujet du Grand Cataclysme, dont la transcription effroyable devint le Déluge universel. Il en alla de même en toutes choses créatrices, ainsi que nous le verrons plus loin en détail.

Malgré bien des vicissitudes, les juifs, tout comme les Grecs ensuite, auront une Histoire soigneusement conservée dans un langage précis parce que totalement connu, et surtout très embellie et parfaitement commentée ! Comment aurait-il été possible de pénétrer dans l'intimité d'une nation bien plus savante, mère des deux autres, mais éteinte, complètement disparue ? Engloutie une première fois avec son Savoir en Aba-Man-Ptah, elle fut rasée et détruite une deuxième fois en Ath-Ka-Ptah, avec ses monuments et ses bibliothèques...

Aussi, à mesure que le lecteur plongera de plus en plus profondément dans le passé, il devra faire l'effort d'imaginer au fond de lui-même également, les nombreux détails de cette vie antique qui ne peuvent lui être familiers, et qui se sont estompés, fondus, effacés, martelés même, des textes sur les monuments ; en peu de mots, le lecteur devra substituer son éloquence spirituelle à la carence ruinée des traces à peine visibles !

C'est pourquoi les colossales constructions des plus anciennes dynasties mises à jour, témoignent de cette civilisation venue d'ailleurs, d'une contrée lointaine engloutie, où l'Orient devint subitement l'Occident changeant la face des choses ! Elles sont le lien entre ce passé si prestigieux et notre présent qui se veut résolument concret et matérialiste, alors qu'elles rappellent la fin d'un peuple qui avait fini par se croire lui-même créateur de toutes choses !...

Aussi la Toute-Puissance Divine plongea les survivants dans un Exode extrême, fait d'adaptations et d'implantations, d'amalgames et de mixages, qui se termina sur une nouvelle terre par la réintroduction de « clans » et de « castes » ! Quant aux tribus autochtones vivants sur place, encore à l'âge de la pierre taillée, elles accueillirent sans contrainte ces étrangers différents d'eux, les Nubiens, et qui englobèrent tout un chacun dans leur cercle familial, tout comme ceux qu'ils rencontrèrent durant leur longue marche vers la Lumière : Ath-Ka-Ptah.

Personne n'était asservi, mais les arrivants comprirent qu'une sorte de suprématie leur était nécessaire pour maintenir l'ordre et l'unité. Ils encouragèrent le mystère qui entourait leur Origine Divine, amenant une crainte superstitieuse qui permit la fondation de la forme monarchique qui allait durer plus de quatre millénaires.

Ainsi « renaquit » leur second peuple, constitué au sommet par le « Descendant de l'Aîné » et ses « Cadets », à la peau rosée, indifféremment bruns ou blonds. Puis venaient les « Ethiopiens », noirs de peau, aux cheveux crépus et à l'intelligence peu développée, mais possédant une faculté d'adaptation rapide ! Il y avait enfin les « Kussites », qui avaient pris les arrivants pour des dieux et les servaient avec dévotion et Foi. Plus tard, ce sont ces mêmes kussites qui, voulant garder le même Dieu dans leur cœur, gardèrent deux des trois hiéroglyphes du nom du pays en totale perdition, afin de définir leur simple croyance éternelle : Ka-Ptah, les Coptes, ou les Cœurs-de-Dieu.

En deux ou trois siècles, un nouveau peuple était né sous l'impulsion de Ménès le premier « Per-Aha », ou Pharaon. Il oublia ses outils de silex et ses abris précaires, pour entrer dans la voie de l'obéissance à Dieu pour une vie meilleure. Il forma même rapidement, tant au Proche-Orient que plus à l'est, de nouvelles civilisations, tout en gardant une suprématie intellectuelle envers et contre tous, durant plus de quatre mille ans, avec Ptah au Pouvoir Suprême.

L'harmonie était idéalement réalisée par l'emplacement choisi dès l'établissement d'un plan de retraite. Divers lieux avaient été prospectés, mais seul celui qui avait reçu le beau nom de : Ta Méri, « le lieu Aimé », s'était révélé parfaitement accordé. Même les emplacements réservés aux lieux d'études des « Combinaisons-Mathématiques », parfaitement adaptés aux mêmes conditions climatiques, étaient situés sur les mêmes parallèles ! Bien avant, donc, d'atteindre cette terre promise, en quelque sorte, tous les avantages en avaient été rationnellement déterminés. Ce territoire était sans contestation possible, le nouveau lien qui permettrait une Seconde Alliance avec l'Éternel.

Le Nil en était l'axe vital, d'autant que, prenant un nouveau cours, il s'était encore plus aligné dans un axe parallèle Ciel-Terre. Ce fut donc pour d'autres axiomes que ceux-ci souvent avancés pour des raisons climatologiques, que le « Fleuve » fut appelé « un don de Dieu ». En effet, cette longue masse liquide qui traversait tout le pays, était le sosie, la parfaite reproduction terrestre de la Voie Lactée, d'où son anaglyphe : Hapy. Il dénommait le Nil, la Voie Lactée, ainsi qu'un scarabée de type spécial, emblème d'Isis, et qui s'appelle encore en latin : « le Taureau Volant ». Il sera revenu, bien sûr, sur tous ces éléments aussi subtils que logiques, mais il est facile de vérifier, pour tous ceux qui ont été sur les bords du « Grand Fleuve » et ce par un ciel étoilé, que la Voie Lactée est le Grand Fleuve Céleste, fidèle reproduction du Nil, car une longue traînée blanche, laiteuse, traverse le ciel dans toute sa largeur, s'étirant à l'est en deux tronçons filandreux - tels le Nil blanc et le Nil bleu - et se perdant à l'horizon occidental en un amas lactoïde triangulaire - tel le fameux delta terrestre.

Le lien harmonique entre le Ciel et la Terre n'est donc pas ici une simple vue de l'esprit, et chacun des pionniers de l'époque prédynastique pouvait se rendre aisément compte par lui-même de l'identité des deux Hapy, dès le premier soir, en levant simplement les yeux. La tête de pont préliminaire à la reconnaissance de la Seconde Patrie par Dieu était enfin établie...

Pour la parfaire, il fallait s'établir sur cette terre comme étaient implantées les étoiles sur les rives du « Grand Fleuve Céleste » : en amas aux configurations géométriques, qui naviguaient à la suite du Soleil conducteur, lentement, comme sur les barques « Mandjit » - les insubmersibles - qui avaient sauvé tous les rescapés. Et leurs descendants suivirent le cours du « Grand Fleuve Terrestre » afin de coloniser les rives en « clans ».

En haut, les constellations zodiacales, ces « clans célestes », éléments vitaux de la trame constitutive de l'Âme de chaque être, cette parcelle Divine : le Rayon de Vie accordant la Force Agissante, pouvaient commencer leur Action. Elles émettaient - et elles le font toujours par l'entremise de leur Soleil central - un rayonnement si colossal, et si puissant bien qu'invisible, qu'un laboratoire soviétique sibérien a calculé qu'il transperçait la Terre en son plus grand diamètre, en $1/200^e$ de seconde... Chacun de ces douze Soleils diffusant sur des longueurs d'ondes particulières forme des schémas, des trames caractéristiques, que les « Maîtres » des « Combinaisons-Mathématiques-Divines » connaissaient évidemment dans leur intégralité. Comme il en sera parlé plus longuement par la suite, nous n'entrerons pas ici plus avant dans le détail.

« Ce qu'il doit ressortir en premier de cette préface est surtout le sens religieux des textes gravés ou peints. »

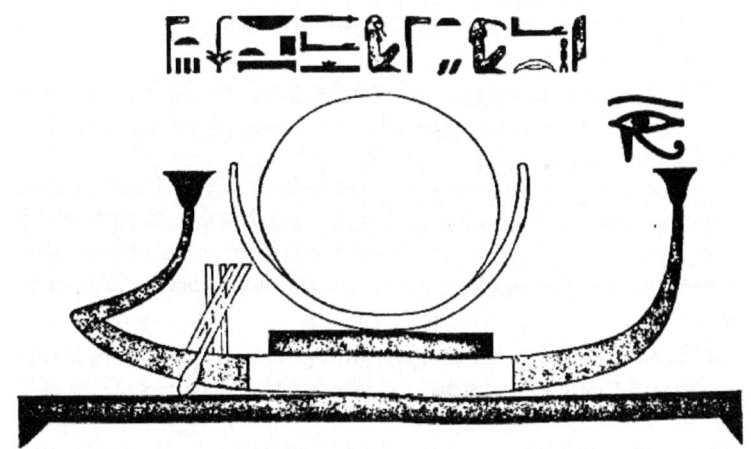

Ici le Soleil navigue dans un nouveau sens sur le ciel renversé après le Grand Cataclysme, conduit par l'Œil Sacré.

Devant ces « canevas stellaires », navigue à reculons le Soleil, introduisant ainsi le cycle précessionnel de la « Grande Année » dont le Nombre parfait est de 25 920 ans. Ce chiffre est astronomiquement et scientifiquement démontré. Il est le second maillon de la chaîne reliant l'Âme terrestre au Ciel, et il sera, lui aussi, et bien d'autres, amplement expliqué.

Le troisième chaînon incomba aux bâtisseurs qui s'établirent sur les terrains prédestinés afin que, par les constructions qu'ils élevèrent à la gloire de Dieu ainsi qu'à la conjuration du mauvais sort jeté par Lui sur Ses premières créatures, ils parviennent à l'Alliance. Pour ce faire ils érigèrent les Demeures de Dieu, en les faisant resplendir de toutes les richesses disponibles. Mais ils modelèrent également dans la roche un énorme Aboul'Hol, ou « Père de l'Effroi », surnom que les Arabes lui donnent encore en le chuchotant avec respect et terreur ! Il est le Père de toutes les reproductions qui pullulèrent durant les millénaires suivants, et qui tous symbolisèrent le Grand Cataclysme. Cela ayant pour but de rappeler à tous la Loi Divine, et les consignes d'obéissance, seules garanties de la Bonne Entente ainsi que de non-retour d'un pareil bouleversement. C'est pourquoi il fut sculpté dans la masse : afin de résister à l'Éternité elle-même...

Pour le peuple autant que pour Pharaon, « l'Ancêtre », cette statue n'avait absolument rien d'énigmatique, d'autant que son temple creusé dans les fondations, était là, tout en albâtre et granit rose, prêt à favoriser toutes les intercessions qui permettraient une vie terrestre exempte d'un second cataclysme. C'est pour cela que toutes les générations qui se succédèrent durant les douze premières dynasties riraient à en mourir une seconde fois de rire, si elles pouvaient avoir été présentes lorsque les élites grecques, puis les super-intelligences de notre ère chrétienne, cherchèrent à savoir ce qu'était le Sphinx !

Ce qui doit ressortir en premier lieu de cette préface est surtout le sens religieux des phrases gravées ou peintes par les ouvriers commandés par les scribes, eux-mêmes fidèles servants des Prêtres exécutants du Pontife. Et ces textes hiéroglyphiques, anaglyphiques et donc assez hermétiques pour les néophytes, ne s'adressaient, et cela est l'évidence même, qu'aux Égyptiens antiques, et non pas aux égyptologues modernes. Il faut aussi ajouter, pour mieux traduire l'ardeur des bâtisseurs, que ceux-ci pensaient en formant la silhouette d'Aboul'Hol, élever également vers le ciel, dans le même axe que les « pyramides », un double bénéfique, symbolisant la même figuration de lion couché de la constellation du même nom ! Car le Grand Cataclysme avait eu lieu, comme il l'a été dit plus haut, le 21 juillet 9792 avant J.-C., soit au moment où le Soleil traversait apparemment cette configuration stellaire, et où également, par le phénomène de la précession équinoxiale et du pivotement de l'axe terrestre, se trouvant dans son cycle de la « Grande Année »,il se mit à reculer au lieu de continuer d'y avancer. Ce qu'il continue toujours de faire après douze mille ans !...

Le symbolisme des deux lions adossés avec le Soleil s'élevant entre eux, ainsi que cet Aboul'Hol, ou lion couché et « père de l'effroi » apporte la confirmation incontestable des faits qu'à cette époque il ne s'agissait nullement de prouver puisque tous les connaissaient, mais simplement de les conjurer. La date de ce mois de juillet-là fournit l'argument et la justification de toute l'iconographie léonine égyptienne. Le déluge catastrophique qui bouleversa irrémédiablement la vie des survivants en leur laissant le souvenir des tremblements de terre, raz de marée et éruptions volcaniques titanesques, en ce mois où le Soleil était doublement en Lion, resta synonyme de changement complet.

Ainsi, il apparaît que la protection demandée au Lion, n'a rien à voir avec la royauté en elle-même, mais plus simplement avec la majesté solaire, à qui il est demandé, tant qu'elle sera en constellation du Lion, de bien vouloir y naviguer en toute tranquillité ! Car, le phénomène précessionnel, prouvé mathématiquement, était toujours susceptible de se reproduire ! D'où l'imploration incessante de tout un peuple désirant une harmonie réelle afin d'éviter le retour d'un nouvel et aussi effroyable bouleversement.

Le problème posé par la précession des équinoxes est simple. La Terre tourne sur elle-même en presque vingt-quatre heures. Soit en presque trois cent soixante-cinq jours annuellement : six heures de plus environ, qu'il conviendrait d'ajouter et que l'on additionne en fait tous les quatre ans pour avoir un jour de plus.

Le Temps paraît ainsi être en accord avec l'Espace. Mais en pratique il en va tout autrement. Le deuxième mouvement qui anime notre globe est celui qui le fait rétrograder précessionnellement. C'est-à-dire qu'il fait reculer aussi notre planète dans l'espace, et ce, de cinquante secondes d'arc par an. Or, comme il n'existe aucun géant Atlas pour empêcher la Terre d'aller en arrière, et que dans ce cas précis la mathématique terrestre ne sert rigoureusement à rien, il lui faut 25 920 ans pour effectuer une rotation complète de son mouvement précessionnel, à raison de UN degré tous les soixante-douze ans. Ce qui est *très* lent.

Elle se retrouvera ainsi, après avoir effectué un cycle à l'envers sur elle-même, de nouveau à un point zéro, fixé le jour du début du printemps et dénommé le point vernal. Cette vérité scientifiquement établie, est cependant invérifiable humainement parlant vu la longueur de cette « Grande Année » spatiale, sauf par une accumulation des observations astronomiques effectuées génération après génération. C'est ce qui a fait apparaître, au travers des annales chronologiques, un élément perturbateur dans le système qui peut stopper le déroulement harmonique du mouvement : un cataclysme par exemple.

Les Antiques connaissaient fort bien les « Combinaisons-Mathématiques » fort complexes qui en constituaient les rouages bien huilés ! Cela est une certitude absolue grâce aux documents qui nous sont parvenus par l'entremise du Temple de Dendérah, le Temple de la Dame du Ciel : Isis. Ce nom est d'ailleurs grec ! Son nom hiéroglyphique signifie Iset. Un chapitre complet lui sera consacré ; il en ira de même en ce qui concerne la signification primordiale des textes de Dendérah. Un planisphère, notamment, transformé en « zodiaque », a fait l'objet d'une polémique entre savants, qui, se partageant en trois groupes, s'acharnèrent à prouver que cette configuration astrale ne datait que de trois cents ans avant Jésus-Christ, ou de deux millénaires, ou encore de quinze mille ans antérieure !...

Aujourd'hui, il est aisé de s'apercevoir que les trois groupes d'érudits avaient également raison ! Il est plus facile également de fournir l'explication des causes du cataclysme cyclique. Lorsque le recul précessionnel parvient à 180 degrés, il s'est écoulé 12 960 ans, et il était inéluctable, pour les Maîtres des « Combinaisons-Mathématiques-Divines », que le déséquilibre de l'Âme humaine entraîne une rupture d'équilibre lors du déséquilibre géologique !

Qu'est-il entendu par-là ?... C'est qu'un déséquilibre permanent règne au sein de la terre en tant que « matière ». Le recul précessionnel de la croûte terrestre est plus ou moins lent que celui de la masse en ignition qui se trouve comprimée à l'intérieur. Ce qui revient à dire que le Magma, cette masse colossale de quelque quinze milliards de milliards de tonnes, en majorité métallique, subissant l'attraction plus ou moins lentement par rapport à la croûte qui l'enferme, subira un autre mode de pression.

Et lorsque par ce phénomène précessionnel différemment ressenti dans sa progression par la croûte et par le magma, un point quelconque dépassant de l'un, rencontrera un point quelconque dépassant de l'autre - et peut-être de plusieurs milliers de mètres - le raclement qui se produira tout d'abord, se transformera en éclatement de la croûte, dont la faible épaisseur et la mollesse de la matière ne peuvent résister à la formidable pression du magma.

Toute l'Histoire d'Aha-Men-Ptah et d'Ath-Ka-Ptah va se développer en une trilogie que la longueur du Temps Passé rend nécessaire. Diodore de Sicile, dans sa « Bibliothèque Historique », nous dit, au chapitre XXIII, entre autres : « J'ai appris ici, communément, qu'il faut compter entre le temps où vécurent Osiris et Isis, et le règne d'Alexandre, fondateur en Égypte de la ville qui porte son nom, une durée de dix mille ans. »

Ce premier tome, qui nous conduira jusqu'au « Grand Cataclysme », parlera tout de même d'Osiris et d'Isis, car ils naquirent sous le dernier Roi d'Aha-Men-Ptah : Geb. Aussi arrêterons-nous ici cette préface, afin de pénétrer dans la réalité Originelle, et d'aller au fil des pages, jusqu'au « Grand Cataclysme ».

Chapitre Premier

AU COMMENCEMENT DIEU !

> *Personne ne prétend qu'une statue ou un tableau ne peut être sans sculpteur ou peintre ; et cette création n'aurait pas de Créateur ?... Garde-toi, mon fils, de priver l'œuvre de son ouvrier. Donne plutôt à Dieu le nom qui lui convient le mieux ; appelle-le : le Père de toutes choses !*
>
> Hermès Trismégiste
> (Livre 1, chap. 5)

> *L'Univers, à vrai dire, m'embarrasse !*
> *Il se meut semblablement à la pendule et à ses aiguilles !*
> *Je ne puis donc songer que cette horloge existe,*
> *et qu'elle n'ait point d'horloger !*
>
> Voltaire
> (Critiques)

L'instant de la « Pesée de l'Âme », primordial pour obtenir le feu vert à destination de *l'Amenta*, était la préoccupation dominante des Égyptiens durant leurs vies terrestres. Il était redouté car ce jugement était sans appel ! Uniquement ceux qui avaient vécu sans pécher, pouvaient rejoindre le « Royaume des Bienheureux » où tous les ancêtres ayant vécu dans cet Aha-Men-Ptah englouti s'étaient retrouvés, leurs fautes leur ayant été pardonnées par Dieu. Cet Éden perdu à jamais pour les vivants, devenait accessible aux « purs », de l'autre côté de la Vie, sous sa forme d'Amenta : l'Au-delà de la vie terrestre.

Dans son infinie Bonté, l'Éternel, qui avait donné à chaque image humaine une parcelle de lui-même, permettait ainsi à toute Âme juste et bonne, c'est-à-dire du même poids qu'à son arrivée sur Terre, de franchir sans encombre les limites de l'enveloppe charnelle.

Cette peur de disparaître « après », sous des déluges d'eau et dans des tourments effroyables, tout autant que de ne jamais pouvoir rejoindre les Bienheureux Ancêtres qui y avaient eu sans aucun doute accès, rendait le peuple malléable au type de vie préconisé par les Prêtres sans déchaîner une seconde fois la colère Divine : la communion d'esprit et d'action ordonnée par les commandements de Dieu !

À tous les échelons de cette Sage Société, aucun des composants doués d'une Âme, sachant que cette parcelle Divine le reliait à son Créateur, n'aurait voulu à aucun prix attirer Sa Colère une autre fois ! Ainsi l'accord avait régné de nouveau durant des millénaires dans l'Égypte Antique.

Le lecteur sceptique, et il y en a toujours, contestera cet état d'esprit, surtout en notre monde matérialiste contemporain, car il paraît aberrant que tout un peuple, *sans exception,* s'enchaîne moralement et physiquement autant que spirituellement, s'astreignant ainsi à une éthique des plus rigoureuses. Je vois très bien le haussement d'épaules et la moue de l'homme moderne qui se sent nettement supérieur et bien plus intelligent de s'être libéré de ces préjugés rétrogrades qui... que... etc.

Mais en fait, sans songer à philosopher sur la conception d'un mode de vie, cette espèce d'intelligence, n'a plus ni conscience, ni Âme ! Car à présent, la « liberté , n'est plus que le droit d'effectuer soi-même tous ses propres désirs, quitte à gêner autrui en l'astreignant à être prisonnier de ses actions personnelles ! Cette forme « libérale » de vie n'obéit évidemment plus à aucun commandement quel qu'il soit, toutes les licences - et non libertés - sont favorisées... et elles deviennent *pour tous les autres* une dictature ! Cette liberté-là est un non-sens et démontre qu'il y a déjà quelque chose de fêlé. La fin du véritable mode de Vie est proche, sinon la fin du monde, et les gens raisonnables ferment les yeux, tandis que les Prêtres essaient de faire coïncider les commandements de Dieu avec les désirs sans frein d'une jeunesse que les aînés eux-mêmes ont poussée à la révolte !...

Nous en sommes actuellement au point où en était la dernière royauté en Aha-Men-Ptah. Chacun se moquait ouvertement des institutions, contestant toutes choses hors de propos avant d'arriver au drame final. C'est pourquoi cette narration mérite d'être contée... et méditée !

Mon propos n'est point de faire peur, ou de vaticiner sur l'avenir ; cela serait d'ailleurs impossible puisqu'il se créera au fur et à mesure de ce que les hommes le modèleront par leurs propres actions. C'est pourquoi les contestations de la jeunesse montante, couverte par les adultes, ne sont nullement libératoires pour les futures générations !

Mon propos est de narrer le passé, en historien, tel qu'il s'est déroulé depuis l'origine d'Aha-Men-Ptah, sans affabuler les faits qui, souvent, rappellent les passages de l'Ancien Testament.

Mon propos sera donc d'initier à ce style de Vie, commun à tout un peuple, afin d'inciter présentement à la réflexion, et de préserver, peut-être, l'avenir, qui semble bien compromis humainement parlant, du fait du déséquilibre psychique engendrant une rupture entre le ciel et la terre, amené par la rupture entre Dieu et Son image. Car toutes les vociférations actuelles qui prêchent toutes sortes de libertés, abolissent en fait la seule liberté possible en ce monde en perpétuel mouvement : la Liberté en accord avec les commandements de Dieu, donc en accord avec les règles qui régissent l'Harmonie cosmique.

Il est flagrant, certes, que les injustices et les vices de plus en plus étalés malgré les efforts effectués pour les supprimer, ont amené une crise de la Foi, autant chez les jeunes que chez les Prêtres eux-mêmes. L'équilibre est rompu, mais il pourrait être rétabli si une véritable prise de conscience de la réalité se produisait avant que la Balance ne pèse la totalité des Âmes, comme cela s'est fait à la fin d'Aha-Men-Ptah !

Nous remonterons donc depuis le Commencement, afin de mieux comprendre l'œuvre créatrice et son processus d'environnement pour que l'humanité, finalité de l'ouvrage, reste en accord constant avec Son Créateur.

Les athées et les sceptiques s'agitent déjà sur leurs sièges, et s'apprêtent à laisser choir ces pages ineptes !... Qu'ils n'en fassent rien, tout au moins durant encore quelques chapitres !

Imaginons donc, avec les non-croyants de toutes catégories, que Dieu n'est pas le Créateur, qu'Il n'existe pas ; que la Création est un simple « hasard » une « coïncidence », ou n'importe quoi d'autre !

N'ayant pas eu personnellement de formation théologique, je peux encore concevoir cette abstraction ; mais ayant eu, par contre, une solide base mathématique et logique étant informaticien analyste, cette conception hasardeuse ne peut solidement durer plus d'une demi-seconde !

La négation de la Divinité Créatrice est en effet absolument illogique ! Un raisonnement fort simple, à la portée de chacun, le démontre aisément : des milliers de « coïncidences », s'additionnant les unes aux autres pour former plusieurs millions de résultats concrets, et ce, sans discontinuer, durant des centaines de millions d'années, ne peuvent être des résultats du « hasard » !

Car tout l'Univers, et pas simplement notre petite terre, est régi par un système, fort complexe certes, mais dépendant d'une Loi Unique. Aucun doute n'est possible, sauf pour celui qui a peur de la Vérité. En effet, qui dit Loi, ou système, énonce par là même : « Quelqu'un édictant la Loi et étant responsable du système ! » Seulement voilà... et la peur vient de là !... Cette Loi : aucun homme, en aucun cas, n'a pu la formuler puisqu'elle est plus vieille que lui de plusieurs milliards d'années !

Cette Loi fait tourner en plusieurs mouvements complexes, mais interactionnés entre eux, la Terre autour du Soleil, ainsi que les autres planètes ; tout le système solaire tourne quant à lui au sein d'un groupe stellaire, qui effectue lui-même sa rotation autour d'un noyau galactique central, en un mouvement spiralé de quelque deux cent cinquante millions d'années.

Chaque galaxie à son tour est douée d'un énorme sens giratoire qui la propulse à des vitesses vertigineuses en direction des Quasars, pour lesquels il a fallu inventer de nouvelles mesures : des « unités » de Temps et d'Espace, tel le mégaparsec ! Il équivaut à 10^6 parsecs, valant chacun : *3 260 000 années-lumière.* Ce qui, pour comprendre en notre minuscule mathématique terrienne, donne un total de : 101 399 040 000 000 000 000 000 kilomètres !... Et ce chiffre est infime par rapport à la distance qu'il y a entre *un* quasar et un autre !

Des millions de galaxies, composées de milliards de constellations ceinturant des myriades de systèmes solaires se meuvent, s'attirent, tournent de la même façon, autour d'un même Commencement, dont la Création a fait l'Univers, cet Espace où des masses bien plus énormes que notre petit Soleil, s'interactionnent entre elles pour délimiter le Temps.

Que représente l'Homme dans cette incommensurabilité ?... Strictement rien ! Qu'il vive ou non ne changera en rien l'Harmonie que fait régner la Loi de Son Créateur, à moins que le bipède doué d'une âme se prenne pour son égal et tente de créer lui-même un danger en jouant à l'apprenti sorcier ! Il a été l'œuvre vitalisatrice du « Grand Œuvre », et il ne peut en devenir le dévastateur, même si, sur Terre, l'humain est tout... ou presque tout !

Car enfin : un petit instant de réflexion ; tous ces mouvements des globes, que nul ne conteste, toutes ces distances phénoménales parcourues à des vitesses vertigineuses ne serait-ce que par la seule Terre : tous ces mouvements incessants ne modifient, en apparence, en rien le comportement de votre corps, puisque lorsque vous êtes arrêté, au repos, vous avez l'impression d'être totalement immobile ! Lorsque vous avancez, marchant d'un pas tranquille, en mettant un pied devant l'autre, vous êtes persuadé de n'accomplir que cinq kilomètres à l'heure ! Sans parler du fait que vous pouvez bien être la tête en bas, tout en regardant le ciel au-dessus de votre cuir chevelu !...

L'homme est tellement persuadé de l'accomplissement de gestes ordinaires, qu'il ne pense même plus à la réalisation miraculeuse que constitue le simple acte naturel de marcher ! Les Antiques étudiaient en détail la philosophie qui en découle, mais l'Âme moderne, matérialiste à l'extrême, n'est plus en accord ni avec Dieu, ni avec aucune philosophie, si ce n'est celle qui concerne son seul bien-être !

L'enveloppe charnelle est en passe de ne plus devenir qu'une simple mécanique mortelle, aux éléments très prochainement interchangeables : déjà le cœur se greffe !... Le corps n'est que poussière et il retourne à la poussière ! Cette maxime se démontre de plus en plus, certes, mais l'Âme ?... L'évolution humaine se précipite à un tel rythme qu'elle écarte délibérément toute sentimentalité et toute spiritualité.

Le « roseau pensant » de l'époque pascalienne entrevoyait déjà les progrès qu'il pourrait accomplir dans l'avenir ; devant les prodiges vertigineux réalisés, il se voit aujourd'hui, ses espérances ayant été largement dépassées, à la taille d'un « chêne pensant » ! C'est pourquoi il a tendance à se croire indestructible, tout lui semblant possible : et il se prend pour un demi-dieu... Hélas ! Trois fois hélas !... Que Dieu nous préserve des demi-dieux ! Car l'intelligence n'est intelligente que si elle cultive et développe sa force vitale, impalpable mais réelle, qui la relie à Dieu : l'Âme.

L'intelligence ne signifie nullement « œuvrer pour le Bien » ; elle peut également représenter la personnification du Mal, ou même un mélange des deux, ce qui n'est guère la meilleure solution ! Le Savoir allié aux connaissances n'a jamais donné la Sagesse. En refusant de regarder sa conscience en face, l'Homme perd son âme, et se perd également ! C'est pourquoi les pires calamités peuvent en résulter, inéluctablement si l'humanité continue d'accélérer le rythme déjà délirant de la Vie ! Car les mouvements géologiques naturels de la Terre peuvent en être perturbés, du fait même que l'Œuvre Divine, et la Loi qui en découle, évolue selon son rythme immuable, et qui n'est pas le même que celui que tente d'imposer la seule intelligence humaine !

« Je suis tout ce qui a été, qui est, et qui sera. » Cette immuable maxime gravée au-dessus du portail d'entrée de la salle initiatique du Temple de Saïs, impressionnait déjà le Sage Solon, lui inspirant deux mille cinq cents ans avant nous, les mêmes réflexions désespérées. Depuis le monde a évolué encore plus vite...

Pour démontrer logiquement et mathématiquement la Loi Divine ayant servi à la conception, et à la confection de la multitude dans l'immensité, il fallait autant de patience que de méditation, et les deux m'étaient échues par nécessité du fait de mon immobilisation physique ! Deux graves accidents m'ayant astreint à de longs repos, me permettaient cependant de compulser, de compiler, de comparer, d'explorer, d'extraire, d'extrapoler la synthèse de nombreux documents. Aussi de calculer, avec et sans l'aide d'ordinateurs, sur des centaines de supputations et de données de base, partant du même principe analogique que Pascal : « La multitude qui ne se réduit pas à l'unité, n'est que confusion ».

Les premières lueurs concrètes de cette unification apparurent durant ma convalescence. Depuis que je suis informaticien, j'étais persuadé de cette réalité, que Pythagore lui-même, bien avant l'apparition des ordinateurs, rappelait par la devise gravée au fronton de son école de Crotone : « Dieu a tiré UN de ZÉRO, comme il a tiré la Terre du Néant. »

Le Commencement des Temps s'inscrit dans ce cadre originel, de par la Loi Divine qui le développe. Et si les sceptiques ricanent d'aise, trop promptement, en se frottant moralement les mains en percevant déjà une contradiction grosse « comme une montagne ! » qu'ils déchantent... la démonstration à laquelle ils songent étant fausse ! Ce n'est pas forcément parce qu'il y a un commencement, que cela signifie un début. Je m'explique : ZÉRO est le début d'une série de nombres ; UN commence les calculs additionnels.

L'Éternité n'ayant ni début, ni fin, l'Éternel est bien Dieu lorsqu'il recommence un commencement, car Il recrée perpétuellement l'Univers à Son souffle cosmique, à Son rythme, essentiellement différent de celui de notre conception. Sa durée est infiniment « autre » qu'un temps calculé quantitativement suivant nos horaires terrestres. Mais son rythme, toute proportion gardée, dépend de mêmes coordonnées. Un *Grand Cycle*, réduit à l'échelle solaire, donne la Grande Année ; à l'échelle humaine, il devient : le JOUR, tout simplement.

Ainsi s'expliquera la Création en SIX JOURS, qui dépendent de cette Loi valable pour l'ensemble du Cosmos : le Ciel et la Terre. Chacune de ces pulsations quotidiennes est douée, en plus, d'un triple mouvement, que les textes hiéroglyphiques appellent « respiratoire », terme qui convient admirablement aux détails des six journées de la Création. Il s'agit de l'aspiration, ou contraction ; du temps de repos, le plan horizontal ; et de l'expiration, ou expansion, ce qui donne le « Grand Souffle », exprimé par le symbole hiéroglyphique : △, qui veut dire : MER, ou l'Aimé. Ce signe symbolise également le triple mouvement solaire : montée au zénith, descente vers le coucher, et le sommeil nocturne à l'horizontale. Il est le lien entre le Ciel et la Terre ; l'élément vital de rayonnement qui protège : l'Aimant. Pourquoi fut-il dénommé par les Grecs

« pyramide », appellation qui ne signifie strictement rien ? Nul ne l'explique !...

Au Commencement, donc, le Temps Divin, enclenchant un nouveau cycle, redébutait en $T-10^{12}$ (ou 0,000 000 000 001) amenant une nouvelle Origine de la Création du Cosmos total. Cette date, en remontant dans le Passé à partir de 1975, donne 168 121 464 064 années pour la durée d'un cycle cosmique : un Grand Cycle donc, de 168 121 464 880 années.

Ces chiffres exposés ainsi abruptement, peuvent paraître des plus extravagants ! Un chapitre complet étant consacré à la Création, elle n'est ici citée qu'à titre documentaire, afin de préciser dès cet instant, le moment où « la Lumière jaillit des Ténèbres », une nouvelle fois.

En $T-10^{12}$, Dieu sortit de son repos dans l'Incréé : le Chaos, créant la Lumière du même coup, instantanément. En se propageant, en expansant, l'Espace se fit, ainsi que le Temps : la Matière vint ensuite par l'énergie, pour aboutir à la matière-Esprit, aboutissement du cycle engendré à l'image du Créateur.

Il n'y avait donc que Dieu se reposant avant ce temps $T-10^{12}$, dans le Chaos revenu! Ce n'est donc pas un Commencement qui survint alors, mais un recommencement : un nouvel acte d'une éternité perpétuelle !

Lorsque le Souffle Divin reprit son œuvre et son rythme cosmique, Il fit jaillir la Lumière, créant et procréant, de réactions cycliques en interactions contrôlées, l'ordonnancement de toutes choses et de tous êtres, dans l'harmonie équilibrée de l'Univers.

Ainsi se justifient les paroles : « Dieu créa l'homme à Son image. » Mais c'est l'Homme qui ne justifie plus son appellation de parcelle Divine ! Il tend à devenir un bipède sans âme, ressemblant étrangement à la Bête de l'Apocalypse ! Là aussi, d'autres époques ont transmis des textes qui laissent rêver ; voici un extrait des plus édifiants : « Les enfants des princes sont basculés contre les murs. Les familles des nobles sont jetées à la rue. Les riches sont dans l'affliction, et les pauvres se réjouissent. Chaque ville déclare : « Supprimons ceux qui exercent sur nous toute espèce d'autorité. » Le Prêtre, bouleversé, dit : « Si je savais encore où trouver Dieu, je m'agenouillerais et je prierais. » La justice n'existe plus que de nom seulement, et les hommes font le mal tout en se réclamant du bien. L'ancien ordre a disparu, et le bruit ne veut plus s'apaiser. Mais ce ne sont pas les rires que l'on entend : ce sont les murmures et les pleurs qui remplissent le pays. Petits et grands disent : « Ah ! Si je pouvais mourir ! » Et les petits enfants d'ajouter : « Mon père n'aurait jamais dû me faire naître ! »

Ce passage est-il tiré d'un écrit datant de la révolution de 1789, ou bien d'un manifeste de la contestation de 1968 ?... Que non pas ! Ni de l'un, ni de l'autre ; mais d'un papyrus remontant à la chute du pharaon Mentouhotep, soit de l'an 2195 avant l'ère chrétienne ! Un véritable chaos s'instaurait, qui allait balayer la dynastie régnante.

Horapollon, natif des premiers siècles, qui enseigna le grec à Alexandrie, dans son écrit initiatique : « Les Hiéroglyphiques », fournit des explications sur le Commencement, la Création, et le Chaos, entre autres, que ne désavoueraient certainement pas les exégètes chrétiens, malgré l'ancienneté des symboles, qui remontent au moins à sept mille ans, pour la seule Égypte !

Mais cet auteur antique tomba dans l'oubli le plus complet jusqu'au XVIe siècle, où il connut un regain d'intérêt certain, surtout par les détracteurs incultes qui le firent retomber dans l'anonymat pendant trois cents ans ! M. A. Wolff, le traita d'« écrivain ignorant, dont l'ouvrage ne contient qu'une détestable explication des hiéroglyphes, certainement contraire à l'esprit en usage dans la haute Antiquité ».[3]

M. Wyttenhach, quant à lui, donnait le coup de grâce : « C'est une compilation inepte d'un grec de Bas-Empire, qui s'est efforcé de donner du relief à son méchant écrit en le décorant du divin nom d'Horapollon ![4] »

Il fallut attendre Champollion, qui, cherchant l'inspiration chez les Antiques, fut séduit par l'interprétation des textes qu'en donnait cet érudit. Il démontra donc la connexion étroite existant entre les « Hiéroglyphiques » d'Horapollon, et le système qu'il élaborait.[5]

Comme la compréhension champollionienne des hiéroglyphes me paraît, pour le moins, entachée d'une multitude d'erreurs, ainsi que de lacunes énormes à combler, je me suis penché sur l'écrit lui-même d'Horapollon. Il convient de savoir à son sujet, que l'auteur était un grammairien égyptien, qui professait le grec à Alexandrie sous le règne de Théodose. Cela quant à la culture et au sérieux même du personnage. D'ailleurs, Suidas, écrivait de lui : « C'était un homme habile en son art, qui ne le cédait en rien aux grammairiens les plus célèbres de l'Antiquité. Ce qui lui permit également d'écrire des commentaires remarquables sur les œuvres d'Homère et de Sophocle. »

Fabritius, autre historien du même temps, va plus loin en disant que le texte, traduit par le Grec Philippe, provenait d'un ouvrage sortant de la fameuse bibliothèque d'Alexandrie, et reproduit tel, car le nom même d'Horapollon comprend le hiéroglyphe Hor, qui signifie Horus, et dont le sosie grec n'est autre qu'Apollon !... Ce

---

[3] *Vorlegen ber die Geschichte der Griechischen Literatur,* vol. II
[4] *Dict. Histor. et Phil.,* vol. I, 3-8.
[5] Ce qui a fait paraître à Amsterdam, et en latin seulement, la dernière édition de cette œuvre : *Horapollonis Niloi Hieroglyphica,* en 1835.

serait donc Horus lui-même, dans les temps prédynastiques qui l'aurait composé à l'usage des Grands-Prêtres.

Clément d'Alexandrie, quant à lui, s'était inspiré d'autres copies de textes sauvés du premier incendie de la bibliothèque pour fournir les éléments réels de compréhension des « Hiéroglyphiques », dans ses « Stromates ». Ce sont de ces derniers que j'ai pu extrapoler la clé des « anaglyphes ». Ils sont un puits inaltérable de solutions intelligentes et intelligibles à tous les actes accompagnant la vie quotidienne, tout autant que la Vie Sacrée des actes religieux.

C'est pourquoi, tout au long des siècles préludant à l'ère chrétienne, ce fut une invasion de l'Égypte, qui, pour toute pacifique qu'elle fut, encombra les Prêtres de Thèbes, Héliopolis, Saïs et Memphis ! La soif de Connaissance des arrivants de tous bords répugna aux doctes Pontifes égyptiens qui s'aperçurent bien souvent que toute Sagesse était exclue de l'Âme des chercheurs !

Aussi la plupart ne rentrèrent-ils chez eux qu'avec une infime parcelle de ce Savoir qui les avait fait courir jusque sur les bords du « Grand Fleuve ». Mais, que ce soit en astronomie, en mathématique, en algèbre, ou en diverses disciplines médicales et philosophiques, les « miettes » qui étaient ramenées ouvraient un abime de réflexions aux « savants » grecs !

Hipparque et Eudoxe, sans parler d'Ératosthène, ramenèrent bien des éléments qui leur permirent de fonder une astronomie sur des bases conjecturales solides. Mais les axiomes les plus importants des « Combinaisons-Mathématiques-Divines » ne leur avaient pas été révélés. Notamment ceux concernant le recul de la Terre dans l'Espace : c'est-à-dire la rétrogradation due à la précession des équinoxes.

À ce propos, aucune définition plus remarquable que celle obtenue par la simple observation des faits sur la terrasse même du Temple de la Dame du Ciel, à *Dendérah,* bien des millénaires avant notre ère n'a jamais été écrite ! Elle se trouve reproduite dans l'« Encyclopédie Méthodique et Mathématique », parue en 1820, à l'article « Précession » : « La précession est le mouvement presque invisible par lequel les équinoxes changent continuellement de place, allant d'orient en occident très insensiblement, faisant apparaître le Soleil toujours reculant au cours d'une Grande Année d'environ vingt-six mille ans, dans les constellations, dites zodiacales, qui ceinturent l'équateur céleste. »

Nous dirions aujourd'hui que le mouvement précessionnel est démontré par l'augmentation successive de la longitude des étoiles, qui s'accroît d'un degré, tous les soixante-douze ans, le point vernal reculant ainsi continuellement de cinquante secondes d'arc sur la circonférence équatoriale céleste, revenant en un point ZÉRO tous les 25 920 ans.

De ce Nombre parfait, cyclique, retenons quelques clés :

-*L'Homme-Jour ;* depuis le moment de sa naissance, jusqu'à sa mort, l'Homme qui vit sur la Terre, normalement, respirera suivant le même rythme régulier, qui est de dix-huit inspirations d'air en moyenne à la minute. Soit, pour une journée de Vie terrestre : 18 inspirations/minute × 60 minutes × 24 heures = 25 920 inspirations/jour.

-*L'Homme-An ;* depuis le moment de sa naissance, jusqu'à sa mort, l'Homme vit en moyenne sur la Terre durant soixante-douze années. Soit pour la durée d'une Vie terrestre : 72 × 360 jours = 25 920 jours/vie. Ce qui correspond avec UN degré de la précession équinoxiale, et permet déjà une échelle d'évaluation mathématique assez remarquable pour les différents jours de la Création :

25 920 années de la Grande Année $= \dfrac{1}{1}$

25 920 journées terrestres $= \dfrac{1}{360}$

$$25\,920 \text{ inspirations-jour} = \frac{1}{9\,331\,200}$$

Cette première numération dans l'énumération des Nombres du Commencement, est ainsi fournie par le chiffre 25 920, déterminé par la Grande Année cyclique, qui modifie elle-même périodiquement par ses données extrêmement précises les c ères terrestres, les engendrant les unes à la suite des autres, changeant tour à tour les configurations, les saisons, les « combinaisons » qui les provoquent, obéissant ainsi à cette Loi Divine immuable qui remonte bien au Commencement !

Les modifications apportées aux lieux réservés à la Vie étaient donc bien nécessaires et même vitales pour ceux qui tenaient à vivre en accord avec Dieu, donc en harmonie avec l'Univers, et ne pouvaient de ce fait laisser l'architecture de leurs monuments sous une autre orientation en porte à faux, la faisant évoluer d'après les combinaisons du ciel Les soubassements de nombreux Temples conservent les plans des modifications à effectuer à chaque nouveau cycle sothiaque pour rester directement sous l'influx rayonnant de cette étoile primordiale qu'est Sirius. Et le mérite de Newton, par ailleurs si combattu pour sa fausse interprétation chronologique égyptienne, fut d'avoir, le premier, songé à appliquer aux événements historiques, la calculation rétrograde de la précession des équinoxes, même si, malheureusement pour ce génie intuitif, les faits étaient faussés !

M. Bailly, dans son « *Astronomie* » (p. 509), constate sèchement cet échec : « L'idée de régler la chronologie par la détermination ancienne des points équinoxiaux et solsticiaux rétrogrades était belle et grande, et digne d'un homme de génie tel que Newton. Mais il s'est trompé dans l'application qu'il en a faite, et le système qui en résulte est tombé parce qu'il était contraire aux faits. »

Ici entre en jeu le facteur prépondérant de la Logique ! La simple logique, sans aucun calcul ou supputation, aurait dû prouver à

Newton la fausseté de la chronologie égyptienne courte qu'il tentait de démontrer, alors que Laërce montrait l'existence des Pharaons quarante siècles avant son temps, et qu'Hérodote parlait d'une origine remontant à plus de douze mille ans !

Mais la Logique ne fera pas démontrer l'absurde non plus ! Et les Nombres de la Création ne serviront pas à des opérations dans le genre de celles déjà réprouvées par Irénée : « Les docteurs qui vous font clairement voir l'origine supracéleste de Jésus par un calcul de ce genre : vu que les lettres de Christ (ΙΗΣΟΥΣ) lues comme chiffres, et additionnées, font 888 ; et que d'autre part l'alphabet grec qui sert à traduire les nombres, comprend huit lettres servant à écrire les unités, plus huit dizaines et huit centaines, ce qui donne la même somme de 888. Jésus renferme donc en son essence tous les nombres, donc toutes les perfections[6]. »

Il ne sera, tout au long de ces pages, usé d'aucun artifice « tiré par les cheveux », pour prouver les calculs. En additif, peut-être, quelques curiosités mathématiques ajouteront-elles aux preuves quelque agrément ! Comme à propos de ce malheureux exemple donné ci-dessus avec le Nombre 8 !

En Égypte il était le chiffre Sacré : celui de l'Ogdoade, le collège Divin. Huit était le Nombre de l'ordre parfait et de l'équilibre : celui de la Justice, donc de la Balance qui pesait les Âmes.

La preuve mathématique de cet équilibre parfait est fournie par la règle suivante : les huit nombres (les neuf moins le chiffre 8) multipliés par eux- mêmes, donnent ces résultats :

$$1 \times 9 \times 1234567.9 = 111\ 111\ 111$$
$$2 \times 9 \times 1234567.9 = 222\ 222\ 222$$
$$3 \times 9 \times 1234567.9 = 333\ 333\ 333$$

---

[6] Livre 1, 15, 2.

etc.

$$9 \times 9 \times 1234567.9 = 999\,999\,999$$

Quant au symbolisme de l'Ogdoade elle-même, dépendant de l'Ennéade (soit 8 + 1 = 9, ou Dieu + la multitude) elle montre ses possibilités réelles autant que sa suprématie mathématique, par la démonstration suivante :

$$0 \times 9 + 8 = 8$$
$$9 \times 9 + 7 = 88$$
$$98 \times 9 + 6 = 888$$
$$987 \times 9 + 5 = 8888$$
$$9876 \times 9 + 4 = 88888$$
$$98765 \times 9 + 3 = 888888$$
$$987654 \times 9 + 2 = 8888888$$
$$9876543 \times 9 + 1 = 88888888$$
$$98765432 \times 9 + 0 = 888888888$$
$$987654321 \times 9 - 1 = 8888888888 \text{ etc.}$$

Cette technique, très ancienne, en plus de la jonglerie mathématique et de la subtilité mentale qu'elle représente, comporte une partie philosophique très appréciable, mais trop hors du sujet de cet ouvrage pour l'aborder. Notons ici simplement les fondements très solides de l'arithmétique et de la logique dans l'association des Nombres.

Et si l'Homme, avec sa fatuité et son égoïsme, oubliait rapidement les fondements Divins de la Création, de nouveaux cataclysmes le rappelleraient cycliquement à moins d'orgueil et à plus de considération envers l'ouvrage de Dieu, même si .le résultat obtenu restait médiocre ! Le nom de la Divinité changeait ou était modifié ; le Fils rachetant les péchés était toujours chargé des chaînes des humains redevenants aveugles ; et le mouvement céleste revenait à son point initial ne changeant que la forme de pensées et d'actions, mais pas le fond lui-même ! La conclusion de la folie humaine en fut la tragédie amenée par la Sainte Cène, et la triste, mais admirable réalité qui s'ensuivit !

Un drame semblable, bien des millénaires auparavant, sous une autre forme, précéda la fin d'Aha-Men-Ptah. Et il faut comprendre, avant de pénétrer plus en avant dans les textes hiéroglyphiques, que les Scribes chargés d'écrire la Tradition, les « Chebet », avaient été élevés et éduqués uniquement dans ce but ! Et ils ne disaient que la Vérité.

Au cours de l'Exode, les descendants de ces Scribes étaient élevés afin de pouvoir retenir mentalement les textes qui leur étaient transmis oralement puisque tous les ouvrages étaient détruits ! Ce ne fut que petit à petit, que l'Écriture reprit ses droits. Les premiers écrits, peints hâtivement, sont cependant les reflets exacts de la Réalité.

Si la signification des caractères d'écriture évolua, revenant vers son origine anaglyphique, l'interprétation du « Livre » ne changea jamais ! Que ce fut sous Narmer, c'est-à-dire avant la première dynastie, ou bien sous Sésostris, deux mille cinq cents ans plus tard, ou même sous les Ptolémées peu avant le début de l'ère chrétienne : les formules de l'homme devant rester pur pour pouvoir entrer en Ameuta « Au-Delà de la Vie » furent toujours les mêmes durant sept millénaires !...

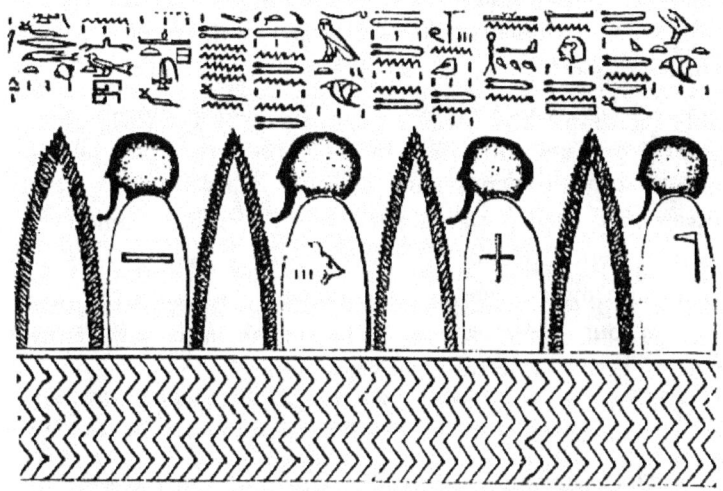

Les premiers écrits, peints hâtivement, sont cependant les reflets exacts de la réalité. *Ici, de droite à gauche : Ousir (Osiris) fils de Dieu, puis père des hommes croyants, puis le Père des Fils, enfin le Justicier pour la « pesée des Ames ». (Entre chaque effigie, un sycomore stylisé.)*

La date de l'arrivée des premiers rescapés en ce territoire de *Ta Méri*, ou « l'Aimé », est encore difficile à déterminer à quelques centaines d'années près. Tout cela est devenu si lointain, si invraisemblable !... Imaginez que l'on demande à un scribe habitué à traduire Ovide, de faire de même avec une histoire de San Antonio ! Cet argot français des moins conformistes est aussi éloigné de la version latine que pouvaient l'être les premiers écrits traditionnels des premières dynasties par rapport à ceux en usage sous les Ramsès dans la XIXe dynastie !

Prenant donc des bribes par-là, et des fragments par-ici ; ajoutant bout à bout des lueurs aussi confuses que diffuses, transformées ici et là par les siècles et les usages modifiés ; un texte homogène est apparu sous ma plume, coordonné par une trame mathématique des plus logiques, qui, je l'espère, est en conformité avec la théologie monothéiste des premiers temps, dans ses grandes lignes tout au moins.

Là aussi, une comparaison est tentante devant le foisonnement des groupuscules « religieux », qui se réclament de Jésus et – ou - de Dieu, lorsque cela n'est pas du diable !... Un Pontife de *Dendérah,* devant l'étalage des adorateurs impies des idoles animales, ou même devant de véritables prêtres formés dans sa propre école du noviciat religieux, qui adoraient Amon : un Bélier !... Ou Apis : un Taureau !... C'était il y a cinq mille ans... Et la mécanique céleste, faussée par cette espèce de dévotion qui noyait toute Foi réelle envers Dieu par un mysticisme de mauvais goût ! Le résultat en furent les marasmes qui bouleversèrent Ath-Ka-Ptah à chaque ère royale nouvelle ! Entre l'Ancien et le Moyen Empire, notamment, ce qui favorisa les invasions des Perses au VIe siècle avant Christ.

Les faits historiques, comme les autres, se renouvelant sous de mêmes conditions, la bonne centaine de coïncidences qui suivront, ne devront donc rien au « hasard » ! Tout a été créé dans un ordre précis, ajoutant un résultat partiel à une somme fragmentaire en attente d'évolution ; et cela : des milliers et des milliers de fois pour aboutir à la création de l'Humanité dans son environnement.

Nous allons donc remonter le Temps, pas à pas, de manière à ce que la chronologie de la Création apparaisse clairement, même si elle n'est pas admise par les sceptiques irréductibles ! Qu'ils ne fassent point, de grâce, comme les Juges d'Hycétas et de Copernic, sans parler de Galilée, en condamnant ce qui reste en dehors de leur entendement !

Tout le monde peut douter de tout, certes ; mais il ne faut pas ricaner de ce qui est incompris ! Hérodote est passé par-là !... Et pourtant !... Et pourtant : la chronologie égyptienne prend le recul dont il parlait dans son périple. Rappelez-vous :

> « Jusqu'à cet endroit de mon histoire, les Égyptiens et leurs Prêtres me firent voir que, depuis leur premier Roi jusqu'aujourd'hui, il y avait eu 341 générations, autant de Grands-Prêtres et autant de Rois. Or, 300 générations font

dix mille ans, car trois générations valent 100 années. Et les 41 générations qui restent au-delà des 300, font 1 340 ans. Ils ajoutèrent que durant ces 11 340 années, aucun dieu ne s'était manifesté sous une forme humaine, et qu'on n'avait rien vu de pareil, ni dans les temps antérieurs à cette époque, ni parmi les autres rois qui ont régné en Égypte dans les temps postérieurs. Ils m'assurèrent ainsi que, dans cette longue suite d'années, le Soleil s'était levé quatre fois hors de son lieu ordinaire, et entre autres, deux fois où il se couche maintenant ; et qu'il s'était aussi couché deux fois où nous voyons qu'il se lève aujourd'hui. »

Il est bien évident, et la critique est facile, que du point de vue de la mathématique, Hérodote était fâché avec le calcul simple des données concernant les générations ! Trois par siècle multipliées par 41 font 1 366 ans et non les 1 340 annoncés. Et en fait, c'était sur le chiffre de 11 340 années que tout le monde se gaussait lourdement ! Hormis Manéthon, toutes les chronologies égyptiennes vaticinaient autour du tiers de ce chiffre ! La plus aventureuse remontait à 4300 ans avant J.-C. Il fallut les tombeaux prédynastiques pour que les spécialistes ouvrent enfin les yeux ! Nul ne se risquerait plus, en l'occurrence, même de simplement sourire lorsque l'on prétend en hypothèse, un commencement dix millénaires auparavant.

Mathématiquement établie par le recoupement des textes ainsi que par l'obtention de la date exacte du point de rupture d'équilibre de notre globe : le 27 juillet 9792 avant l'ère chrétienne, la chronologie égyptienne s'en dégage plus aisément, en accord presque parfait avec celle comptée par Hérodote ! Quant aux bouleversements solaires dont parle l'auteur à la fin de l'extrait cité, il est bien évident que c'est la Terre, en basculant, qui fit croire aux rescapés que c'était le Soleil qui tombait !

Aujourd'hui, les hommes ont oublié ; ils prétendent qu'ils sont les seuls maîtres, se servant de l'image de Dieu comme marque pour Le mettre à leur taille !

Au Commencement : Dieu insuffla une parcelle Divine, l'Âme, afin que Son image soit différenciée des animaux et puisse s'élever dans Sa Paix pour vivre en paix ! La « Lumineuse », comme l'appelait les Antiques, était bien la parcelle réceptacle des bienfaits de Son Créateur ; mais aujourd'hui, elle est un complexe égoïste, mue par une routine mentale évitant la moindre méditation !

Il faut cependant avouer que les « Maîtres » à penser contemporains, en cette fin de millénaire, qu'ils soient Prêtres ou Philosophes, contestent les dogmes du christianisme, cependant totalement nécessaires car chaque détail du rite en a été longuement réfléchi.

Aussi les églises-monuments ne sont plus qu'un prête-nom commode pour des centaines d'édifices où la Divinité, et Jésus, le Pauvre ! sont totalement absents par l'Esprit !... Peut-être bientôt les croix seront-elles jugées inutiles !

L'ère chrétienne avait « coïncidé » avec l'entrée rétrograde du Soleil dans la constellation des Poissons. Le signe de ralliement des premiers chrétiens était un poisson ; et tout un symbolisme mystique et harmonique gravite avec lui depuis la naissance de ce Fils, de ce Sauveur, venu racheter les péchés du monde.

Le point vernal de cette constellation des Poissons se produira dans une quarantaine d'années, et non pour l'an 2000 fatidiquement désigné par les illuminés : que restera-t-il à ce moment de la chrétienté ?... Et après, notre astre solaire continuera sa course rétrograde en pénétrant dans la constellation du Verseau, au nom combien prédestiné et bien choisi puisque, depuis des millénaires, il indique le moment d'un choix!

La représentation céleste de Dendérah indique que le Verseau termine une « Grande Année », et présente un vénérable vieillard tenant un vase dans chaque main, hésitant visiblement quant à celui qu'il renversera sur la Terre : il est le Verse-Eau !... Le Déluge en puissance ! Mais en puissance seulement car il est au moment du choix, suivant la conduite de l'Humanité. Sera-ce l'Apocalypse, ou bien l'Âge d'Or ?... L'Âge d'Or : le bien...

En même temps que la fin du cycle des Poissons, la fin de l'ère chrétienne est déjà prévisible par le non-sens qui règne depuis quelques années chez les « Maîtres » à penser du christianisme ! Trop de libertés en religion, mène aussi à une autre forme d'esclavage, plus pernicieuse, et bien plus grave pour l'avenir !

Comme sous les coups de baguette d'une sorcière perverse, l'Âme se transforme chez le croyant lui-même, en une raison inconsciente et insouciante puisque les Prêtres indiquent que la Voie prise est bonne ! Et la Raison, appuyée par des raisonnements déraisonnables, ne raisonne plus... avec raison ! L'Âme n'est plus !

Mais peut-être cela est-il justement provoqué afin que le choix final entre le Bien et le Mal n'apparaisse qu'avec plus de clarté ?

J'ai lu, et relu, durant mes repos forcés, « Les Mystères » de Jamblique, ainsi que d'autres textes grecs tirés d'auteurs égyptiens. Mais dans « Les Mystères », il y a ce passage qui me plaît énormément : « De même que le pilote séparé du navire se tient à la barre, de même le Soleil se tient au gouvernail du monde entier. De même que du haut de la poupe, le pilote dirige tout, donnant rapidement pour la route l'impulsion première qui vient de lui ; de même, supérieur de beaucoup plus, Dieu, d'en-haut, du sein des premiers principes de la nature, donne indivisément les premières causes actives des mouvements. Cela, est beaucoup d'autres choses, sont ainsi signifiées par la navigation sur une barque. »

Comme du temps de Jamblique, parfait lien entre l'Antique et le Moderne, Dieu reste le Pilote Éternel. Et ce mystère de la barque, retrouvée partout en Égypte plus ou moins symboliquement, n'en est pas un, pas plus que ce « sphinx », ou le planisphère de *Dendérah*. La barque solaire *d'Abousir,* énorme construction en briques, signifie toujours la même chose, et entrant dans le contexte total définissant les bienfaits de la Divinité envers les Rescapés d'Aha-Men-Ptah. Le chapitre complet sur les « Mandjit », les barques insubmersibles, en fournira l'explication complète.

La science fait avancer trop rapidement la civilisation humaine pour que celle-ci prenne le temps de se pencher sur son Passé, et c'est un tort car bien des malheurs auraient pu être évités !

L'environnement terrestre ne suffit plus pour créer de nouvelles conditions de vie, ni même de survie, pour aucune espèce quelle qu'elle soit, au rythme de destruction actuelle de la Nature. Car l'harmonie en toutes choses équivaut à un équilibre établi après un milliard d'années et des millions d'adjonctions ! Ces dernières, végétales et animales, sont toutes nécessaires l'une à l'autre, l'une pour la vie de l'autre !

C'est en cela que les « Serviteurs de Dieu » sont coupables : car ils ont appris la Création Divine, et ils laissent faire en connaissance de cause. Peut-être parce que les Prêtres se mettent à douter du bien-fondé de leur Foi ! Peut-être parce qu'ils ne veulent pas entrer en lutte contre une minorité agis- sante des leurs de peur de perturber leurs ouailles, alors qu'en fait ils les précipitent vers ceux qui les raillent !

Le libre arbitre de l'Âme n'est à l'heure actuelle plus qu'un leurre, du fait même de l'influence grandissante que prend une très faible minorité, grâce à une propagande savamment orchestrée par des moyens de diffusion modernes tels que les journaux, la radio, et surtout la télévision !

Le bourrage de crâne, l'ironie, les sarcasmes et les vociférations ont de plus en plus raison du simple bon sens, qui habite pourtant la majorité de l'espèce humaine, et qui est repoussé, impuissant devant sa crainte, de se défendre. Et le chaos se précise de jour en jour, dont la pente extrêmement glissante, une fois atteinte, ne pourra plus être remontée ! Au Commencement : il y a eu Dieu ; et à la fin, il y aura également Dieu !

Écoutons de nouveau Mentouhotep, dans un autre extrait de son papyrus ; il sera une bonne réflexion introductive pour la suite de cet ouvrage :

> « La saleté règne dans le pays où nul ne porte même plus de lin blanc. Dans les cours de Justice, les recueils de lois sont jetés hors les murs et foulés aux pieds sur la place publique. Les bureaux sont dévalisés, les fonctionnaires sont assassinés, et leurs documents sont brûlés. Que feront mes enfants si un autre Divin Sauveur ne vient pas apporter un peu de fraîcheur sur la terre à tout ce qui est enfiévré ? Mais le troupeau existera-t-il encore ?... »

Chapitre Deuxième

LES « COMBINAISONS-MATHÉMATIQUES-DIVINES »

> L Univers n est si resplendissant de Divine poésie,
> que parce qu une Divine mathématique,
> une Divine Combinaison de Nombres,
> anime ses mouvements.
>
> SA SAINTETÉ PIE XI
(Extrait de sa dernière homélie Pascale)

> Peut-être plus tard, si la pensée humaine
> Touche au fond du mystère en tirant sur sa chaîne,
> Le chiffre sans éclat qu au ciel nous aurons lu, Longtemps
> enseveli comme une valeur nulle,
> Doit surgir glorieux dans l unique formule
> D où le problème entier sortira résolu.
>
> SULLY PRUDHOMME
(Du Libre Arbitre)

Les « Combinaisons-Mathématiques-Divines » représentent les figures géométriques et les calculs mathématiques des mouvements célestes « des lumières errantes par rapport aux lumineux fixes ». De ces combinaisons non pas supputatives, mais qui dépendent d'une seule Loi formant l'Univers, l'Harmonie cosmique est réalisée.

Ce fut cet enseignement Sacré et Secret que les Pontifes qui se sont succédés durant des millénaires dans la « Maison-de-Vie » attenante au Temple-de-la-Dame-du-Ciel, à *Dendérah*, dispensèrent parcimonieusement aux seuls Grands-Prêtres !

Cette « École » antique, dont l'origine remonte à l'arrivée même des premiers rescapés, est authentifiée non seulement par des textes, mais par les sépultures mises à jour sous la Colline des Pontifes, à moins de trois kilomètres du Temple. Là « reposent » les « Sages parmi les Sages », les Bienheureux ayant la Connaissance de Dieu. Parmi eux, un enseignait sous un « Maître » de la IIe dynastie, un autre sous Khoufou, le fameux Chéops ! Le Scribe Royal de ce pharaon signale que le Temple fut reconstruit par son Maître « suivant les données qui furent retrouvées dans les fondations originales, écrites sur rouleaux de cuir de gazelle par les « Suivants d'Horus », c'est-à-dire par les Aînés eux-mêmes, bien avant que le premier Roi de la première dynastie ne montât sur le trône !

Ce fut donc par ces descendants directs que fut transmise la Loi Divine, dont les « Combinaisons-Mathématiques » devaient permettre aux humains de se diriger eux-mêmes dans la Justice et la Bonté. Pour comprendre ces données, il convient de remonter bien avant cette seconde Patrie !... Quelque vingt mille années auparavant !

Les Antiques Pontifes enseignaient déjà que la Terre, avant d'être une terre, était autre chose : de la matière déjà en attente de créativité. Elle était différemment combinée, ne devenant un réceptacle d'Ames, que cycle après cycle, en vertu de cette Loi Divine agissant évolutivement, sans cesse, sur toutes choses et tous êtres. Lorsqu'un cycle prenait fin après un certain nombre de périodes, ou d'ères, après un temps de repos, le mouvement éternel renaissait amenant à nouveau la Vie, mais dans une « projection » différente dans l'Espace.

Ce qui fait qu'elle - la Terre - n'est jamais identique à elle-même, pas plus à ce qu'elle était la veille, ou la seconde d'avant ! Pas plus que toutes les choses et tous les êtres vivants sur elle. Car la Terre évolue avec tout ce qui vit d'elle, en elle, et sur elle, dans le Temps et dans l'Espace, suivant le rythme solaire et celui, précessionnel, coïncidant avec le mouvement apparent des douze constellations célestes. Ces « combinaisons » géométriques et mathématiques amènent jour après jour, seconde après seconde, de nouvelles c combinaisons :. qui préparent non seulement l'instant suivant, mais les lendemains qui chantent... ou qui déchantent !

Cette étude a sans conteste été déviée de son sens originel, d'abord par Platon, qui, revenant d'Égypte et parlant de ces « combinaisons », introduisit le mot : « astronomie ». Aristote, ensuite, opta plutôt pour appeler ces supputations de l'« astrologie » ! Heureusement, Hipparque, puis Ptolémée, rétablirent quelque peu la vérité en apprenant aux Hellènes, leurs concitoyens, que les doctes Égyptiens apprenaient les sciences du ciel à leurs étudiants dans des sections de « mathématiques spéciales ». D'ailleurs, Ptolémée, reprendra une partie de cette appellation dans le titre de son principal traité, « Les Compositions Mathématiques ». Mais, indiscutablement, Pythagore, en a été le grand rapporteur après son séjour initiatique de dix-sept années en Égypte !

L'unique but de ces disciplines ramenait toujours au nombre le plus réduit possible, la plus simple expression, d'où débutaient les coordonnées de la Loi. Aussi, au lieu de parler, d'utiliser le Verbe pour solutionner les mouvements, ils employèrent les Nombres pour décrire et écrire ces « Combinaisons ».

Ainsi l'explication numérique du Commencement, de la Création, du processus du développement des mondes, et de l'Humanité sur la Terre elle-même, apparut, démontrant la réelle puissance du Créateur sur toutes les choses et tous les êtres. Elle prouva aussi les moments propices aux ruptures d'équilibre, qui « coïncidaient » avec les périodes de décadence possible dans l'humanité aveuglée.

Bien des millénaires plus tard, dans « *L'Apocalypse* », saint Jean priait : « Celui qui a des oreilles, qu'il écoute », en ajoutant un peu plus loin : « Je lui donnerai un caillou portant gravé un nom nouveau. » Cela semble dénué de sens commun, mais là encore, en écoutant avec son âme, le mot caillou reprend son étymologie originale, qui était : « calculi », soit : dénombrer à l'aide de cailloux, ou calculer à l'aide de Nombres.

Il peut paraître lassant de toujours revenir sur cette notion numérique, mais ce fut elle qui permit à cette antique civilisation de rester dix mille ans dans la voie de la Sagesse et de vivre en Paix ! Les Archives du Temple de la Dame du Ciel, à *Dendérah,* possédaient de véritables traités, dont seulement quelques bribes nous sont parvenues, les centaines d'originaux étant toujours enfouis dans une salle souterraine dont l'entrée n'a jamais été retrouvée ! En listes mathématiques fort longues, toutes les « combinaisons » y sont décrites, avec les moyens mentaux de s'en souvenir, et où les Nombres déploient toutes leurs propriétés de calcul.

Un petit aperçu existe cependant dans quelques musées, qui provient de copies de papyrus anciens qui étaient des « livres » de mathématiques élémentaires, avec les réponses aux problèmes posés, à l'usage des élèves primaires. Les quatre spécimens : un manuscrit sur cuir, deux tablettes de bois, et deux copies antiques de papyrus anciens !

Ces deux derniers documents sont les fameux papyrus mathématiques dits de Rhind, et de Moscou. Ils sont vitaux pour la parfaite compréhension de la mentalité même des professeurs, ainsi que de la subtilité merveilleuse de ceux qui ont mis les exercices au point !

Le papyrus de Moscou, qui mesure 544 centimètres sur 8 seulement de hauteur, contient vingt-cinq problèmes. L'intéressant, dans ce document de neuf fragments ramené en U.R.S.S. par l'égyptologue russe Goulénitschef, est que, bien que datant de la XIXe dynastie, comme en fait foi la signature du scribe, il n'est qu'une copie d'un papyrus original remontant encore seize siècles auparavant, et qui avait été écrit par un Pontife à l'usage du fils d'un Pharaon !

Cela revient à dire que ce jeune garçon d'une dizaine d'années jonglait littéralement avec la mathématique et les Nombres, 3 500 ans avant que Pythagore, Thalès, et même Euclide ne commencent à entrevoir les axiomes et les théorèmes dont ils deviendraient les promoteurs européens, et qui étaient déjà en usage populaire à cette époque fort reculée !

Et il n y a, dans ce papyrus, qu une des disciplines mathématiques... En voici un exemple : « Type de calcul d'un tronc pyramidal. »

Si on te donne un tronc de pyramide de 6 de haut, de 4 pour le côté inférieur, et de 2 pour le côté supérieur : tu calcules en prenant le carré de ce 4, qui te donne 16. Tu doubles le 4, qui te donne 8. Tu calcules ensuite en prenant le carré de ce 2, qui te donne 4. Additionne ensemble le 16 avec le 8, puis avec le 4, ce qui te donne 28.
Tu calcules alors $\frac{1}{3}$ de ce 6, qui te donne 2. Tu doubles donc 28, ce qui te donne 56. Voilà : tu as exactement trouvé la réponse, qui est 56.

Énoncé ainsi, ce calcul est un jeu d'enfant d'une simplicité étonnante ! Et les nombres mis en avant prouvent bien que telle était la véritable intention des auteurs du texte. Mais souvenez-vous vous-même de votre propre apprentissage de la mathématique !... Pour un même problème, nous utilisions, et nous en sommes toujours au même point, la formule cabalistique « moderne » du volume d'un tronc pyramidal à base carrée, qui est : $V = (a^2 + b^2 + ab)\frac{h}{3}$.

Pour ce problème, quelle est la manière la plus intelligente d'apprendre à un jeune ce type de calcul ?... Celle d'il y a cinq mille ans, ou bien la méthode actuelle ? Étant bien entendu que les opérations effectuées sont strictement les mêmes dans un cas comme dans l'autre ! Je vous laisse le soin de répondre...

Un autre exemple plus compliqué ? Le voici. Tiré du même papyrus :

Si on te donne un panier avec une ouverture de $4\frac{1}{2}$ fais-moi connaître sa surface. Tu calcules $\frac{1}{9}$ de 9, puisque le panier est $\frac{1}{2}$ œuf, et cela donne évidemment UN. Tu calcules le reste, qui te donne 8. Tu calcules $\frac{1}{9}$ de 8. Cela te donne : $\frac{2}{3}\frac{1}{6}\frac{1}{18}$[7] Tu calcules le reste après avoir retranché ces $\frac{2}{3}\frac{1}{6}\frac{1}{18}$, ce qui te donne $7\frac{1}{9}$ Tu calcules enfin $7\frac{1}{9}$ fois $4\frac{1}{2}$, ce qui te donne 32. Voilà : tu as exactement trouvé la réponse, qui est 32.

La représentation imagée de la forme du panier, qui est ovoïde, donc tout pareille à la moitié d'un œuf, est d'ailleurs hiéroglyphiquement symbolisée *par une demi-sphère* (⌒). Ce qui rappelle immanquablement au jeune « matheux » de notre époque, pour un calcul identique de l'aire d'une demi-sphère. cette formulation plus abstraite, là aussi :

$$S = \left[\left(2d - \frac{2d}{9}\right) - \left(\frac{1}{9}\right)\left(2d - \frac{2d}{9}\right)\right] d.$$

La meilleure méthode de calcul n'est peut-être pas celle en cours...

Le second papyrus, celui acheté à *Thèbes* en 1858, par l'égyptologue Rhind était également recopié depuis un manuscrit ancien. Le Scribe Ahmose explique au début de sa transcription : « J'ai recopié ce traité de calcul en l'an 33, le quatrième mois de l'inondation, à partir du douzième jour, d'un manuscrit du temps du Roi Très Grand, à la Voix Juste : l'Aîné Nêmarê. »

Celui-ci remonte donc à une antiquité encore plus reculée, à l'origine de la Connaissance, où le Savoir était compilé sur des rouleaux de cuir ! Il réunissait tous les problèmes élémentaires

---

[7] Ce « Traité de calcul » a adopté les fractions à numérateur *unitaire,* cela pour mieux développer le calcul mental. Au lieu d'écrire $\frac{3}{4}$, l'étudiant posait : $\frac{1}{2}\frac{1}{4}$

touchant les Nombres et la Mesure, cette Science qui allait devenir celle de l'étude des « Combinaisons-Mathématiques-Divines ». Leurs Professeurs, à *Dendérah*, étaient, dans l'ordre des études : les « Maîtres du Ciel », les « Maîtres de la Calculation », les « Maîtres de la Mystique », et lorsque le noviciat était achevé et que le Pontife jugeait l'élève digne de franchir le dernier échelon, celui-ci était laissé en compagnie du « Maître du Symbolisme Mathématique », accédant ainsi au dernier stade de l'initiation Sacrée, entrant pour cela dans la pièce secrète et cachée, réservée à cette élévation.

C'est avec ce Pontife : l'An-Nu, le « Grand-en-la-Connaissance-Divine », que le dernier degré était franchi. C'est dans ce sanctuaire que le jeune Prêtre apprenait le pourquoi des immenses volumes triangulaires, érigés à la sueur des fronts de toute la population unie dans la Foi, et qui avaient une signification parfaitement claire et précise, que leurs noms expliquaient populairement : c'étaient : les Seqt-BEN-Mer-Shoum, c'est-à-dire « *l Aimé vers qui descend la Lumière* », soit : les Pyramides !... Eh oui ! Ce monument symbolique primordial a pris le nom de « pyramide » (sic) par la grâce des Grecs, personne ne sait pourquoi, ni comment, devenant même, en signe d'explication (?) des silos à grains du temps de Joseph !...

Dans ces calculs des troncs que nous continuerons, faute de mieux, d'appeler « pyramidaux », et qui sont décrits, ainsi que nous l'avons vu, dans le papyrus de Moscou, *les hiéroglyphes sont formels sur les dénominations !*

- La demi-diagonale est : SEQT ;
- la perpendiculaire à la hauteur est : BEN ;
- l'angle et son arête qui fournit le cosinus : SHOU;
- le rapport des lignes est : MER.

L'ensemble devenant : « L'Aimé-vers-qui-descend-la-Lumière », ou SEQT-BEN-MER-SHOUM, devenu dans le langage populaire, tout simplement : MER, ou... pyramide (?) !... MER = l'Aimé, ce qui est tout un programme ! Le chapitre consacré aux... pyramides développera très exactement leurs significations.

Tout ne devenant qu'apparences dès qu'une nouvelle civilisation chasse la précédente, les Grecs ne se préoccupèrent absolument pas de la véritable donnée posée par l'énigme pharaonique, se contentant de tenter de la résoudre par leur propre optique, plus jeune de plusieurs milliers d'années, et non avec la rigoureuse logique qui aurait dû guider leur pas ! Aussi inventèrent-ils une masse de dieux semblables aux leurs, élucubrant à qui mieux mieux sur des significations qu'ils ne comprenaient absolument pas ! Alors ne parlons même pas des modernes égyptologues ! Parfois, cependant, des savants d'autres disciplines montrent des lueurs... qui n'intéressent guère leurs collègues, obnubilés par les représentations animales des gravures antiques. Laplace, le célèbre astronome, écrivait : « Séduit par les illusions des sens et de son propre amour-propre, l'homme s'est longtemps regardé comme le centre du mouvement des astres ; plusieurs siècles de travaux ont fait tomber à ses yeux le voile qui couvrait le système du monde. Alors il s'est vu sur une planète presque imperceptible dans le système universel, lui-même petit point invisible dans l'immensité spatiale. Les résultats de cette découverte sont bien propres à le consoler du rang qu'elle assigna à la Terre, en lui montrant sa grandeur dans la petitesse de la base ayant servi à mesurer les cieux. »

Ce fut cette première perception humaine qui, incontestablement, conduisit l'Antique à traduire le mouvement des astres en formulation mathématique, en séries de Nombres, après qu'il eût subi plusieurs catastrophes qui lui avaient donné amplement matières à réflexions ! Il en résulta une loi, qui, malgré sa complexité apparente, démontrait complète- ment une organisation telle qu'elle ne pouvait être que l'Œuvre du Créateur lui-même, Son image : l'Homme n'étant intervenu sur la Terre que des milliards d'années plus tard

Même si un super-Einstein eût existé quelque part « ailleurs », une formulation aussi brève que celle du type $E = MC^2$, aurait été plus simple que la Loi !

Puisque le nom d'Einstein vient d'être évoqué, reprenons son axiome qui exprime clairement, bien qu'il ne puisse être encore démontré, que le Cosmos ne peut être uniquement défini par trois dimensions (largeur, hauteur, longueur) et qu'il convient nécessairement d'en inclure une quatrième.

Suivant ce même principe, les Antiques mathématiciens exprimaient le fait que l'Univers ne pouvait être uniquement défini par trois composants (espace, temps, matière) et qu'il convenait logiquement d'en ajouter un quatrième qui animait les trois autres : la Force rayonnante Créative Éternelle de Dieu. Soit Le Temps de Dieu.

Voici un exemple concret, très simple !

La Lumière jaillit de l'Espace à la vitesse de 300 000 kilomètres à la seconde, comme chacun le sait. Les rayons solaires parviennent donc sur Terre approximativement en huit minutes. Ce qui revient à dire que la luminosité nous est perceptible huit minutes après son émission originelle.

Donc, imaginons, et cela est parfaitement logique, qu'au moment où vous lisez ces lignes, quelqu'un entre dans la pièce subitement, et s'exclame : « Le Soleil a explosé ! Nous n'avons même plus une minute à vivre !... » Ne ricanez surtout pas de la folie subite de celui qui parle, étant donné que vous voyez au même moment l'astre du jour briller de ses mille feux !... Car il est possible que ce soit la Vérité...

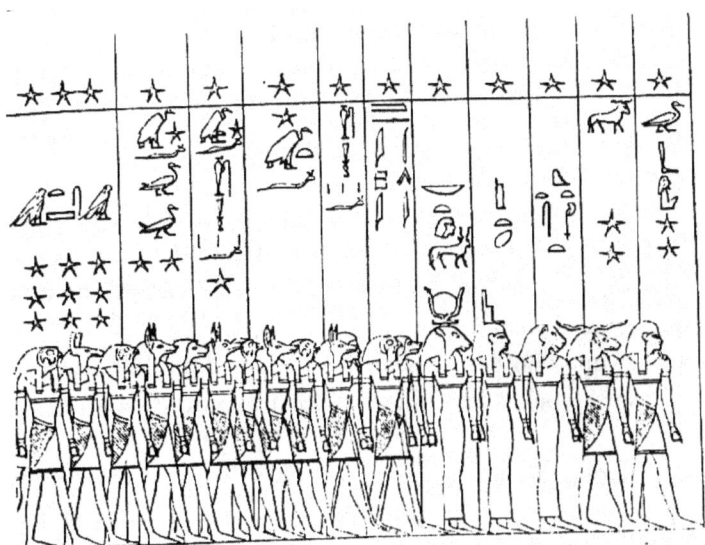

Le quatrième Temps, celui de Dieu, est le véhicule des Âmes, les parcelles divines, qui règlent les durées terrestres.
Ici : Isis conduisant les rescapés du Grand Cataclysme vers sa seconde patrie : Ath-Ka-Ptah, l'Égypte.

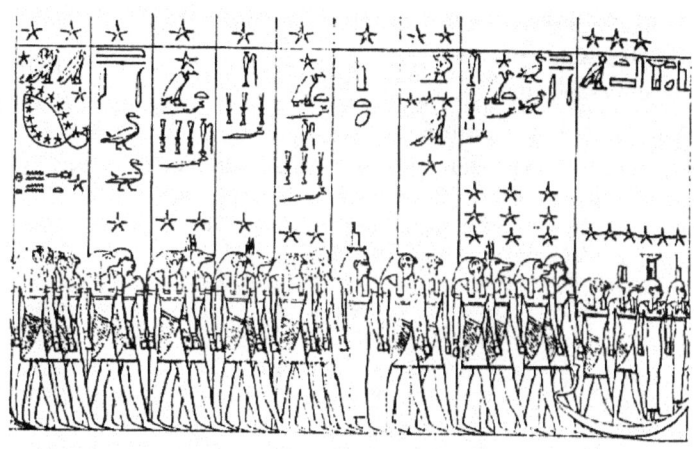

En effet, le Soleil que l'on voit, n'est que la photo, la projection pure et simple de l'image solaire ayant existé huit minutes auparavant !

Donc, bien qu'il soit en vue, en son plein éclat à vos yeux, il a peut-être explosé depuis sept minutes, et il ne vous resterait en ce cas que quelques secondes de répit pour vous mettre en règle avec Dieu avant que la Terre elle-même ne se volatilise !

Cela n'est nullement de la science-fiction, car cela se produit au moins une fois par siècle dans un autre système de l'Univers. Il y a même des supernovaes qui explosent... deux mille années de lumière au loin : ce qui revient à dire qu'elles se sont volatilisées il y a deux mille ans, et que l'on perçoit seulement aujourd'hui l'impact sur nos rétines ou sur les pellicules ultra-sensibles des caméras électroniques.

Il y a donc, sans contestation possible, un quatrième élément, celui des Antiques : le Temps de Dieu. Il est le véhicule de la parcelle Divine : l'Âme, et peut la guider durant son séjour terrestre.

Platon, dans son « Timée », commente la phrase gravée à l'entrée du Temple de Saïs : « être et avoir été » qui résume fort bien la notion de quatrième Temps. « Les jours, les nuits, les mois et les années n'étaient pas, avant que le ciel ne fut né ; et ce fut en organisant le ciel que Dieu même procura leur naissance. Ce sont là des parties du temps, et ces expressions : avoir été, devoir être, désignent des espèces du temps qui a commencé, quoique sans y penser, nous les appliquions à l'existence éternelle à laquelle elles ne conviennent plus. »

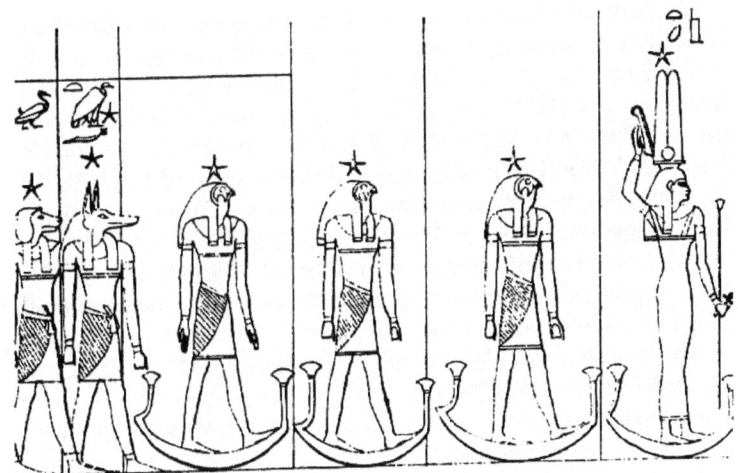

Isis amenant Osiris (triple car il sera le Père des rescapés. Tous les hiéroglyphes triplés signifient le pluriel.)

Deux certitudes découlent de l'introduction de ce quatrième Temps :

- Chaque chose visible dans l'espace, est nécessairement visible dans le temps, mais pas dans le même Temps;

- Chaque chose perceptible dans l'espace, n'est pas visible dans le même Temps, mais dans un continuum-temps « parallèle».

Il n'entre pas dans ce propos de démontrer le continuum préconisé par tant de savants, mais de montrer que la formidable Force Rayonnante dont parlent les Antiques, et qui provient des constellations équatoriales célestes à des centaines d'années de lumière, peut propulser son énergie vers la Terre, par ledit continuum.

Pour simplifier, disons que cette Force R, est une grandeur vectorielle. Comme elle proviendra de l'espace toujours selon la même Loi harmonique directionnelle, ses règles de calcul seront extrêmement précises.

Partant du postulat que toute action produit une réaction quelle que soit l'énergie déployée, R est le produit de l'interaction d'éléments semblables, mais inversés : tels l'homme et son image réfléchie dans un miroir. Ce fut cette dualité incessante entre le Bien et le Mal, de l'Homme et de son double, figurés par les Sages Scribes en rouge et en noir sur leurs hiéroglyphes, que les Pontifes calculèrent les « Combinaisons-Mathématiques-Divines » réglant les diverses combinaisons des influx provenant des énormes Soleils des douze constellations, afin de coter en valeurs absolues numériques les moyens de contrer le Mal, et de fortifier le Bien.

En langage plus pratique, voici un exemple typique : lorsque, pendant le quart d'heure de culture physique matinal, des ressorts fixés à un mur sont tendus, il est facile de calculer la force avec laquelle les muscles de la main ont tiré sur les caoutchoucs ; mais il est aussi aisé de calculer la force avec laquelle les ressorts ont tiré sur la main ! Ce qui amène l'énoncé du Principe fondamental de la Création : toute chose est complémentaire d'une autre.

Tout comme il est désormais acquis qu'une particule de matière quelconque, possède « ailleurs » une particule similaire d'antimatière, toute chose possède son double complémentaire ou « anti ».

En ce qui concerne la Force R, il est établi que la vitesse de propulsion de son mouvement peut être définie comme la translation effectuée par n'importe quelle autre énergie pour une unité de temps. Son déplacement est de ce fait un vecteur orienté dans le même sens. Il ne faut pas omettre, en effet, que la force de frottement étant nulle dans le vide sidéral malgré la grande vitesse apparente, la vitesse de R sera constante pour chacune de ses droites jusqu'à ce qu'elles soient perturbées, ou arrêtées, par un corps quelconque.

Ce qui est le cas lors de l'arrivée de l'enveloppe charnelle du nouveau-né humain, comme le décrivent les Anciens au début des cours concernant l'étude des « combinaisons ». Dès que le cordon ombilical est tranché, et donc que l'influx maternel n'intervient plus pour la confection de l'enveloppe charnelle, un canevas primaire, à l'instant précis, frappe le cortex cervical. La Force R se substitue à la mère ; le cerveau récepteur sera impressionné indélébilement par cette trame particulière, avec une puissance colossale, mais non visible pour l'humain imprégné depuis sa naissance, justement par ces influx. Mais le bébé poussera un premier cri devant cette intrusion, qui sera le premier réflexe de venue à la Vie terrestre d'une nouvelle Âme, désormais à sa place.

Pour les Sages Antiques, ces influences forment le fil conducteur Divin personnalisant chaque âme. Elle est calculable avec précision puisque le canevas de base en était exactement reproduit suivant les mêmes coordonnées que celles ayant impressionné le cortex. L'âme humaine peut ainsi être en perpétuelle liaison avec l'âme céleste créatrice, si elle ne rompt pas elle-même l'accord préétabli dès la naissance.

Les Prêtres d'Aha-Men-Ptah avaient fort bien délimité le problème, tout en cernant avec exactitude les pouvoirs directs qu'ils accordaient aux diverses solutions combinatoires, ayant remonté fort loin dans le temps, pour étayer solidement leurs observations.

Reculons nous-mêmes dans cet espace créé, jusqu'au jour où le Cosmos entra une nouvelle fois en expansion. Il est dit que la Lumière jaillit des Ténèbres, séparant le Jour de la Nuit, la Matière du Néant, engendrant des millions de planètes animées de leurs mouvements propres, toujours rotatifs et oscillatoires contraires, tout en tournant autour des millions de Soleils centres de systèmes, eux-mêmes doués de mouvements circulaires autour de millions de noyaux galactiques, formant des galaxies de milliards d'étoiles chacune ! Elles-mêmes sont...

Mais arrêtons là cette énumération qui continuerait fort bien encore deux cents pages ! Remarquons plutôt une étonnante « coïncidence » ! Celle de toutes les galaxies qui peuplent l'Univers connu qui est le nôtre : elles sont répertoriées par les astronomes en quatre catégories, toutes quatre en formation spiralée :

1) Les galaxies spiraloïdes normales : ce sont celles dont les bras partent d'un noyau central ;

2) Les galaxies spiraloïdes dites « barrées » : ce sont celles dont les bras partent d'une « barre » diamétrale;

3) Les galaxies spiraloïdes ellipsoïdales : ce sont celles qui vont de la sphère presque totale, jusqu'au type dit de « la lentille »,telle la nôtre, dont le centre, le noyau, est renflé, et dont la Voie Lactée, si bien observée par les Antiques, occupe un bord extérieur ;

4) Les galaxies spiraloïdes irrégulières : ce sont celles qui ont été vraisemblablement provoquées par des explosions de super-novaes, responsables ainsi de nouveaux mondes, qui sont actuellement l'objet de bien des recherches à l'aide des radiosources.

Or, le hiéroglyphe de la Création est une spirale sortant de l'onde :

@ ᴀᴡᴀ

Cette spirale, aujourd'hui, signifie exactement ce qu'elle était réellement il y a bien des millénaires : le Principe Créateur, la Loi. Pour toutes choses. y compris les roches et minéraux : les pierres étant considérées comme bénéfiques ou maléfiques par les Anciens. Dans la Bible, on voit déjà Moïse s'enfuyant d'Égypte en emportant le pectoral avec les douze pierres des influx bénéfiques.

Elles étaient considérées comme ayant accumulé en elles, au cours de milliers de millénaires, la Force R bienfaisante qui lui était particulière. Et pourquoi cela ne serait-il pas possible ?

« On n'a jamais pu découvrir aucun suc circulant dans les roches; mais pourrait-on en conclure qu'elles ne sont pas organisées ? Je ne le crois pas ; il est plus naturel de présumer que leur organisation, qui est aussi simple que leur composition, est peut-être aussi difficile à observer. Outre cela, comme on sait qu'il existe des pierres grasses au toucher, qu'il y en a d'autres qui laissent échapper au feu beaucoup d'humidité, que d'autres encore deviennent concaves en se refroidissant, qu'il y en a aussi quelques-unes qui se chargent d'électricité quand on les chauffe ; ne pourrait-on pas admettre qu'il y ait quelque fluide subtil qui puisse y circuler ?... Peut-être même une force invisible, rayonnante, y rampe-t-elle, tel le fluide magnétique qui roule au travers du fer. »

Cette belle page est due au conservateur de la bibliothèque de Genève, M. Jean Sènebier, auteur de l'extrait ci-dessus, tiré de l'introduction qu'il écrivit en adjonction à sa traduction des opuscules de « La Physique animale et végétale », de l'abbé Spollanzani. Et il fallait une bonne dose d'audace à ce conservateur pour écrire de telles phrases à l'époque où il l'a fait ! Car ai-je dit que cet écrit datait de 1777 ?...

Cela pour faire admettre aux sceptiques, qu'en plus des humains, des animaux et des végétaux, les minéraux aussi n'étaient que « fluides » à l'Origine, émanant de cette Lumière jaillissant des Ténèbres, et qui, mathématiquement, s'expansa en premier : un qui devint deux, deux qui devint quatre, puis huit... Les Fils de l'Ogdoade étaient prêts à croître et à multiplier ! Cela apparut globalement à tous les chercheurs férus de mythologie égyptienne depuis les découvertes de Negadah, ainsi que l'apparition du planisphère de Dendérah, prouvant la pérennité du système cyclique de l'Éternel Retour, dans un espace évolutif permanent.

Il faudrait dire, comme Leibniz, que : « L'espace est un ordre de coexistences, comme le temps est un ordre de successions. » Mais en ajoutant toutefois :

« Que la distance n'est qu'un vide par vides interposés, où la durée temporelle n'est qu'une illusion ! »

Car le Temps, comme Dieu, s'il est une réalité presque tangible, reste impalpable. Ce n'est pas une substance quelconque que l'on palpe ! Il n'apporte pas de modification aux objets ou aux formes par lui-même : en tant que Temps !

« Tout ce qui est quelque chose existe ! » disait fort justement Balmès, avant d'ajouter : « Que l'on me montre où est le Temps ! »

Là gît la difficulté ! Le temps ne rattrape pas le continuum spatial dans la mathématique. Il est divisé en instants, eux-mêmes divisibles à l'infini, mais qui se succèdent l'un à la suite de l'autre, incapables qu'ils sont de fusionner en actes simultanés ! De se confondre en existences conjointes !... Le Temps n'est donc pas une réalité concrète. Pour concevoir un instant existant dans le temps, il doit être actualisé comme un tout très court, sans avant, ni après, et être pris comme tel ! Car Dieu est seul à pouvoir être des Quatre Temps : être et avoir été, ainsi que le rappelait la fière devise Saïtique !

Aucun critère n'apparaissait impossible aux Antiques, qui avaient appris que si rien ne se fait de rien, tout était possible à Dieu qui engendrait sans cesse la Création. L'Espace ayant pour point fixe la durée du jour sidéral, qui est invariable.[8] La durée étant elle-même symbolisée par la Lumière, ce phare qui guide toutes les

---

[8] Certains astronomes ne sont pas d'accord avec ce postulat, dont l'absolue vérité ne peut être rigoureusement démontrée. Mais leurs protestations, si tant est qu'elles soient valables, établissent bien un Principe : c'est que ce postulat est nécessaire pour démontrer la mesure du Temps !...

« Combinaisons-Mathématiques-Divines ». Et si, en l'occurrence, la critique semble aisée, il convient de s'inspirer de certaines possibilités qui paraissaient encore impossibles il y a peu de temps !

Nous avons déjà vu comment Laplace avait « rectifié » le non-sens de Newton, mais sait-on que ce dernier, auparavant, s'en était lui-même pris à Descartes ?... Âgé d'une vingtaine d'années, et s'intéressant déjà beaucoup à la physique, et tout en étant un fervent cartésien, Newton n'en raturait pas moins rageusement les écrits de l'auteur français, avec des annotations continuelles, qui débutaient toujours par : « Error... »

Car, grâce à la troisième loi remise en usage par Kepler, et dont Descartes n'avait pu avoir connaissance, des géomètres avaient réussi à faire sortir cette tendance vers le centre, du vague, où le cartésianisme l'avait laissé. Huygens, en améliorant cette conception sur la pesanteur, devait même en déduire bientôt la figure réelle de la Terre, et déterminer son aplatissement. Il était donc fort naturel que Newton conçut l'idée de rapprocher la tendance d'attirance de la Lune vers la Terre, de celle, analogue, des corps pesants situés sur notre globe. Cette comparaison n'offrait aucune difficulté en 1666, et nul ne risquait les mêmes retombées que celles subies cinquante ans plus tôt par Copernic ! D'autant que la fin des « Principes » est rigoureusement dans la ligne des textes antiques : « Cet admirable arrangement du Soleil et des planètes ne peut être que l'ouvrage d'un Être Tout-Puissant, et intelligent. Et si chaque étoile fixe est le centre d'un système semblable au nôtre, il est certain que, tout portant l'empreinte d'un même dessein, tout doit être soumis à un seul et même Être : car la lumière que le Soleil et les étoiles fixes se renvoient mutuellement est de même nature. De plus, on voit que Celui qui a arrangé cet univers a mis les étoiles fixes à une distance immense les unes des autres, de peur que ces globes ne tombassent les uns des autres par la force de leur gravité.

« Cet Être infini gouverne tout, non comme l'âme du monde, mais comme le Seigneur de toutes choses. »

Newton continue quelques paragraphes plus loin :

« Comme chaque particule de l'espace existe, et que chaque moment indivisible de la durée, dure partout, on ne peut pas dire que Celui qui a fait toutes choses et qui en est le Seigneur, n'est jamais ou nulle part. Toute âme qui sent en divers temps, par divers sens, et par le mouvement de divers organes, est toujours une seule et même personne indivisible.

Il en va ainsi de notre système solaire qui est totalement isolé dans l'espace, à notre échelle humaine s'entend ! Il est ceinturé à quelque cent années de lumière par ces douze constellations, dont les plus petits Soleils sont des milliers de fois plus gros que le nôtre ! Ce qui revient à dire que si l'un d'eux, au lieu d'être situé à des milliards de kilomètres de distance, remplaçait le nôtre au centre du système solaire : celui-ci serait réduit en cendres !

Heureusement, nos planètes ne sont soumises qu'aux seules actions gravitationnelles mutuelles de ses divers composants, et qu'à la seule chaleur de notre astre diurne ! Mais les rayonnements intenses provenant des douze constellations de l'équateur céleste, bombardent sans interruption notre planète, la traversant de part en part ! Que dire de notre enveloppe charnelle qui en subit, au tout premier chef, les effets, bénéfiques ou maléfiques, suivant les « Combinaisons » et suivant les parades apportées pour éviter d'en supporter certaines conséquences !

Bien content de contrer les théories antiques autant que newtonienne, tant astronomiques que divines, et fort certainement parce que « Divines », Laplace, qui se targuait bien haut d'être athée, se plaisait à écrire : « Dieu est une jolie hypothèse qui explique bien des choses ! C'est-à-dire que Dieu est une Force que la Science ne peut atteindre et qui explique toutes les forces sans lesquelles la Science n'expliquerait rien ! »

Ce qui a fait bondir littéralement le très catholique et très érudit Barthélemy-Saint-Hilaire, qui commentait peu de temps après ces paroles, dans la préface de sa traduction du « Traité du Ciel » d'Aristote : « Comment peut-il se faire que l'astronomie en arrive à ce point à méconnaître Dieu ? N'est-ce pas la plus aveugle et la plus étrange des contradictions ? Était-ce donc la peine de tout refuser aux sens, de tout donner à la raison, pour ôter en définitive à la raison le seul fondement sur lequel elle s'appuie, comme le reste de l'Univers ?

Pour moi, j'ai une opinion toute contraire sur l'astronomie, et, plein de reconnaissance pour les enseignements qu'elle nous procure, je la remercie de nous en avoir tant appris sur les œuvres de Dieu. Toutefois, je crois qu'à cette première leçon, elle peut en ajouter une autre, non moins précieuse. Elle apprend à l'homme à se mieux connaître, en même temps qu'il connaît davantage ses rapports avec tout ce qui est infini et éternel. »

Si je suis parfaitement d'accord avec M. Saint-Hilaire, il n'empêche que son adversaire, M. Laplace, auteur célèbre de « La Mécanique Céleste », hormis son athéisme, et placé bien haut par les cinq volumes de son œuvre, abonde dans le même sens ! C'est pour cela qu'il ne faut pas en vouloir à son seul esprit astronomique, d'où est parfaitement absente toute âme céleste ! Pourquoi ? Parce qu'il permet de prouver scientifiquement que, malgré le « Grand Cataclysme » et le pivotement de la Terre, le bouleversement ne soit pas devenu « catastrophe générale » :

« À la vérité, le mouvement absolu des molécules d'une planète doit être dirigé dans le sens du mouvement de son centre de gravité. Mais il ne s'ensuit pas que le mouvement de rotation de la planète soit dirigé dans le même sens. Ainsi, la Terre pourrait tourner d'orient en occident, et cependant, le mouvement absolu de chacune de ses molécules serait dirigé d'occident en orient, ce qui doit s'appliquer au mouvement de révolution des satellites dont la direction, dans l'hypothèse dont il s'agit, n'est pas nécessairement la même que celle du mouvement de projection des planètes. »

La fin de ce passage, comme on le comprend. est primordiale ! Il peut y avoir un autre « Grand Cataclysme » dans les temps à venir, avec un pivotement axe sur axe de la Terre, de façon à ce que le Soleil reprenne sa course apparente en ligne directe, c'est-à-dire qu'il apparaisse de nouveau comme se levant à l'Occident, et les rescapés referont souche quelque part, sur un territoire qui aura échappé aux bouleversements !

Copernic, d'ailleurs, dans son ouvrage condamné par la déclaration de l'an 1616 des théologiens du Saint-Office, démontrait numériquement la théorie que ledit Laplace fera sienne plus tard ! En voici le passage : « Une observation longue et souvent répétée m'a appris que les phénomènes relatifs à chacun des autres astres errants de notre système solaire, découlaient d'un calcul par lequel on rapportait à la Terre les mouvements des astres des divers orbes et du ciel lui-même se trouvaient par-là si étroitement liés entre eux qu'il devenait impossible en aucune des parties du ciel de déplacer quoi que ce soit sans mettre la confusion en chacune des autres parties et dans leur ensemble. :.

Cet extrait du livre : « Sur la révolution des orbes célestes », fit grand bruit au Saint-Office !

C'est pourquoi l'Église, prenant le contre-pied des détracteurs, et allant au-devant des chercheurs catholiques qui ne savaient comment exprimer leurs convictions profondes d'une « autre » chronologie historique de l'Ancien Testament, préconisa à ses exégètes plus de modération dans les prises de position au sujet des Écritures Saintes. En 1943, Sa Sainteté Pie XII mit en garde dans une encyclique, ses auditeurs, justement à propos de certains chapitres de l'Ancien Testament : « La Bible n'est pas un livre unique, mais un ensemble qui groupe des œuvres de genres littéraires très différents : certains exhortent, d'autres racontent ; et même ceux qui racontent, ne sont pas nécessairement historiques au sens moderne du mot. »

Sur cette lancée significative, en janvier 1948, la Commission Biblique précisait sans ambages sa position sur le problème posé par la Genèse :

« Le premier devoir qui incombe à l'exégète scientifique, consiste tout d'abord dans l'étude attentive de tous les problèmes littéraires, scientifiques, historiques, culturels et religieux, connexes avec les chapitres de la Genèse. Il faudrait ensuite examiner de près les procédés littéraires des anciens peuples orientaux, leur psychologie, leur manière de s'exprimer, et leur notion même de la vérité historique. Il faudrait, en un mot, rassembler sans aucun préjugé, tout le matériel des sciences paléontologique et historique, épigraphique et littéraire. C'est ainsi, seulement, qu'on peut espérer voir plus clair dans la vraie nature de certains récits des premiers chapitres de la Genèse. En attendant, il faut pratiquer la patience, qui est prudence et sagesse de la vie. »

Ce qui est ici notre cas; pouvant plus aisément déchiffrer les textes antiques des « Combinaisons-Mathématiques », que nombre de savants qui se sont penchés sur le problème auparavant. Si tant d'érudits ont été « condamnés », par le Passé, c'est qu'en fait l'Homme est contre son prochain, automatiquement, dès qu'il ne le comprend pas, et que par conséquent, cela dépasse son entendement !

Chapitre Troisième

LA CRÉATION

Au commencement était Nou, dans laquelle flottaient confondus les germes de toutes les choses présentes en Ptah.
Temple de la « Dame-du-Ciel »
Dendérah

Au commencement Dieu créa le Ciel et la Terre.
Or, la terre était déserte et vide,
les ténèbres couvraient l abîme,
et l esprit de Dieu planait sur les eaux.
Ancien Testament
Genèse, I. 2.

La Création, en phonétique égyptienne du début des dynasties, s'énonçait NOU, ce qui s'écrivait, comme il l'a été signalé rapidement au chapitre précédent.

Naturellement, bien plus tard, les Grecs en firent une déesse : Nout. Mais elle ne fut qu'une pâle imitation de la « Dame du Ciel », Reine très humaine et bonne, dont l'histoire admirable la fit devenir bien plus qu'une déesse ! Mieux, même, les millénaires passant, les Pontifes de Dendérah la confondirent avec sa propre fille Iset, dont les Hellènes firent : Isis !...

Avant d'expliquer cela plus en détail, pénétrons un peu dans la compréhension hiéroglyphique qui animait Prêtres et Hiérogrammates, tant dans leurs pensées religieuses, que dans leurs vies de chaque instant.

Le premier alphabet, plus nuancé, favorisait mieux l'écriture populaire. Ce ne fut que par la suite qu'apparut une forme assignant à divers groupes de caractères une valeur différente, leurs sens ne devant être perceptibles qu'aux seuls initiés. Ainsi, certains signes additifs apparurent en divers espacements numériquement déterminés, changeant totalement la signification !

Ce langage, spirituellement fort poussé, risquant de se perdre à jamais à la suite de l'engloutissement d'Aha-Men-Ptah, avec toutes ses archives écrites, fut la première préoccupation du Pontife rescapé, lorsqu'il parvint sur la terre ferme en compagnie de quelques novices, dont son propre fils. Il instaura pour eux une « Maison-de-Vie-orale » où leur fut inculqué, par cœur, une parcelle de la Connaissance, même s'ils étaient encore incapables de la comprendre ! Leur seule tâche étant de préserver intact et pur en leur mémoire le précieux extrait que l'aîné de leurs propres enfants devrait à son tour apprendre et retransmettre.

Ainsi, durant plusieurs générations, se conserva la Tradition Originelle des Textes Sacrés dans laquelle était incluse celle des « Combinaisons-Mathématiques ». Et peu à peu furent rétablis les procédés de transmissions écrits des Ancêtres : *la hiéroglyphique*. Ils s'élaborèrent durant le long temps de l'Exode au travers de l'Afrique, pendant lequel fleurirent, tout au long de la ligne continue que suivit le peuple reformé, et multiplié, et ce sur des centaines de mètres de largeur, toutes sortes de gravures rupestres. Ainsi, du Sud-Marocain à la Nubie, en passant par le Sud-Algérien et le Nord-Tchadien, la Tripolitaine et la Libye, les outils d'abord, puis l'écriture elle-même, sur des peaux, reparurent, là où les déserts n'en étaient pas encore, et où les oueds étaient encore des fleuves impétueux rongeant de grandes falaises abruptes, ainsi qu'il est encore très facile de le remarquer actuellement.

C'est pourquoi l'arrivée en Ath-Ka-Ptah se fit avec un étalage étonnant de toute une civilisation bien au point et fort ancienne, dont les hiéroglyphes furent le dernier chaînon reconstitué.

Depuis Champollion, les égyptologues du monde entier se penchent des deux côtés du Nil sur ces caractères « bizarres » qui les déroutèrent passable- ment, et qui ont découlé du Savoir des monarchies prédynastiques, donc bien avant le règne de Ménès, formant une idée fausse de la civilisation qu'ils découvraient.

Ainsi s'est forgée une interprétation parallèle de la vie égyptienne antique, à base d'adorations animales multiples et de « contes abominables », alors que celle-ci n'était fondée que sur le culte d'un Dieu- Unique, mais qui, ayant créé l'homme à Son image, demandait qu'il vive en plein accord harmonique avec Lui. Tout le reste ne fut que littérature populaire, agrémentée d'esprits et de génies inférieurs issus de Grands-Prêtres en mal de faire surveiller leurs ouailles constamment afin de les conserver dans leur pureté originelle.

Si les érudits, qui ont « traduit », ou plutôt « interprété » les textes anciens, n'ont rien résolu quant aux diverses sciences « combinatoires », cela tient essentiellement à quatre causes :

1) Un manque certain d'études. donc de compétence, dans la théologie Divine antique, la raison des dogmes impératifs, et des divers cultes qui leur ont été inclus. C'est pourquoi la métaphysique étalée sans aucun scrupule par d'innombrables auteurs, fournit des traductions « abstraites » incompréhensibles ! La seule concrétisation pourrait être l'idée se retrouvant partout, du Soleil élevé au rang de Divinité... si elle n'était fausse elle aussi ! Cette mythologie affabulatoire étant impensable d'une race dont l'intelligence ne peut pas être mise en doute, et dont les « Combinaisons-Mathématiques », basées sur des cycles précessionnels de 25 920 années, prouvaient amplement qu'elle connaissait le mécanisme solaire aussi bien que nous, dénué de Divinité, mais non de pouvoir créateur.

2) Ensuite, l'ignorance des savants traducteurs, de l'origine phonétique des mots composant le Rituel de la Science Sacerdotale, qui formaient le patrimoine exclusif des « An-Nu », les Pontifes enseignant les futurs Grands-Prêtres !

3) L'ignorance, surtout, de ce que ces « An-Nu » se transmettaient leur langage spiritualisé, uniquement entre eux, le personnalisant en quelque sorte au sein des hiéroglyphes en une langue « anaglyphe » remontant à la plus lointaine antiquité d'Aha-Men-Ptah, communiquant à leur Rituel : le Verbe, cause première de leurs pouvoirs temporels autant que spirituels.

4) L'ignorance, qui en découle doublement, à savoir le sens caché et sacré de l'anaglyphe hiéroglyphique, qui utilisait le véhicule de la « langue vulgaire » ! (sic, Plutarque). Ce fut ainsi que Pythagore commença ses études au Temple de Saïs, en apprenant l'hiéroglyphique populaire, c'est-à-dire la lecture courante des caractères, avant d'entreprendre la consonance pointée symbolisant l'anaglyphique. Et pour la prononcer correctement, il fallait être initié véritablement à la phonétisation spécifique elle-même, c'est-à-dire... à l'opposé du système préconisé par les égyptologues.

Il est donc aberrant de continuer à vouloir traduire ou, à tout le moins, interpréter, les hiéroglyphes selon la méthode chère à Champollion pour le Sacré, toujours caché, au travers de la langue copte moderne du début de l'ère chrétienne ! Il est de fait que l'existence d'un langage véhiculant également le Nombre et la Mesure, en même temps que la Loi Divine, dérange manifestement les égyptologues, surtout s'ils sont athées ! Pour les autres, il semble que tout est clair ainsi, et qu'il n'y a nullement besoin d'expliquer plus avant l'inexplicable !

Or, le copte moderne n'est fait que de conventions scripturales, alors que la hiéroglyphique ancienne n'était que symbolisme ! Les Grecs, les premiers, ont donné le triste exemple des interprétations simplifiées et très approximatives de textes très antiques pour eux déjà ! Ce qui a donné des romans du plus mauvais goût, qui n'étaient que pures inventions étant donné les textes primitifs !... le livre de Pierre Benoit est sans doute des milliers de fois plus « vrai » que l'« Isis et Osiris » de Plutarque, servant cependant de référence depuis deux mille ans aux chercheurs égyptologues ! Personne ne met en doute ce ramassis de textes abracadabrants, car tous sont persuadés qu'il ne peut en être qu'ainsi devant l'insurmontable mur de protection apporte à cacher le contexte original ! Le plus insensé de ces imbroglios fut qu'un érudit, tout de même, tenta de faire remarquer que, pourtant, le Crabe était bel et bien officiellement admis, puisqu'il était bel et bien gravé sur le planisphère zodiacal de Dendérah, à l'emplacement réservé à cette constellation. Mais les savants « défenseurs de la tradition émanant des œuvres de Plutarque », rétorquèrent que cela n'avait rien d'incompatible avec l'interdiction, puisque ce zodiaque était d'essence grecque, et déjà connu de l'auteur !

Il manque indéniablement à ces chercheurs, fort érudits et patients par ailleurs, et très honnêtes, de s'imprégner de l'Esprit Antique, directement, et non par Grecs interposés ! Ainsi comprendraient-ils avec l'âme égyptienne antique, la véritable nature de la Foi qui animait ces géniaux constructeurs de monuments à la gloire de leur Dieu, et qui, eux-mêmes ne vivaient que dans des maisons de briques, donc destructibles, car l'Éternité n'appartient qu'à l'Éternel. L'homme, lui, simple image mortelle, ne représentait pas le Créateur avec une face humaine à cause du respect qu'il avait pour sa Divinité, mais lui élevait une Demeure à sa taille, et y plaçait un animal symbolique : taureau, puis bélier, afin de rester en harmonie avec le ciel, liant la créature au Tout-Puissant. Telle était l'idée générale de la Pensée ancienne, déterminant l'action et la réaction qui en découlait harmoniquement depuis l'Origine et la Création.

Cette pénétration idéologique, qui sera effectuée pas à pas pour en faciliter la totale compréhension, sera en quelque sorte l'oxygène venant de cette époque lointaine et qui rendra Vie aux esprits au repos, ramenant ainsi auprès de nous, bien des présences savantes, tant spirituellement que mathématiquement.

Il convient donc, dès à présent, de s'identifier à elles, en pensant comme elles, c'est-à-dire en utilisant un style identique d'associations d'idées. La guerre stérile qui oppose plusieurs conceptions différentes de l'égyptologie et freine le travail de bien des savants en la matière depuis plus d'un siècle ne doit pas avoir sa place en cet ouvrage, dont le seul but est de permettre à tous d'apporter sa propre pierre à l'édifice, en le modifiant, afin de lui donner une structure inébranlable : celle qui était la sienne il y a 7 000 ans !

Car enfin, et c'est là que réside le côté comique - et bien naïf - de nos contemporains, tous les auteurs grecs antiques, avouent avoir donné non seulement une interprétation toute personnelle des écrits égyptiens qu'ils ne lisaient d'aucune façon, mais qu'il existait également une écriture symbolique incompréhensible pour eux !...

Diodore de Sicile parle des « discours sacrés entendus, mais qui sont des mots sans suite ». Jamblique n'a « rien compris à la langue tout entière de l'ordre des Prêtres ». Plutarque, lui, dit plus suavement que « la langue des Prêtres lui est restée obtuse ! » Porphyre fait de même, mais en parlant de la « langue héréditaire » des Prêtres, ce qui est plus intéressant, prouvant bien qu'il en existait deux. Tacite écrivait que « le langage des Pères était insoluble ». Il en allait de même de Lucien, de Lucain, d'Origène, de Philon, de Synésius, et de centaines d'autres qui ont vainement tenté de résoudre l'énigme. Sans parler de Clément d'Alexandrie qui avait toutes les données, qui aurait pu, mais qui n'a vraisemblablement pas voulu, en fournir le mode d'emploi en clair !

Mais le problème de la compréhension de la langue Sacrée était nettement posé car, même dans le langage dit « vulgaire », la plus grande source d'erreurs provenait de l'incertitude totale quant à la nature et à la quantité des symboles hiéroglyphiques. Un égyptologue connu, fit d'un certain dessin une couronne, alors qu'un autre en fit une paupière ! Mais le cas classique, souvent cité, est celui des différences qui existent entre le dictionnaire de Champollion et celui de Birch, anglais aussi réputé : dans un signe typique, le premier vit un parallélogramme crénelé (?), alors que le second indique qu'il s'agit en fait d'un jeu d'échec ! (Ce jeu faisait fureur dans l'élite il y a six mille ans.)

Comment, dans de telles conditions, ne pas être tenté de redonner aussi de nouvelles significations à des symboles que la compréhension spirituelle antique rend évidente ?... Car, comme Clément d'Alexandrie l'a écrit dans ses « Stromates » , (texte cité en épigraphe de la préface de cet ouvrage) la hiéroglyphique a conservé de tous temps ses trois significations symboliques, à savoir :

-*la valeur d'une chose,* dans une locution populaire ;
-*la valeur d'une idée,* dans une phrase concrète ;
-*la valeur d'une raison, dans un texte Sacré.*

En outre, les divers Pontifes qui se succédèrent en Ath-Ka-Ptah, y inclurent une valeur occulte, cachée, afin de mettre à l'abri d'éventuels envahisseurs la Connaissance qui leur permettrait de changer la face du monde et donc de le mettre en désaccord avec Dieu. L'usage « courant » ne s'en perpétuait que dans les « Maisons-de-Vie » attachées à quelques Temples seulement, où se formaient les futurs Grands-Prêtres. Mais une même phonétisation pouvait s'écrire symboliquement de trois hiéroglyphes différents, ce qui permettait des nuances bien plus graduées que les nôtres, presque jusqu'à l'infini !

La Création, par exemple, phonétisé : NOU, s'écrivait donc du « N » : ᴡᴡᴡ, et du « OU » : ℮. Mais les variantes « autres» sont innombrables, puisque, avec les trois signes de chaque, il existe trois interprétations différentes ! Soit :

N = l'onde au repos : ᴡᴡᴡ

1) *Onde-chose :* l'eau inerte ;
2) *Onde-idée :* l'eau primordiale (contenant la Vie en puissance) ;
3) *Onde-raison :* l'eau contenant l'Origine de toutes choses.

N =un vase (ou un contenant vide) : ☯

1) *Vase-chose :* un contenant vide ;
2) *Vase-idée :* une enveloppe charnelle vide ;
3) *Vase-raison :* contenant d'un contenu sans âme.

N = un germe :

1) *Germe-chose :* une graine de nourriture ;
2) *Germe-idée :* l'origine de la terre ;
3) *Germe-raison :* l'Origine créatrice de J'Univers. La signification occulte des trois « N » est : l'Incréé ; c'est le germe Divin qui contient en Lui-même toutes les créations de l'Univers.

Pour « OU , les trois versions antiques, sont :

OU= une spirale :

1) *Spirale-chose :* l'image d'une multitude ;
2) *Spirale-idée :* une idée de grandeur ;
3) *Spirale-raison :* la Force cosmique dans l'Incréé.

OU = une peau vide :

1) *peau-chose :* enveloppe sans âme ;
2) *peau-idée :* sans consistance ;
3) *peau-raison :* espace vide.

OU = un poussin :

1) *poussin-chose :* contenant du nouveau-né ;
2) *poussin-idée :* contenant une vie en puissance ;
3) *poussin-raison :* contenant l'âme en puissance.

La signification occulte des trois « OU » est : l'Âme qui arrive de l'Incréé. C'est le complément du germe Divin qui permet d'accéder à la Connaissance.

Ce bref aperçu du langage hiéroglyphe tel qu'il s'apprenait dans la Maison-de-Vie du Temple de la « Dame du Ciel » à Dendérah, il y a six mille ans, donne une excellente vue sur la subtilité, tout autant que sur l'intelligence, des Sages de la première Heure.

La phonétique de « NOU » aura donc une centaine d'interprétations différentes, suivant son emplacement dans le contexte, suivant la raison ou l'idée amenant son emploi dans une phrase. Sans parler de l'occultation Créatrice.

À l'intérieur du mur occidental du Grand Temple de Dendérah, qui a une largeur de plus de deux mètres, monte un escalier qui conduit à la terrasse vingt mètres plus haut, où se trouvaient les observatoires des « Combinaisons-Mathématiques ». Sur le mur intérieur oriental s'inscrit en creux et en relief l'histoire de la Création : « Au commencement, NOU était l'enveloppe céleste contenante de Ptah, Dieu-Grand-en-Nombres, dans laquelle flottaient confondus, les germes de toutes les choses et de tous les êtres présents en Ptah, qui se repose avant de recommencer la Création selon les cycles éternels. »

À noter que si la Création, se lit : @∿∿

Le Déluge est : ∿∿∿   Le Créateur : @∿∿

Le Chaos : ∿∿ @   L'Incréé : ∿∿ @

Ainsi apparaît une trame extrêmement précise et compréhensible pour qui suit là aussi, les cycles initiatiques. L'origine même des hiéroglyphes transparaît alors, empruntée à l'Histoire Originelle du peuple « Aîné » : celui d'Aha-Men-Ptah.

De ce « NOU » dériva le surnom de la dernière Reine du Royaume englouti, car elle donna naissance à celui qui entra très vite dans la Gloire : Ousir, ou Osiris en grec. En souvenir de la Reine - et non déesse -, dont les enfants assumèrent la lourde charge de conduire tous les rescapés, pourtant répartis en deux clans ennemis, vers leur nouveau destin commun que le Grand Cataclysme avait seul pu réunir : cette seconde patrie Ath-Ka-Ptah, Nout devint la « Dame du Ciel », la Protectrice des vivants, tandis qu'Ousir devenait le Protecteur des Morts, étant donné la manière miraculeuse dont il était ressuscité après l'assassinat dont il avait fait l'objet, et qui avait été perpétré par son propre demi-frère !

C'est ce qui a déterminé le symbolisme primitif de l'œil, qui veut dire : « Il donne la Vie. » Cette signification, au présent, donc toujours d'actualité durant des siècles et des siècles, doit être prise au pied de la lettre, dans toute son expressive beauté.

Dans les nombreux fragments de papyrus mathématiques retrouvés ici et là, il existe des extraits d'un traité sur les fractions, qui fournissent toutes les opérations fractionnelles possibles devant lesquelles, un jour ou l'autre, pourrait se trouver un habitant de cette seconde patrie. En les compulsant avec intérêt, il m'a été donné, par hasard, de tomber sur la clé qui ouvre les portes mathématiques du calcul des jour- nées de la Création Divine ! Et cela n'a été possible, justement, qu'en y ajoutant les supputations dues à un autre « hasard » : celui révélé par la connaissance du symbolisme de l'œil « oudjet ».

Aristote, intuitivement, devant le flot harmonique qui s'écoulait de toutes les constructions qui frappaient la vue des visiteurs de l'Égypte, s'écria en ressortant du Temple de Dendérah : « La continuité du Temps et celle de l'Espace sont ici bel et bien corrélatives ! » Les mathématiques inspiraient cet éminent philosophe de pensées assez abstraites, mais qui le laissaient lui-même perplexe !

Einstein, fut plus rigoureux et plus pragmatique dans ses affirmations, en déclarant, bien plus tard, et sans avoir été en Égypte : « L'esprit ne saurait supporter l'idée qu'il y ait deux structures de l'espace indépendantes l'une de l'autre ; l'une de gravitation métrique, l'autre électromagnétique. La conviction s'impose que ces deux sortes de champs doivent comprendre une correspondance à une structure unitaire de l'Espace. »

Les dignes « Maîtres » de la Mesure et du Nombre, avaient pourtant intégré dans leurs écrits cosmogoniques, la clé de cette structure unitaire grâce aux Nombres, justement, et par ce « Traité des fractions » où ils se trouvaient bien à l'abri des regards indiscrets !

Pour pénétrer plus avant encore le processus de pensées des « Grands-de-la-Science-Véritable », il convient de reprendre leur raisonnement qui, tout en s'adressant occultement en hiéroglyphique aux initiés et aux novices pour leur inculquer la symbolique de la Connaissance, désiraient inclure une tournure de phrase qui pourrait cependant faire comprendre la totalité des générations futures pour qui ce langage serait devenu hermétique !... Prescience, ou Conscience ?... Les deux à la fois, très certainement, dans le désir de transmettre leurs déboires pour avertir de ce qu'ils avaient vécu, eux, et qui ne devait pas revenir une seconde fois ! Et ce symbolisme, pour être compréhensible, ne devrait être dicté que par la Loi Divine et ses « Combinaisons-Mathématiques ».

Il devenait donc logique, en partant de ce postulat, de prévoir que la Clé de la compréhension ne pouvait être symbolisée en ce temps-là que numériquement ! C'était la seule manière d'être compris des générations futures. Le calcul est, et sera toujours, le même procédé de compréhension numérique à tous les échelons des disciplines scientifiques qui se succéderont, tant sur la Terre que sur tout autre « ailleurs » ! Car les Pontifes, comme nos savants actuels, pensaient aussi que les autres systèmes interstellaires pouvaient posséder une planète, où une autre Image Divine de même développement que le nôtre par la parcelle Divine qu'est l'Âme, pourrait dans le Futur venir sur Terre et tenter de les comprendre !

C'est d'ailleurs ce même procédé de Clé symbolique numérique qui a été utilisé en décembre 1974 par les savants américains de la N.A.S.A. pour tenter, éventuellement de se faire comprendre par un peuple « d'un autre Univers ». Ils ont envoyé une fusée Atlas, baptisée Pioneer X, pour photographier la planète Jupiter et l'expédier ensuite au loin, hors de notre système, pour se perdre dans l'infini, dans l'Espace... Se perdre ? Qui sait ?... Peut-être une civilisation semblable à la nôtre, ailleurs... Les chances en sont tellement faibles qu'il n'y en a pas une sur cent millions dans le calcul des probabilités ! Mais qui sait ?... Aussi, la fusée a-t-elle emporté une plaque en aluminium doré, de 150 mm × 230 mm, sur laquelle ont été gravés les symboles de son origine terrestre, ainsi que ceux de la trajectoire qu'elle accomplit.

C'est le principe même des hiéroglyphes figuratifs antiques qui a été employé à cet effet. La lecture en sera aisée pour n'importe quel être doué d'intelligence et comprenant quelque peu l'astronomie et le calcul, autrement dit : les « Combinaisons-Mathématiques-Célestes » !

À gauche de la gravure, une sorte d'explosion représente les positions de quatorze Pulsars[9] par rapport à notre Soleil, figurés par des lignes concourantes, évidemment de dimensions différentes, mais à l'échelle. Au-dessus, schématiquement reproduits, figurent les deux états de l'élément le plus abondant dans tout l'univers, donc aisément perceptible « ailleurs » il s'agit de l'atome d'hydrogène neutre, le

---

[9] De *Pulsating stars,* dont le diamètre est de l'ordre d'une dizaine de km, mais dont la masse est supérieure au million de tonnes par cm^2 /... C'est pourquoi elles émettent des radiosources régulières et facilement identifiables.

passage de l'un à l'autre, s'accompagnant d'une émission bien caractéristique sur la longueur d'onde de 21 cm. À l'extrémité de chacune des lignes représentant les trajectoires des Pulsars, de petits traits donnent les fréquences des émissions de chacun d'eux par rapport, justement, à la bande des 21 cm.

La fréquence d'émission des Pulsars décroissant dans le Temps, des êtres intelligents interceptant Pioneer X, détermineraient le temps écoulé depuis le lancement de l'engin. Quant à l'échelle de la taille de l'homme et de la femme, elle est fournie par l'engin lui-même, stylisé au second plan, et très caractéristique dans sa forme. Le dernier motif dessiné au bas de la plaque représente le système solaire lui-même et les planètes qui s'y meuvent, dont la Terre, d'où part la trajectoire de la fusée.

Ainsi, ce symbolisme numérique s'explique le plus facilement du monde, quel que soit le bagage intellectuel et le langage de la « personne » susceptible de trouver un jour - ou dans des millions d'années ! - cette plaque d'aluminium doré ! Les Pontifes avaient donc fait de même en gravant leurs textes : introduisant un code de transmission numérique pour obtenir et la Clé, et la Connaissance, dignes de ceux qui désirent vivre en harmonie et en communion avec Ptah : le Dieu-Grand-en-Un, l'Éternel Tout-Puissant.

Les tombeaux mis à jour depuis un siècle, et plus précisément depuis 1820, tant dans la Vallée des Rois, en face de Louxor, qu'à Saqqarah et à Dendérah, sont édifiants à ce sujet. La plupart d'entre eux ont les murs et le plafond recouverts de textes, qui démontrent amplement la crainte de l'Âme quittant son enveloppe charnelle de ne pas rejoindre en Amenta celles de ses « Aînés ». Aussi, durant la vie terrestre, le corps *et* l'âme faisaient tout pour vivre en accord avec les commandements Divins, même s'ils ne comprenaient plus très bien le rite, alors que le résultat final était, lui, flagrant !

Aussi, les traductions, pour imparfaites qu'elles soient en la matière, ne font pourtant qu'illustrer ce thème immémorial. Voici, par exemple, celle effectuée par M. G. Lefébure, du texte gravé dans le tombeau de Pétosiris :

« O vivants ! Si vous lisez mes paroles, si vous vous attachez à les écouter, vous en éprouverez de l'utilité. Elle est bonne, la route de celui qui est fidèle à Dieu; c'est un béni, celui que son cœur dirige vers elle. Je vous dirai ce qui m'est advenu ; je ferai que vous soyez informés des volontés de Dieu; je ferai que vous pénétriez dans la Connaissance de son esprit.

Si je suis parvenu ici, à la ville de l'Éternité, c'est que j'ai fait le bien sur la terre, et que mon cœur s'est complu sur le chemin de Dieu, depuis mon enfance jusqu'à ce jour béni où je rejoins mes Aînés. Toute la nuit, l'esprit de Dieu était dans mon Âme, et dès l'aube, je faisais ce qu'Il aimait. J'ai pratiqué la Justice, et j'ai détesté l'iniquité. Je n'ai pas frayé avec ceux qui ignoraient l'Esprit de Dieu. J'ai fait tout cela en pensant que j'arriverais à Dieu après ma mort, et parce que je savais que viendrait le jour du Seigneur de la Justice au moment de la pesée, au partage des Ames, lors du Jugement.

O vivants ! Je ferai que vous soyez instruits des volontés Divines; je vous guiderai vers la voie de la Vie Éternelle, la bonne voie de celui qui obéit à Dieu, car si sa félicité est grande sur la terre, elle est encore plus affermie en Amenta. »

Cet extrait, du très beau texte inscrit sur les murs du tombeau de Pétosiris et composé par lui-même avant sa mort à cet effet, sous-entend une vie spirituelle qu'aucun théologien moderne n'oserait renier quoiqu'il remonte bien avant le début de l'ère chrétienne. Et comme l'a fait ce Sage, presque tous les monuments funéraires tentent d'instruire les vivants de la Volonté Divine. Non seulement par les commandements stricts institués depuis le Grand Cataclysme, mais en prouvant leur nécessite terrestre en les symbolisant d'une manière tangible. C'est pourquoi la Création entra dans la « Spiraloïdes fractionnelle ». qui, par son essence même représente la multitude divisible à l'infini, mais dont la somme ne peut être supérieure à UN.

C'est pourquoi le « Traité des fractions » réunit les éléments constitutifs de la Création, avec une subtilité qui laisse encore pantois ! Car les « coïncidences » sont ici en une quantité inchiffrable !...

Enfin, les « Maîtres-de-la-Mesure-et-du-Nombre » enseignaient, et pour cause, que les fractions d'un tout avaient pour but premier, d'amener leurs étudiants à concevoir en leurs pensées la notion créatrice en toutes choses, car tout hiéroglyphe pensé, et projeté à la suite d'un autre, s'encastrait dans un mot à la juste place qui était la sienne, puis dans une phrase qui prenait un sens précis, pour parvenir dans un texte à une conclusion : une unité d'un tout, formant une infime parcelle de la Connaissance.

Chapitre Quatrième

LE SYMBOLISME ORIGINEL DE LA CRÉATION

Dieu est l'objet immortel, incompréhensible, et universel l'œil qui ne se ferme jamais,
la lumière qui pénètre toutes choses.

ÉPICTÈTE
(À l'empereur Adrien)

Outre cela, un nombre considérable de formes géométriques est admis parmi les éléments de l'Écriture Sacrée. Les lignes droites, courbes ou brisées, les angles, les triangles, les quadrilatères, les parallélogrammes, les cercles, les sphères et les polygones, entre autres, y sont fréquemment reproduits, ainsi que les figures les plus simples.

CHAMPOLLION
(Précis du système hiéroglyphique)

Tout laissait prévoir, dans la conception même de l'édification numérique symbolique de la Création, dans les premiers temps de l'élan de l'âme nouvelle vers Dieu, que la parcelle Divine qui avait fait Homme une enveloppe charnelle, ne pourrait s'élancer vers la Connaissance, qu'en domestiquant les propres connaissances acquises par l'observation.

Un ayant créé la multitude, il convenait donc de prime abord, de reconstituer les éléments de cette unité fractionnable jusqu'à l'infini. Mais dans quel ordre les retrouver ? Et surtout, ayant perdu tout contact tangible avec cette première civilisation intelligente, comment choisir parmi les vingt-huit procédés de calcul fractionnel énoncés dans le papyrus, répondant spécifiquement chacun à une matière déterminée ?

Certaines catégories fort complètes y étaient compliquées comme à plaisir, telles celles concernant la pesée des métaux précieux : or, argent, électrum, etc. L'étude n'était donc nullement facilitée pour le chercheur ayant un point de repère ! Il fallait passer en revue les systèmes fractionnels concernant les masses, les volumes, les liquides, les puissances, et même les distances « abstraites », chacun étant doué d'une échelle fractionnable différente des autres !

Il en allait de même avec la mesure des grains, celle-ci étant symboliquement rattachée à une notion de durée dans le Temps ! Cette abstraction semblant surprenante, et le fait qu'il faille « fractionner » un poids unitaire pourtant faible en six de ses parties, méritait une étude plus attentive.

La graine étant le Germe, donc la « Création » en puissance, et les six fractions pouvant représenter les six jours de la Création « dans le Temps », il ne restait qu'à se pencher sérieusement sur le calcul effectué pour obtenir la Clé ! Les six hiéroglyphes fractionnels de cette mathématique subtile, sont :

$$\frac{1}{2} = \bigcirc \qquad \frac{1}{4} = \triangleleft \qquad \frac{1}{8} = \triangleright$$

$$\frac{1}{16} = \frown \qquad \frac{1}{32} = \smallsmile \qquad \frac{1}{64} = \text{🏛}$$

Avec ma formation informaticienne logique, la base 16, hexadécimale, apparaît avec netteté, évoquant immédiatement le total incomplet de cette série ! En effet : $\frac{1}{2} + \frac{1}{4} + \frac{1}{8} + \frac{1}{16} + \frac{1}{32} + \frac{1}{64} = \frac{63}{64}$

Il manquait donc incontestablement $\frac{1}{64}$ à cette suite, qui, dans le contexte où elle fut établie semblait illogique. Car un ensemble fractionnel établi pour un système numérique ne servant apparemment à rien, mais apparaissant en langage anaglyphique comme primordial, l'UNITÉ. ou le cycle Divin entier, devait exister ! Unité = Création : l'association d'idées était évidente ! Mais il manquait le septième hiéroglyphe qui, numériquement devait permettre de calculer le Temps de l'Homme, et qui, symboliquement, serait le septième jour : le Temps de repos du Seigneur.

Or, ces six dessins, rappelaient « quelque chose » d'important et de déjà défini, qu'il fallait retrouver, et compléter, pour comprendre enfin le sens global attaché à ces représentations graphiques.

C'est alors que l'admirable Histoire d'Iset, lors du Grand Cataclysme ayant englouti son pays, reparut avec la signification de l'œil Sacré - oudjet -, et qui symbolise la résurrection : une nouvelle Création.

Les six symboles fractionnels sont en effet les six parties de l'oudjet : l'œil d'Iset qui, par les larmes qui en coulèrent, ressuscita son époux : Ousir.

La signification occulte de cet « oudjet », est : la Créativité ; mais il n'y avait toujours pas le septième symbole ! Ce ne fut qu'incidemment, en compulsant les différentes composantes de la chronologie analytique du « Temple de la Dame du Ciel » de

Dendérah, que la solution, à la fois symbolique et numérique, sauta aux yeux, c'est le cas de le dire !

Cet édifice religieux, souventes fois reconstruit, mais édifié sur les premières fondations prédynastiques, fut dédié tout d'abord à Nout, puis à sa fille Iset, avec laquelle elle finit par se confondre. C'est pour cette raison que la Dame du Ciel a ici une double qualité. il ne faut pas lui en ajouter une troisième, comme il est souvent fait à tort, car justement, le nom d' « Hathor », signifie : « Cœur d'Horus », c'est-à-dire, la mère d'Horus, donc Iset, sous son véritable nom !

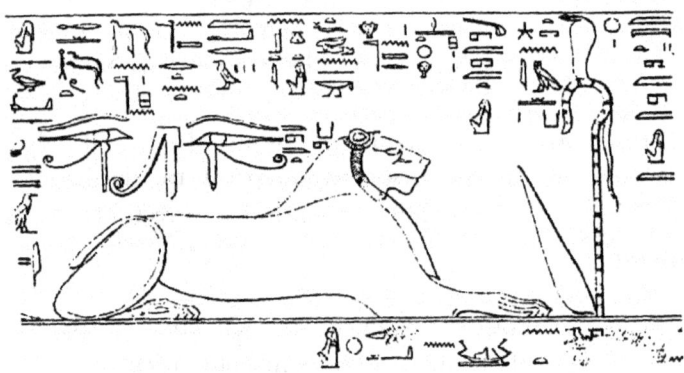

Le lion regarde à droite alors que tous les visages des hiéroglyphes regardent à gauche. L'Œil « oudjet », l'œil sacré est représenté dans ses deux positions : l'ancienne, à gauche, et la nouvelle (Création) à droite.

Dans ce Temple, donc, en une arrière-salle fort sombre, le plafond est entièrement gravé par un œil : celui d'Iset, qui pleure et réanime le corps de son mari par ses larmes, sous l'impulsion émise par ce reflet de la parcelle Divine qu'est l'âme, détentrice des procédés de création de la vue, et de création de la Vie.

Les larmes y sont symbolisées sous leur forme triangulaire, dont le symbolisme cyclique déjà expliqué n'échappera à personne, et elles y figurent au nombre de seize, auxquelles étaient adjointes deux branches angulaires d'une dix-septième pour la terminaison au sol.

La base hexadécimale transparaît encore distinctement dans cette figuration. Et cela d'autant plus clairement pour un initié dans les sciences mathématiques antiques, car toute une page philosophique des « Combinaisons-Mathématiques-Divines » reprise d'ailleurs par Pythagore, dans ces « Nombres d'Or », explique le « Temps de l'Homme » par le Nombre occulte de 16 : le Nombre Phénix 0588235294117647.

L'œil de la Création nouvelle conduit la barque « Mandjit » vers sa nouvelle destination, surveillée du ciel par Osiris, fils de Dieu.

Eh oui ! Vous avez bien lu ! Il s'agit d'un Nombre qui recommence sans fin, tournant sans arrêt sur lui-même : une Roue Phénix à base 16...

Le Temps de l'Homme est partagé en 16 cycles, le dix-septième étant la fin *d'un* temps, et non *des* Temps ! En dehors des considérations philosophiques de chacune des ères déterminées par ce Nombre de 16 chiffres, multiplié 16 fois par lui-même, donne toujours un résultat ayant la même disposition des 16 chiffres !

Soit : 0588235294117647   × 2 = 1176470588235294

× 3 = 1764705882352941

× 4 = 2352941176470588

× 7 = 4117647058823529

× 13 = 7647058823529411

× 16 = 9411764705882352

Et la fin *d'un cycle* venant au dix-septième temps :

0588235294117647 × 17 = 9999999999999999

L'Œil d'Iset, reconstitué en totalité, dans son symbolisme « *Oudjet* », prend ainsi sa signification pleine et entière de créativité : la Création.

Les larmes sont ici les représentations du fluide vital en pleine conception créative. Il faut y voir l'ensemble du rythme trinitaire fécondant l'humanité, tout comme, suivant la même Loi, le Soleil féconde physiquement la Terre.

L'astre solaire monte dans le ciel pour parvenir à son zénith à midi, puis il redescend vers l'Occident, où la nuit le touche lorsqu'il disparaît à l'horizon. La nuit est symbolisée par l'horizontale reliant l'angle formé par le jour, représentant ainsi fort bien le « Monde souterrain » : l'Amenta, le double, le « Ka » de l'Aha-Men-Ptah englouti et devenu « le Royaume de l'Au-Delà de la Vie », injustement traduit par : « Royaume des Morts ».

Les larmes d'Iset sont humaines ; les rayons solaires sont les transmetteurs célestes ; et les âmes cosmiques suivent le même cycle de triangulation avec un rythme semblable, qui fait revivre éternellement dans ce Royaume, celles qui ont pu naviguer dans le Grand Fleuve de la Douat, c'est-à-dire celles qui ont été décrétées pures et sans péchés lors de la pesée des Âmes.

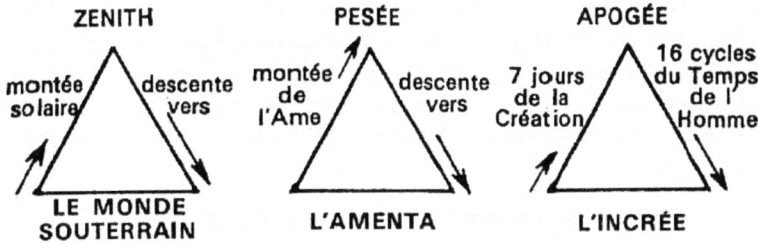

(La Triangulation Divine, ou : de l'Incréé au Créé)

Ces trois cycles triples, rythmés par le courant d'un même « Grand Fleuve » aux trois noms : le Nil, qui est terrestre ; la Voie Lactée, qui est céleste ; et la Douat, qui est cosmique ; augmentés du quatrième Temps, celui qui n'appartient qu'à Dieu, sont strictement identiques dans leur formulation numérique et géométrique, mais en des temps - ou jours - de durée fractionnelle mathématique croissante, qui seront expliqués plus loin. Cantonnons-nous ici dans celui de la Création.

Sortant de l'Incréé, l'apogée du Temps Divin est atteint au septième Jour, où le Créateur se repose de Son ouvrage. C'est durant ce Jour que s'établit le Temps de l'Homme, c'est-à-dire que c'est à partir de cet instant que la parcelle Divine atteignit l'hominidé déjà formé, forgeant l'Âme qui lui permettrait de devenir Homme, image de l'Éternel, qui aurait son libre arbitre et le libre choix de se créer son propre avenir.

Chacun des seize cycles humains est donc décomposé en trois triangulations célestes qui sont les « Grandes Années » précessionnelles, et qui occupent ainsi une durée de : 25 920 × 3 = 77 760 ans ; soit, pour la durée des seize cycles humains de cette triade : 77 760 × 16 = 1 244 160 ans. Afin d'avoir le Temps complet de cette 7e Journée de la Création, il convient d'y ajouter la partie du 17e cycle symbolisée par le triangle non terminé touchant le sol, qui sera expliqué en « son temps », et qui est le Temps Historique de l'Humanité, en quelque sorte : 38 505 années. Elles sont le Temps de l'essor : de l'intelligence !

$$\text{Le Temps du 7}^{\text{ème}} \text{ Jour est donc de :}$$
$$1\,244\,160 + 38\,505 = 1\,282\,665 \text{ années,}$$
$$\text{soit : } \frac{1}{64} \text{ du Temps Total de la Création.}$$

Les divers calculs sont ainsi faciles quant aux six autres journées, et les décomptes en sont simples :

Temps du 6ème Jour : $\frac{1}{64}$ du Temps Total

Temps du 5ème Jour $\frac{1}{32}$ du Temps Total (ou $\frac{2}{64}$)

Temps du 4ème Jour : $\frac{1}{16}$ du Temps Total (ou $\frac{4}{64}$)

Temps du 3ème Jour : $\frac{1}{8}$ du Temps Total (ou $\frac{8}{64}$)

Temps du 2ème Jour : $\frac{1}{4}$ du Temps Total (ou $\frac{16}{64}$)

Temps du 1er Jour : $\frac{1}{2}$ du Temps Total (ou $\frac{32}{64}$)

La Spirale, hiéroglyphe de la Création en SIX JOURS, s'exprime ainsi :

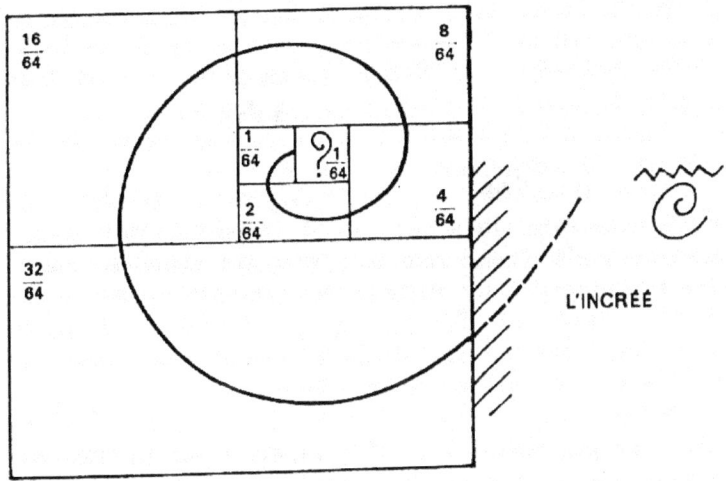

Dans ce carré de base de la « Mer », l'Aimée, ou la Pyramide, s'inscrit le spiraloïdes de la Création, sortant de l'Incréé, fournissant en cette moitié de Temps, le calcul du demi-périmètre et de la demi-surface, ainsi que de l'emplacement de l'entrée exacte de la « Mer » - qui est la contraction hiéroglyphique de : Seqt-Ben-Mer-Shoum, « l'Aimé vers qui descend la Lumière », devenue « Pyramide » !... Et son symbolisme est l'Unité : le TOUT. Car de Dieu vient toute la multitude : UN tiré du Néant, comme l'Homme, pour créer la multitude, soit $\frac{64}{64}$.

Afin d'énoncer sans plus attendre la mathématique de la Loi de Création, une anticipation précédera de quelques pages les preuves qui seront fournies et sera présenté d'une façon apodictique en quelque sorte, afin que les fils des écheveaux se démêlent au fur et à mesure.

Les quatre Temps, dont il a déjà été amplement parlé, le Passé, le Présent, le Futur, et « l'Autre », s'imbriquent et s'enchevêtrent avec ceux de la Créativité, qui sont : le Temps Humain, le Temps Terrestre, le Temps Solaire, et « l'Autre ».

Chacun a fait l'objet d'une Création en six Jours, suivant la même Loi :

1) Le Temps Divin, ou « l'Autre » , est celui de l'expansion du Cosmos et de la régularisation de ses mouvements, jusqu'aux plus infimes systèmes solaires comprenant de minuscules planètes telles notre Terre ; mais ce Temps est incalculable en notre mathématique, les milliards de siècles s'ajoutant aux milliards de millénaires d'années !

2) Le Temps Solaire, est celui de l'expansion du système planétaire qui est le nôtre, et de la régularisation des mouvements de la Terre au sein de cet Espace, ainsi que la stabilisation de toutes les particules et molécules formant la Matière, ce qui permit l'implantation des premiers éléments d'une vie végétale et animale.

3) Le Temps Terrestre, est celui de l'expansion lente, mais continue, de la Vie en matière végétale et en premiers invertébrés, avant de se transformer en animaux.

4) Le Temps Humain, est celui où les Ames imprégnèrent les cerveaux des enveloppes charnelles humaines, les seules ayant supporté cette parcelle Divine, et ayant choisi, de ce fait, de s'élever sur leurs deux jambes, et d'utiliser leurs deux mains pour vivre intelligemment : travailler, manger, et écrire.

L'Origine de la Création cosmique, formant un recommencement de « Grand Cycle » et qui équivaut à un Temps Divin, représente une pulsation de : 168 121 466 880 ans.

- De cette Origine, à la création de la Terre, c'est-à-dire à partir du moment où l'implantation dans l'espace de notre globe planétaire, devint définitive, il s'est écoulé $\frac{63}{64}$ de la durée du Temps Divin. Ce qui revient à dire que la durée du 7ème Jour représente $\frac{1}{64}$. Elle est le Temps imparti à la Terre pour assurer sa survie en un autre cycle de : 5 253 795 840 ans.

- De l'Origine de la Terre, à l'apparition des mammifères quadrupèdes, c'est-à-dire à partir du moment de l'implantation dans l'environnement terrestre à eux prédestiné, de ceux ayant supporté l'évolution continue des espèces, et susceptible de survivre encore aujourd'hui, même sous une forme imparfaite à l'époque, il s'est écoulé $\frac{63}{64}$ de la durée du Temps Solaire. Ce qui revient à dire que la durée du 7ème Jour, qui représente $\frac{1}{64}$, et qui est le Temps imparti aux animaux les plus robustes pour assurer leur survie en autre cycle, est de : 82 090 560 ans.

- De l'origine des mammifères quadrupèdes, à l'apparition de l'Homme bipède, c'est-à-dire à partir du moment de l'apparition de la parcelle Divine, l'Âme, où l'hominidé, touché par la grâce, éleva son corps vers le Ciel et commença d'utiliser, même imparfaitement, l'intelligence qui lui était octroyée, à améliorer sa condition humaine, il s'est écoulé $\frac{63}{64}$ de la durée du Temps Terrestre. Ce qui revient à dire que la durée du 7ème Jour, qui représente $\frac{1}{64}$, et qui est le Temps imparti à l'Humanité naissante pour assurer sa multiplication et sa survie en un autre cycle, est de : 1 282 665 ans.

- De l'Origine de l'Homme bipède, à son épanouissement en tant qu'Homme intelligent, c'est-à-dire à partir du moment où l'Âme fait de l'enveloppe charnelle une image Divine, et permet à l'Homme d'être le véritable Maître de tout l'environnement terrestre qui lui était prédestiné, tant minéral, végétal, qu'animal, il s'est écoulé $\frac{63}{64}$ de la durée du Temps Humain, qui lui, n'est pas défini dans l'absolu

puisque l'Homme a le libre choix de sa destinée dans le libre arbitre de ses états d'âme, le dernier $\frac{1}{64}$ étant mathématiquement de presque $\frac{17}{16}$, c'est-à-dire que le 7ème Jour, le Temps de l'Homme, dépendra pour sa durée de l'équilibre qu'il assurera en Bien. Ce qu'il y a de sûr, c'est que les $\frac{16}{16}$ font : 1 244 160 ans, comme il l'a été vu précédemment, et que le reste, soit la partie du 17ème seizième, est de 38 505 années. Mais c'est le Temps « Autre » : celui de Dieu...

Cette date est fondamentale, car elle concorde avec les annales et les chronologies qui nous sont parvenues. Hérodote, et surtout l'historien-prêtre Manéthon, parlent du début des Temps 36 000 ans auparavant ; et comme ils vivaient il y a plus de 2000 ans, le compte y est !

C'est pourquoi, au prochain chapitre, l'Histoire de l'Humanité débutera à cette date en Aha-Men-Ptah...

Auparavant, décomposons clairement ce processus des « Combinaisons-Mathématiques-Divines » : en repartant depuis l'origine de l'Origine !...

« Que la Lumière soit ! ... Et la lumière fut ! À cet instant, TOUT redébuta, et de l'Incréé, Dieu fit jaillir la Lumière. Voyant qu'elle était bonne, il la sépara d'avec les Ténèbres. L'impulsion était donnée ! Un devint deux ; deux devint quatre, puis huit... et le processus se poursuivit ainsi engendrant l'Espace et le Temps, ainsi que la Matière première des multitudes de corps célestes, et ce, durant la moitié du Temps de ce cycle, soit $\frac{1}{2}$, représenté par le hiéroglyphe fractionnel : ○ qui fait $\frac{32}{64}$, soit les 168 121 464 880 ans, la même durée étant le Temps de Vie du Cosmos restant.

Ce fut la première Journée Cosmique de l'Univers.

Les plus lointains Quasars sont donc en place, en ébullition titanesque, et en pressions phénoménales ; de cette multitude de gigantesques complexes à leur point critique d'éclatement, certaines supernovae exploseront pour former les plus lointaines galaxies, imprimant dès ce moment les mouvements giratoires de diverses formes spiraloïdes, durant le quart du Temps de ce cycle, soit : $\frac{1}{4}$, et représenté par le hiéroglyphe fractionnel : ◁ qui fait $\frac{16}{64}$, ou la moitié du temps restant, soit 84 060 733 440 ans, le même temps cosmique restant, étant le Temps de Vie du Cosmos de ce cycle.

Ce fut la deuxième Journée Cosmique de l'Univers.

Les supercentraux galactiques se développèrent toujours, libérant les bras spiraloïdaux autour de noyaux centraux, dont les mouvements centrifuges uniformisés engendrèrent de-ci, de-là, l'explosion de novae, ces énormes astres encore en fusion qui devinrent, par leurs parties, les Soleils géants de groupes stellaires à très forte magnitude. Tel, l'énorme boule de feu appelée Régulus du Lion, qui se stabilisa à quelque cent années de lumière de nous, pour devenir le centre d'un système important, dont la puissance énergétique et rayonnante est si puissante qu'elle en est inconcevable pour l'esprit humain ! Disons simplement que si cette étoile avait été propulsée un peu plus près de notre Soleil, notre Terre, comme toutes les autres planètes de notre système solaire, aurait été instantanément réduite en cendres impalpables, et nous n'existerions par conséquent pas ! Le processus ayant mis chaque astre à la place qui lui était assignée durant ce huitième de Temps de ce cycle, soit $\frac{1}{8}$, représenté par le hiéroglyphe fractionnel : ◁ qui fait $\frac{8}{64}$, ou la moitié du temps cosmique restant, soit : 42 030 366 720 ans, la même durée étant le Temps de Vie du Cosmos restant.

Ce fut la troisième Journée Cosmique de l'Univers. D'autres énormes blocs en fusion, sur leur lancée, tournoyèrent jusqu'à distance respectueuse des astres géants, de l'ordre de plusieurs centaines d'années de lumière environ, afin de former des groupes stellaires importants. Au sein de notre « Voie Lactée » se sont insérées une douzaine de ces formations : les constellations qui ont ainsi été propulsées, d'abord par leurs Soleils, tel Régulus du Lion dont nous avons déjà parlé, autour d'un gigantesque espace encore vide ! Dès l'instant, les envois de rayonnement commencèrent dans ce volume sphérique où rien encore n'existait, mais au centre duquel ils allaient tous se rencontrer ! C'était l'aboutissement achevant ce seizième de Temps de ce cycle, soit $\frac{1}{16}$, représenté par le hiéroglyphe ⌢ qui fait $\frac{4}{64}$, ou la moitié du temps restant, soit : 21 015 183 360 ans, la même durée restant pour le Temps de Vie du Cosmos.

Ce fut la quatrième Journée Cosmique de l'Univers.

Les systèmes solaires les plus minimes, se créèrent alors par milliards au sein de ces énormes masses. Ce furent d'abord les Soleils, blocs en fusion sans cesse effervescents, qui se stabilisèrent ainsi, tel le nôtre, maintenu à cet emplacement par cette Force R qui centralisait les douze rayonnements parvenant des Soleils des constellations. Entourée ainsi d'une photosphère, et ne recevant aucun apport de matière ou d'énergie extérieure, ce fut cette Force qui lui conserva non seulement son pouvoir de régénérescence, mais qui le renouvela depuis, suivant des lois de la physique bien déterminées. Ce processus en chaînes ayant placé des masses de plus en plus petites -notre Soleil a un diamètre quatorze mille fois plus petit que Régulus ! -nécessitait un Temps de « création bien plus court, aussi le trente-deuxième de Temps de ce cycle suffit-il amplement à ce travail, soit : $\frac{1}{32}$, représenté par le hiéroglyphe fractionnel : ⌢ , qui fait $\frac{2}{64}$, ou la moitié du Temps cosmique restant, soit : 10 507 591 680 ans, la même durée restant pour le Temps de Vie du Cosmos.

Ce fut la cinquième Journée Cosmique de l'Univers.

Pour le dernier Jour de la Création Cosmique, il ne restait qu'à parachever la formation de l'environnement de l'Univers : c'est-à-dire amener en certains endroits appropriés les possibilités de créer la Vie, par les conditions idéales qui y régneraient.

En ce jour-là, donc, les Soleils mis en place « la veille », subirent les contrecoups des fortes pressions nucléaires qui les agitèrent. Certains explosèrent, créant des conditions apocalyptiques dans certains « coins » du Cosmos, tandis que d'autres expectorèrent plus simplement, projetant dans l'espace où ils exerçaient déjà une forte attraction, des boules plus ou moins volumineuses, la matière étant encore en fusion.

Les masses les plus petites stoppèrent assez près de l'astre mère, et se mirent à tournoyer rapidement sur elles-mêmes, restant en gravitation permanente autour de l'astre solaire, tels Mercure et Mars. Les « morceaux » les plus gros continuèrent de « tomber » à des distances plus éloignées de plusieurs centaines de millions de kilomètres, tels Jupiter, Saturne, Neptune, Uranus... pour graviter et tournoyer dans le même sens et dans le même plan que les autres, ce qui démontre parfaitement la continuité de la même Loi.

Une seule de ces boules, ni trop petite ni trop grande, se stabilisa donc ni trop près ni trop loin, de façon à être idéalement ni trop chaude ni trop froide, et devenir apte, dans le temps, au rythme des cycles et de la Loi de la Création, à engendrer la Vie.

Et cela est primordial pour qui cherche à comprendre ce « phénomène » ! Depuis des milliards d'années, il y a une continuité de la Création pour amener les conditions optimales de procréation ! Et ce ne peut être l'effet d'un, ou de plusieurs « hasards », car il aurait fallu des milliers et des milliers de « coïncidences » pour que cette Loi continue ne fut pas l'œuvre de Dieu, chaque création amenant une parcelle nouvelle à l'environnement afin que le moment venu, et au lieu prévu, la Vie apparaisse !

Aucune humanité n'étant en place, tant s'en faut, et, de toute façon, les hommes étant même à l'heure actuelle encore dans l'incapacité d'ordonnancer de tels travaux : qui, ou quoi, aurait pu s'en charger ?... Car, si l'athée ne veut pas admettre l'intervention Divine..., qui en est le responsable ?

Le problème est le même, toute proportion gardée, pour une voiture roulant sur une nationale à grande circulation, devant la vôtre. Un premier croisement important s'effectue, un deuxième, puis un troisième, sans accrochage ; à partir du sixième, le calcul des probabilités est formel : si après le sixième croisement aucun accident n'a lieu, c'est qu'il y a aussi un chauffeur dans le véhicule qui précède le vôtre ! C'est une certitude absolue, même s'il reste caché aux yeux !

Or donc, en ce qui concerne la Création : pourquoi ne pas vouloir admettre ce qui est une certitude identique ? Il y a un chauffeur, un pilote : un Guide, même si Lui aussi est caché à nos yeux qui ne sont qu'un reflet de ceux de Son image.

La Terre, donnons-lui déjà son nom, est enfin parvenue à la place qui est la sienne, et le Soleil s'étant un peu refroidi, a entraîné l'extinction de sa photosphère, assurant du même coup une régularisation des mouvements de toutes les planètes du système solaire.

L'accélération du processus de la Création termine l'échelle Cosmique, et passe le relais à l'échelle de Temps et de durée Solaires. C'est donc le un soixante-quatrième du Temps de ce cycle Cosmique qui vient de s'écouler, bouclant les $\frac{63}{64}$ du Temps total, et laissant le dernier $\frac{1}{64}$ à la vie en temps de l'astre solaire ! Il s'est donc écoulé 5 253 795 840 ans pour assurer la mise en place de notre globe terrestre, et il lui reste autant de Temps de Vie durant ce cycle.

Ce fut donc La sixième Journée Cosmique de l'Univers.

Ainsi que les Annales égyptiennes le précisent en se référant à leurs textes antiques : « Mout est désormais le contenant de tous les "out" du Cosmos, tout comme Nout allait devenir le contenant de tous les "out" de la Terre. »

Cela a été le grand travail des savants des « Doubles Maisons de Vie » de l'antique Aha-Men-Ptah, que de dresser des cartes du ciel, dont quelques fragments recopiés en partant de figures sur rouleaux de cuir, se retrouvent à Dendérah, sur la tombe de Séti Ier, au Ramesseum, notamment, et qui fixaient des configurations importantes marquées pour des dates déterminées où des événements graves s'étaient produits, expliquant ainsi que des Forces autres que les simples forces humaines combinaient les mouvements des astres et leurs combinaisons mathématiques avec les événements terrestres.

Le Créateur disposant donc encore de 5 253 795 840 ans pour organiser la Terre, et y faire vivre l'image qu'Il y aura engendré en ultime ouvrage, le Temps sera solaire et, « coïncidence » ! ce sera le Soleil qui sera le véhicule rayonnant de la Force créatrice qui fera éclore tout d'abord les mondes végétaux et animaux.

Chapitre Cinquième

LA NUMÉRIQUE SYMBOLIQUE TERRESTRE

Seul Seigneur
qui atteint chaque jour les extrémités des pays,
et regarde ceux qui y circulent;
qui monte dans le ciel sous sa forme solaire
pour pouvoir, des mois, faire naître les saisons,
la chaleur quand il le veut,
le froid quand il le désire,
chaque jour à son lever :
tout le pays chante sa louange !

HYMNE AU SOLEIL
(Stèle de l'Ancien Empire)

Au Seigneur appartient la terre avec ce qu'elle contient, le monde, avec ceux qui l'habitent ;
car c'est Lui qui l'a fondée sur les mers,
et affermie sur les fleuves.

ANCIEN TESTAMENT
(Psaume 24)

Il y a donc plus de cinq milliards d'années, la Terre était encore une masse partiellement liquéfiée, partiellement en fusion, dont diverses couches métallifères commençaient à se disposer intérieurement suivant leur ordre de densité. Au-dessus de la croûte externe qui se formait, une vaste et très dense atmosphère, contenait en suspension toute la vapeur dégagée par les différents gaz, et qui était totalement irrespirable !

L'écorce terrestre, en s'épaississant au fur et à mesure du lent refroidissement, se fendillait. Par ces ouvertures, ces fissures géantes, sous la pression interne immense, de la matière en fusion s'échappait de toute part. C'est ainsi que la chaleur dégagée amenait une température de surface élevée, bien que les rayons solaires ne parvinssent point encore à percer l'épaisse couche des nuages.

Ce qui n'empêchait point les pluies diluviennes de tomber sans discontinuer sur les eaux et les terres détrempées ! Et ce sur toute la Terre, les pôles, la glace et la neige étant encore inconnus dans la lueur avare et diffuse tout autant que moite, qui régnait ici-bas.

Et puis, à l'instant propice prévu : un cône de lumière perça la voûte nuageuse, atteignant de ses rayons bienfaisants, une terre élevée...

« Au commencement, Dieu créa le ciel et la terre. Or, la terre était déserte et vide, les ténèbres couvraient l'abîme et l'esprit de Dieu planait sur les eaux. Dieu dit : « Que la lumière soit », et la lumière fut. Dieu vit que la lumière était bonne, et Dieu sépara la lumière des ténèbres. Dieu appela la lumière jour, et les ténèbres nuit. »

Cela prit la moitié du Temps total Solaire, soit : $\frac{1}{2}$ ou les $\frac{32}{64}$ de : 5 253 795 840 ans ; donc : 2 626 897 920 années. Il restait donc autant de Temps de Vie en ce cycle, à venir sur la Terre.

Ce fut le premier Jour de la Création sur la Terre.

Près du Temple d'Ath-Mer, « l'Aîné aimé », la capitale d'Aha-Men-Ptah, s'élevait la colline aux sycomores ; et près du Temple du Soleil de la ville d'Héliopolis, en Ath-Ka-Ptah, s'élevait la colline de sable. Toutes les deux avaient la même signification originelle : « la Colline Primordiale ». C'était la représentation, autant physique que symbolique, de la première terre touchée par la lumière solaire, créant ainsi le sol ferme, autour de laquelle la terre se solidifia au rythme des jours et des nuits.

Géologiquement, les couches de nuages très denses à l'équateur, pratiquement en ébullition, se condensèrent en vapeur et retombèrent dans les régions déjà moins torrides en vastes étendues d'eaux qui firent durcir un peu plus l'écorce terrestre sur laquelle elles stagnaient, sauf aux endroits plus élevés : les montagnes de ces premiers temps.

Peu à peu, le Soleil agrandissant son champ de vision par la fenêtre ouverte au milieu des nuages, véritable œil par lequel s'infiltrèrent les rayons bienfaisants, permettant l'assèchement des tertres entourant les montagnes, et la naissance des premiers organismes unicellulaires, qui adoptent le rythme terrien de vie, fait d'alternance de jour solaire, et de nuit stellaire...

« Dieu dit : "Qu'il y ait un firmament au milieu des eaux, et qu'il sépare les eaux d'avec les eaux" ; et il en fut ainsi. Dieu fit le firmament, qui sépara les eaux qui sont sous le firmament d'avec les eaux qui sont au-dessus du firmament ; et Dieu appela le firmament : ciel. »

Cela prit la moitié du Temps Solaire restant, soit le $\frac{1}{4}$ du Temps solaire, ou les $\frac{16}{64}$, soit : 1 313 448 960 années. Il restait donc encore autant de Temps de Vie en ce cycle, à venir sur la Terre.

Ce fut le deuxième Jour de la Création terrestre.

Si l'atmosphère prit progressivement ses proportions actuelles, les réactions provenant du magma central encore en pleine fusion, se firent cruellement sentir lorsque les énormes pressions supportées par la mince croûte terrestre fusèrent par les fissures provoquées entre-temps par les soubresauts internes qui déformaient continuellement les terres.

Le refroidissement plus rapide du fond des mers, provoqua également des excès de vapeur sous l'écorce sous-marine, qui, par réactions chimiques de la masse interne encore très fluide et gazeuse, bouleversèrent littéralement la cartographie qui aurait pu être faite à cette époque !

Des exhaussements progressifs, par paliers successifs, et comme autant de coups de boutoirs gigantesques firent émerger des eaux, des continents entiers, surmontés de chaînes de montagnes géantes tout au long des zones de fractures. Des neiges éternelles apparurent alors sur ces névés.

D'autres régions s'asséchèrent complètement ; entre ces deux extrêmes, des régions humides, mais tempérées, favorisèrent l'essor de toute une gamme de végétaux immenses, aux formes qui nous apparaissent aujourd'hui des plus hallucinantes : des algues aquatiques aux formes torturées, étirées ; des éponges énormes ; des bancs de coraux tentaculaires. Cette même eau développa la vie des premiers animalcules : les amibes, qui devinrent des brachiopodes, des pélécypodes, et autres biozoaires de ce règne sous-lacustre.

Au crépuscule de ce jour, les phénomènes volcaniques redoublèrent de violence, poussés par l'injection de l'eau dans les couches ignées du magma, s'engouffrant par les lignes de fracture, et se propulsant de plus en plus vers ledit magma en se transformant en vapeur sous pression. Alors que les régions atteintes étaient bouleversées, d'autres, tranquilles, virent leur sol devenir plus fertile. De la verdure et de l'arboriculture environnante apparurent fruits et légumes.

Enfin, en bordure des mers chaudes, sur les plages de sable fin, comme à Erfoud, aux confins du Sahara marocain actuel qui était une mer « en ce jour-là », naquirent les nautiles, communément appelés ammonites encore invertébrés, mais dont la forme est une spirale parfaite, symbole de la multitude !

Et si la Création de « ce jour-là » ne parle pas d'animaux, c'est qu'il est bien difficile d'assimiler ces invertébrés fossilisés il y a quelque six cent millions d'années par la disparition en quelques instants de la mer qui occupait l'emplacement du Sahara marocain. C'est *par milliards* que ces ammonites se sont fossilisées à ce moment, formant aujourd'hui un marbre bleu ou brun suivant les endroits, au sein duquel les spiraloïdes ont gardé leur forme parfaite…

« Dieu dit : "Que les eaux qui sont sous le firmament s'amassent en une seule masse et qu'apparaisse le sec" ; et il en fut ainsi. Dieu appela le sec : terre, et la masse des eaux : mer, et Dieu vit que cela était bon.

« Dieu dit : "Que la terre produise de la verdure, des herbes portant semences et des arbres fruitiers contenant leur semence" ; et il en fut ainsi. La terre produisit de la verdure, des herbes portant semence selon leur espèce ; des arbres donnant selon leur espèce des fruits contenant leur semence, et Dieu vit que cela était bon. »

Une remarque « curieuse » concerne les chaînes de montagnes, les terres qui émergèrent des eaux. À l'extrême pointe du Cameroun, juste à l'équateur, il existait une montagne isolée, dont le sommet dépassait les 10 000 mètres, selon les écrits des navigateurs antiques et les dires de vieux Camerounais « Sages ». Elle était appelée « *Char des Dieux* » et était considérée comme la Terre Originelle. Ce fut Hénon qui, assistant au bouleversement qui l'abaissa de la moitié de sa hauteur, en écrivit les diverses péripéties dans son « Périple africain » .

Ayant eu l'occasion d'en effectuer l'ascension jusqu'au sommet, qui est encore à 4 150 mètres au-dessus du niveau de la mer, qu'il domine, les méditations ne me manquèrent pas ! Le lieu est dantesque au premier abord, bien que ce sommet soit toujours celui « des Dieux » : le Fako, en dialecte. C'est toujours un volcan, et des fumerolles s'en échappaient lorsque je m'y trouvais, en 1947.

Le vieil autochtone qui m'avait conseillé ce pèlerinage, et qui avait accepté de m'y accompagner, savait par intuition le bien énorme que j'en tirerais. Nous y avons bivouaqué quatre nuits, dans la grotte par où la lave était encore sortie une cinquantaine d'années auparavant, rasant l'ancienne capitale de ce Cameroun britannique de l'époque ! Bien des choses se comprennent plus aisément sur place. Ce fut là, que j'appris la signification des « Mer » égyptiennes, ces pyramides semblables à la montagne primordiale « l'Aimé-vers-qui-descend-la-Lumière ».

Mais la moitié du temps restant passa, soit $\frac{1}{8}$: 656 724 480 années. Et il ne resta plus qu'un Temps identique de Vie pour la durée du cycle entier sur la Terre.

Ce fut le troisième Jour de la Création terrestre.

Le refroidissement général s'accéléra, suivant en cela la progression au carré de la Loi de la Création. Il amena enfin la stabilité dans les dimensions des couches géologiques terrestres, ainsi que l'harmonie des rythmes planétaires dans le système solaire ; émission normale et continue des rayonnements stellaires, ainsi que de la constitution de l'atmosphère ; enfin, rotation équilibrée de la Terre par rapport au Soleil, à la Lune, ainsi qu'aux autres planètes. Seul, le sol lui-même de notre globe, continue d'avoir des soubresauts par-ci, par-là, au gré des changements dus à la précession des équinoxes qui fait son apparition en « ce jour-là », ainsi que les vertébrés...

« Dieu dit : "Qu'il y ait des luminaires au firmament du ciel pour séparer le jour de la nuit ; qu'ils servent de signes pour les saisons, les jours et les années ; qu'ils soient des luminaires au firmament du ciel pour éclairer la Terre" ; et il en fut ainsi. Dieu fit les deux luminaires majeurs : le grand luminaire en tant que puissance du jour ; et le petit luminaire comme puissance de la nuit ; et les étoiles. Dieu les plaça au firmament du ciel pour luire sur la terre, pour commander au jour et à la nuit ; pour séparer la lumière des ténèbres, et Dieu vit que cela était bon. »

La question la plus importante résolue par les savants des « Doubles-Maisons de Vie » en Aha-Men-Ptah, est celle de ce quatrième Jour, où apparurent les jours et les années, c'est-à-dire les « Combinaisons-Mathématiques » : les NOMBRES, avec la Loi Divine qu'ils laissent supposer de par l'introduction de la notion des DEUX luminaires, mais qu'ils impliquent automatiquement par les combinaisons qu'ils déclenchent, et sur lesquels le texte ne laisse aucun doute : « *afin qu'ils servent de signes* ».

Cela prit la moitié du Temps Solaire restant, soit le $\frac{1}{16}$ du Temps Solaire, ou les $\frac{4}{64}$, soit : 328 362 240 années. Il restait donc encore le même Temps de Vie à venir en ce cycle sur la Terre.

Ce fut le quatrième Jour de la Création terrestre.

L'environnement était désormais parfaitement en place sur terre, dans l'air, et dans l'eau, afin d'y recueillir les vertébrés : ceux qui volent, ceux qui nagent, et ceux qui marchent et courent plus ou moins lourdement sur leurs pattes. La progression évolutive, désormais moins longue dans le Temps, reste cependant constante et conforme à la Loi. surtout dans la Nature terrestre, où apparaissaient et disparaissaient les races qui ne s'adaptaient pas aux conditions de la vie, et donc non susceptibles de survivre. Mais ce jour-là, fut bien celui du gigantisme ! Celui des énormes oiseaux, tels les Ptérodactyles ; des mammifères de proportions à peine imaginables pour notre conception contemporaine, tels les Brontosaures de quelque vingt mètres de longueur, aux quatre pattes massives, qui supportaient une trentaine de tonnes, maintenant une queue flexible de cinq mètres qui balayait tout ; des Ichtyosaures, dont les nageoires très proéminentes leur permettaient de se déplacer dans l'eau à des vitesses effarantes malgré leurs poids de dix à quinze tonnes !...

« Dieu dit : "Que les eaux grouillent d'un grouillement d'êtres vivants et que des oiseaux volent au-dessus de la terre contre le firmament du ciel", et il en fut ainsi. Dieu créa les monstres marins et tous les êtres vivants qui glissent et qui grouillent dans les eaux selon leur espèce, et toute la gent ailée selon son espèce, et Dieu vit que cela était bon. Dieu les bénit et leur dit : "Soyez féconds, multipliez-vous et emplissez l'eau des mers ; et que les oiseaux se multiplient sur la terre." »

Cette croissance expresse prit la moitié du Temps Solaire restant, soit le $\frac{1}{32}$, ou les $\frac{2}{64}$ du Temps total, donc : 164 181 120 ans. Il restait ainsi encore le même Temps de Vie à venir en ce cycle sur la Terre.

Ce fut le cinquième Jour de la Création terrestre.

En l'aube du nouveau jour de créativité qui pointe, il convenait de donner l'impulsion aux rayonnements atteignant enfin la planète, et qui provenaient des lointains soleils des douze constellations ceinturant le système solaire, afin que la Puissance Divine engendre d'autres races animales qui disposeraient mieux des conditions en perpétuelle évolution de la Vie. Les rayonnements de cette Force amenèrent les mammifères, les oiseaux, et les énormes poissons à se combattre en luttes titanesques ! Des races entières furent anéanties, permettant en contrepartie à d'autres d'évoluer en mieux. Ainsi apparurent des races vivantes mieux adaptées, qu'elles restent sauvages ou qu'elles soient susceptibles d'être domestiquées, ensemencées qu'elles étaient, d'une âme embryonnaire, au cours de cette journée...

« Dieu dit : "Que la terre produise des êtres vivants selon leur espèce, bestiaux, reptiles, bêtes sauvages, selon chaque espèce", et il en fut ainsi. Dieu fit les bêtes sauvages selon leur espèce, et tous les reptiles du sol selon leur espèce, et Dieu vit que cela était bon. »

Le texte biblique concernant le sixième jour ne s'arrête point ici, empiétant sur le Temps de l'Homme, qui, les Annales Antiques le démontrent, fait partie du Temps même de Dieu, consacré au repos et à Sa propre image qui ne nécessite pas de création quelconque complémentaire. Le Créateur l'engendre une fois tout l'environnement créé, c'est-à-dire après le sixième Jour !

Comme il a été vu plus avant que le texte de la Genèse avait été quelque peu interprété et mis au goût du jour, pour l'époque, et qu'il avait été « fait appel aux procédés littéraires des anciens peuples orientaux, avec leur psychologie, leur manière de s'exprimer, et leur notion même de la vérité historique ».

Les compilateurs de la Genèse, sous Esdras, se trouvaient bien évidemment devant une difficulté majeure, impossible à vaincre pour les mortels de ce siècle, non avertis des sciences mathématiques et de leurs « combinaisons ».

La Création du sixième Jour s'écrit, nous l'avons vu, à l'aide du hiéroglyphe : ῌ qui représente le Verbe Créateur au sein de la création elle-même : l'œil « oudjet » (Dieu dit... et le fit). L'important est de savoir que ce sixième symbole est imprononçable, et ne doit être prononcé sous aucun prétexte, représentant le Verbe Créateur ; d'ailleurs, comme il s'écrit « qd » il est bien imprononçable !

Du point de vue occulte pur, le symbolisme apparaît très clairement par l'énoncé lui-même : « qd », ou « ce qui est en haut est semblable à ce qui est en bas », ce qui équivaut à dire : « tout vient de Dieu ». Ce sixième symbole se retrouve aussi dans le « Grand Principe » créateur, qui signifie : le Souffle qui façonne l'Âme.

C'est le double du cœur charnel qui devient le vrai cœur impalpable de toute enveloppe faite de chair brute, et non encore fertilisée auparavant, mais qui le sera grâce à Dieu ; ce qui donne en hiéroglyphique : Ath-Ka-Ptah.

Ath-Ka-Ptah, étant le nom donné par Ménès, Roi de la Ière dynastie, au premier Temple consacré au Dieu-Tout-Puissant, en conjuration de l'engloutissement du « Premier-Cœur » : l'Aîné, afin que ce « Deuxième-Cœur », reste éternellement celui des Descendants de Dieu, il est aisé d'apercevoir tout le symbolisme attaché à ce sixième hiéroglyphe imprononçable, bien au-delà de sa seule signification.

Ce qui, en plus, transparaît de cette interprétation de la créativité, c'est que Dieu, à la fin de cette sixième Journée, avait déjà jeté son dévolu sur la catégorie « animale » susceptible de voir fertiliser en elle la parcelle Divine qui deviendra l'Âme, et propre à devenir Sa parfaite image. Cela ne pouvait évidemment pas être le dernier-né du crépuscule de ce jour : le mammouth, qui, avec ses trois mètres de hauteur et ses crins de cinquante centimètres de long, lui servant de poils n'avait qu'un petit cerveau...

Mais cette progression dans l'évolution des diverses espèces animales avait tout de même pris la moitié du Temps Solaire restant, soit le $\frac{1}{64}$ du Temps, donc 82 090 560 années. Il restait à ce moment encore le même Temps de Vie à venir en ce cycle sur la Terre, où le Temps Humain allait se substituer aux Précédents.

Ce fut le sixième Jour de la Création terrestre.

Faisons à présent comme l'a préconisé la Commission Biblique en 1948, et appliquons la seconde partie du texte de la Genèse relatif toujours au sixième Jour, au troisième volet de la Création Universelle : celui qui amena le Temps de l'Homme. Comme pour ce second volet, utilisons la durée du septième Jour et de son Temps complémentaire pour établir le troisième. Comme il reste 82 090 560 ans,

le premier Jour de ce Temps durera	: 41 045 280 ans,
le deuxième Jour de la Création	: 20 522 640 ans,

le troisième Jour	«	«	«	: 10 261 320 ans,
le quatrième Jour	«	«	«	: 5 130 660 ans,
le cinquième Jour	«	«	«	: 2 565 330 ans,
le sixième Jour	«	«	«	: 1 282 665 ans.

Ce troisième cycle de Temps, chacun pourra tenter de le modeler, tel Ptah, qui était souvent représenté en potier modeleur de formes, en tous les animaux, sauvages ou non, qui ont précédé l'Homme. Rappelons seulement :

« Dieu dit : "Faisons l'Homme à notre image, comme notre ressemblance, et qu'il domine sur les poissons de la mer, les oiseaux du ciel, les bestiaux, toutes les bêtes sauvages, et tous les reptiles qui rampent sur la terre." »

Disons donc qu'à la fin de ce sixième Jour du troisième volet, il restait encore 1 282 665 années de ce « Grand Cycle Divin » qui représente UNE pulsation de 168 121 466 880 ans. Quelle durée infime pour l'Humanité par rapport à l'Éternité !... Mais c'est celle consacrée à l'Homme ! Ce fut à partir de cette date dépassant le million d'années que l'hominidé se transforma, et que « Dieu fit l'Homme à Son image ». Le cerveau, engendré de la parcelle Divine, allait mûrir au fil des millénaires. Le Temps Humain débute en ce Jour-là, et les textes d'ailleurs le précisent :

« Ainsi furent achevés le ciel et la terre, avec toute leur armée. Dieu conclut au septième Jour l'ouvrage qu'il avait fait. »

Ce Jour étant celui destiné au Temps Humain, le système fractionnel tel qu'il avait été appliqué par les six symboles de l'œil créateur ne convient plus, ainsi qu'il l'a été vu à un précédent chapitre. Ici, ce sont les « larmes » triangulaires symboliques qui vont permettre les calculs. D'ailleurs, la preuve mathématique de l'impossibilité d'utiliser l'autre formulation en est fournie très simplement ! Si, depuis le premier chiffre du premier volet trinitaire de la Création, il a été continuellement possible de diviser le Temps par deux à chaque opération, cela est impossible depuis le dernier Nombre relatif au Temps Humain : 1 282 665, pour la bonne raison que, pour la première fois, il se termine par un chiffre impair !...

Ce Jour sera donc divisé suivant la forme hexadécimale cyclique définie plus haut. Et l'Homme qui vient de recevoir les éléments qui constitueront son Âme ultérieurement, va faire de son corps ce qu'il en décidera durant le million d'années à venir ! Car l'Humanité, dans son ensemble, sera l'achèvement et l'aboutissement de cette fin de Cycle Divin.

Les « Combinaisons-Mathématiques-Divines » régularisant cette dernière tranche de Temps, seront évidemment calculées suivant le rythme harmonique trinitaire des « Grandes Années » précessionnelles, soit : 25 920 ans × 3 = 77 760 ans.

Les seize cycles écoulés depuis le début de cette septième dernière Journée, tels qu'ils ont été décrits dans les archives des « Quatre Temps » du Temple de Dendérah, représentent une évolution humaine ultra-rapide en temps cosmique, mais relativement lente en son temps humain de : 77 760 × 16 = 1 244 160 années.

À la fin de quoi, l'Homme est arrivé à la compréhension de ce qu'il est, et de ce qu'il doit être par rapport à Dieu, à qui il doit tout, à commencer par lui-même ! Dans cette évolution progressive, il passa du bipède bestial à l'homme des cavernes, puis au début de la civilisation, ce qui l'amena il y a :

1 282 665 - 1 244 160 = 38 505 années.

Cette date très précise concorde avec celle de l'historien-prêtre égyptien Manéthon pour le début de l'Histoire des Ancêtres des habitants de l'Égypte ; et elle coïncide admirablement avec celle donnée par les Annales d'Aha-Men-Ptah pour le début des temps historiques de ce pays, qui fera l'objet du prochain chapitre.

Nous garderons donc pour le Passé, la conception même du calcul des dates, fournie par les « Combinaisons-Mathématiques ».

Au lecteur de voir lui-même pour l'Avenir les concordances possibles quant à l'achèvement du cycle, car l'Homme aura toujours son libre arbitre ; et il aura le loisir jusqu'à l'ultime instant de choisir entre l'Âge d'Or et l'Apocalypse ! …

Chapitre Sixième

AHA-MEN-PTAH
(« LE-CŒUR-AINÉ-DE-DIEU »)

Je ne vois rien qui, physiquement, s'oppose à ce qu'il ait, autrefois, existé entre l'Europe et l'Amérique, une très grande étendue de terre, dont les Canaries et les Açores sont les restes encore subsistants.

Mentelle

(Géographie ancienne, au mot : Atlantica)

O contrée superbe ! qui par votre grand commerce sur mer, avez comblé de biens tant de nations différentes !
Qui, par la multitude de vos richesses, et par l'abondance de vos peuples, avez enrichi les rois de la Terre !
La mer à présent vous a brisés !!
Vos richesses sont au fond des eaux, et toute cette multitude de peuples qui était au milieu de vous,
est tombée et a péri par votre chute !
Vous êtes devenu un sujet de surprise et a étonnement pour tous les habitants des îles !
Et les Rois ont changé de visage en considérant ce Cataclysme !

Ancien Testament

(Ézéchiel : XXVII, 33 à 35)

Il n'est pas question, dans le cadre de cet ouvrage, de démontrer certaines analogies, certaines « coïncidences », entre d'autres cataclysmes, comme celui cité par Ézéchiel, et qui était relatif à l'engloutissement de Tyr, en Phénicie, et le « Grand Cataclysme » qui a littéralement gommé de la Terre le continent des premiers Temps Historiques : Aha-Men-Ptah.

Mais il est bon d'effectuer quelques citations, comme celles en épigraphe, et de les méditer un autre jour, en *a-parte*.

Manéthon, dans sa chronologie, inscrit après Dieu le Créateur, les demi-dieux puis les « Héros », les « Mânes », avant d'aboutir aux « Maîtres » ces descendants de l'Aîné, « Fils de Dieu », et qui eux n'avaient plus que l'Âme comme lien les unissant à Dieu.

Ce fut après les demi-dieux ; l'Ogdoade, ou les HUIT, que l'humanité de ce pays se développa, il y a donc environ 38 000 ans de cela. Et pendant un grand nombre de millénaires, l'humanité grandit et se multiplia durant un bon millier de générations, au centre d'un accord harmonique parfait avec le ciel et Dieu, pour le meilleur des mondes de l'époque.

Mais les savants de ce pays, qui cumulaient le Savoir avec la Connaissance des Prêtres, savaient déjà les principaux aléas possibles du globe tout entier, cela leur étant amplement démontré par les « Combinaisons-Mathématiques ».

La Terre elle-même, au long du refroidissement superficiel externe qui la travaillait, modelait différemment l'intérieur surchauffé. Des phénomènes sismiques et telluriques titanesques avaient assez bouleversé la croûte solide sur laquelle étaient bâtis les temples pour qu'ils comprennent le pourquoi des soubresauts instantanés qui agitaient le « noyau central », encore en fusion, et dont les ondes de choc, sous la pression des gaz qui voulaient se libérer, provoquaient ces sursauts explosifs, désintégrateurs d'éléments atomiques encore contenus de toutes parts à l'intérieur.

Les souvenirs laissés par les aïeux de ces premiers civilisés d'il y avait 38 000 ans, étaient pleins de cataclysmes à peine imaginables pour leurs pensées humanisées : chaînes de montagnes surgissant, énormes, là où il n'y avait auparavant que plaines paisibles ou même océan bien calme ! D'autres, crachant le feu, et vomissant d'énormes blocs de pierres s'enfonçaient au contraire dans la terre elle-même, finissant étouffés après disparition !...

Et si ces spasmes se produisaient de moins en moins fréquemment, si ces convulsions se calmèrent, il apparut aux doctes observateurs, d'après les dires des plus anciens vivants, que les mouvements actionnant la planète dans l'espace, devenaient cycliques, arrivant régulièrement dans le Temps, au rythme d'évolution du système solaire et stellaire régi par une seule Loi.

Arrêtons-nous quelques instants sur ces notions avant d'aller plus avant, afin de les expliquer en notre conception moderne de la géologie. Mais ce qu'il y a de certain, c'est que ces Antiques possédaient la formulation et la calculation exactes, de ce que nous appelons : précession des équinoxes.

Dans son mouvement de translation autour du Soleil en une année, la Terre garde la même position apparente par rapport aux étoiles ; c'est-à-dire que l'axe du globe terrestre pointe à heure fixe toujours vers la même région du ciel, ce qui revient à dire qu'en fait, son axe de rotation conserve son parallélisme dans l'espace, malgré son inclinaison de 23°5 sur une perpendiculaire imaginaire au plan de l'orbite terrestre annuelle. Mais ceci, là aussi, n'est vrai qu'en apparence, et les Anciens d'Aha-Men-Ptah le savaient !

En effet, si le plan de notre orbite reste identique, l'axe, lui, se déplace très l entement de cinquante secondes d'arc, plus quelques poussières, par année : c'est ce qui est appelé « le phénomène de la précession des équinoxes ». Celui-ci agit notamment sur le renflement équatorial de la Terre. Cette sorte de bourrelet, de ceinture, subit une attraction plus forte qu'aux pôles, freinant ainsi très légèrement en le perturbant pourtant, le mouvement de rotation.

Le mouvement de recul infime qui en résulte, rétrograde l'axe terrestre, lui imprimant en quelque sorte un retour en arrière dans l'espace, très vaste, le long d'une circonférence ayant pour centre l'étoile polaire, et qui serait parcouru en 25 920 ans, car cinquante secondes d'arc donnent les 360° au bout de ces 25 920 ans.

Dans le Temps, aucun problème particulier insoluble pour rattraper le retard. Depuis que le calendrier fut remis en usage par le Roi Athothis, le deuxième pharaon de la toute première dynastie, soit 4 200 ans avant le début de l'ère chrétienne, une journée est ajoutée tous les quatre ans pour ne pas être en retard sur le Temps exact. Mais les Antiques savants avaient pris cette décision, non pas par rapport au mouvement du Soleil, mais par les « Combinaisons », provoquées par le déplacement de l'étoile Sirius, la Sothis grecque, ou Sep'ti en phonétisation hiéroglyphique.

Et dans l'Espace, qu'en était-il ?... Car la Terre rétrogradait - et recule toujours ! - aussi dans l'Espace ! Elle y est pourtant indissolublement liée au Temps : alors ? En l'occurrence, il n'y a rien à faire, sinon à en enregistrer les « Combinaisons » et leurs effets ! L'arithmétique et ses calculs ne pouvant servir en aucun cas. Seul un supergéant du type Atlas pourrait être capable de maintenir l'axe de la Terre à sa même place, mais il n'y en a aucun qui soit susceptible, de près ou de loin, d'accomplir ce tour de force ! Aussi, les cinquante secondes de recul d'arc, sur la circonférence spatiale, restent irrattrapables !...

Dans la belle théorie mathématique, il faudra donc 25 920 années à la Terre pour qu'elle se retrouve à son point initial de départ dans l'espace, ayant ainsi parcouru une circonférence complète en un Temps régulier que Platon dénommait déjà : Grande Année, à laquelle il assignait une durée de 26 000 ans, ce qui n'était pas si mal pour un Grec ayant séjourné cinq années en Égypte ! Peut-être d'ailleurs estimait-il dans sa morosité de voir son peuple dépassé et surpassé en tous les domaines, que le chiffre de 25 920 avancé par les Prêtres égyptiens ne pouvait être que le résultat d'un mauvais calcul !

Pourtant, si les « Combinaisons » et leurs résultats étaient exacts, cela n'était valable qu'en théorie, car un facteur des plus importants devait perturber ces belles supputations ! Il y sema même la confusion, c'est le moins qu'on puisse en dire, jusqu'à ce que des observations plus précises permettent d'en délimiter les causes, sinon les effets !

Il s'agit du fameux « Magma », notre noyau central, quelque peu refroidi certes, depuis l'Origine, mais non encore solidifié... Or, cette masse indéterminée, imprécise, tant de forme que de consistance, possède un poids moindre mais pour le moins déterminant dans l'évolution rétrograde précessionnelle de la seule croûte terrestre externe ; approximativement, la pesée interne donnerait : quinze milliards de tonnes !

Tout ici, cependant, est encore inconnu ! En profondeur, certains agents, en particulier ceux que l'on appelle les thermodynamiques, créent des mouvements et des états de la matière « magmatique » encore pratiquement invérifiables depuis la surface, surtout en ce qui concerne la pression exercée, et la température. Quant à la durée de ces évolutions brutales, elles sont les brefs reflets - de l'ordre de quelques secondes - de l'appui exercé lui-même sur la couche externe par la masse en rupture de gravitation.

D'autant plus importante est cette rupture, d'ailleurs, qu'une autre inconnue de taille entre ici en ligne de compte : la contraction continuelle du magma depuis l'Origine ; en se refroidissant, il diminue de volume interne, insensiblement certes, mais quotidiennement depuis quelques milliards d'années ! Qu'en est-il à l'intérieur des zones « fluides » ainsi créées ?...

S'il faut en croire les collègues mathématiciens, il est pourtant démontré que ce vide aléatoire ne peut pas exister[10] ! Alors ?...

Comme il est impossible d'admettre, pourtant, que l'écorce du globe se soutienne par elle-même, sans appui, il faut bien qu'il y existe une zone « tampon » faite au moins de pression gazeuse !

C'est cette contraction perpétuellement évolutive qui fendille ainsi la croûte lorsque la masse incandescente, en rupture d'équilibre interne, s'appuie sur elle provoquant les tremblements de terre et les éruptions volcaniques, ou au contraire les engloutissements de terre et les raz de marées et déluges, lorsque les craquements se produisent au fond des océans.

Ce poids - impesable et même impensable ! - du magma, est le facteur prépondérant pour déterminer la longueur réelle d'un cycle, qui, très difficilement, pourrait parvenir à sa finalité de 25 920 ans !

En effet, durant des milliers d'années, la rétrogradation précessionnelle, avec son balancement incessant reculant sans discontinuer, lentement, très lentement une gigantesque masse interne, va la balancer à ce rythme externe, pour placer à un moment donné, précis, le magma informe et instable, en position de déséquilibre.

Cette rupture, semblable à celle de l'équilibriste qui tient magnifiquement debout, bien d'aplomb sur ses jambes... jusqu'à l'instant où une instabilité lui fasse perdre pied, amenant sa chute. Il en va de même pour notre globe, avec cette énorme différence que l'attraction générale l'empêchera de « tomber » dans le vide au moment de la perte d'équilibre, qui occasionnera seulement un

---

[10] Le porphyre est la roche qui présente le plus de résistance ; elle s'écrase sous une pression de 240 kg/cm². Et cette roche, pour ne pas subir de mouvement devrait avoir une résistance *265 fois supérieure* !

pivotement de l'axe terrestre quasi instantané, en un lieu « x », là où précisément la quinzaine de milliards de milliards de tonnes appuiera d'un coup sur la faible croûte, tel un gigantesque bélier !

Le craquement qui en résultera, créera la faille, d'autant plus imposante que le pivotement sur l'axe, occasionné par la masse magmatique aura été plus subite, surtout si c'est un énorme « pic » métallique de plusieurs kilomètres de hauteur à l'intérieur, qui transperce la croûte !

Lorsque le recul est de 90°, par exemple, soit au bout de 6 480 ans ($\frac{25\,920}{4}$), un séisme, ou un déluge, plus important que ceux se produisant à tout moment lors de frottements entre la masse interne et la couche terrestre extérieure, qui n'ont pas le même recul précessionnel, du fait de la non-uniformité de la gravitation régissant leur recul particulier, aura lieu, et ce, le long d'une ligne de rupture repérable d'après les « combinaisons » planétaires et l'inclinaison de l'écliptique de notre Terre.

Lorsque le recul atteindra 180°, soit après une durée de 12 960 années, le basculement de notre globe, « axe sur axe » se produira, ayant pour effet principal la submersion d'un continent, ou une série de séismes qui amèneront au contraire des surélévations véritablement apocalyptiques à tous les points de vue !

Ainsi eut lieu le « Grand Cataclysme » dont parlent les textes anciens avec plus ou moins de grandiloquence et surtout de frayeur ! Des zones tempérées devinrent glaciaires, alors que d'autres, qui étaient « polaires », prirent des emplacements climatologiques tropicaux. Ces changements sont confirmés d'ailleurs par tous les géologues spécialistes en la matière.

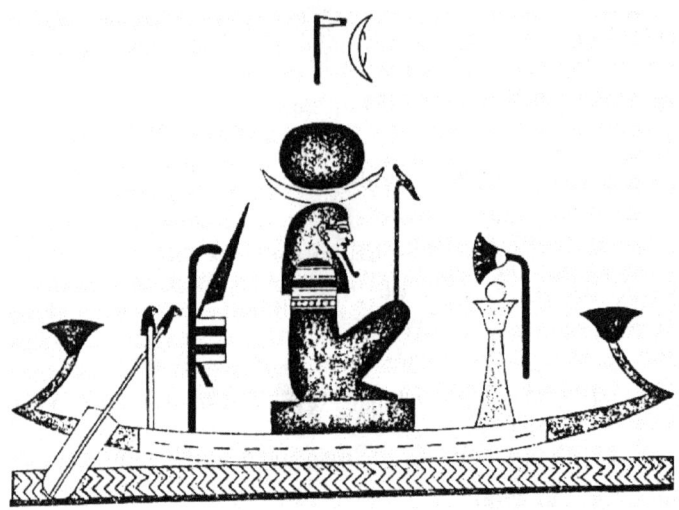

Depuis qu'Osiris a rejoint l'Amenta et a repris sa place à la droite de Dieu, le Soleil se lève à l'orient et parcourt sa navigation céleste *à reculons*.

Pour cette raison, les bouleversements étant cycliques et rythmés par des pulsations de 12 000 ans environ, la précession des équinoxes ne semble pas en état d'effectuer son recul tout au long de la circonférence entière : à la moitié de sa course rétrograde, la Terre basculera, et... « tournera » dans l'autre sens, ce qui fera apparaître le Soleil à l'opposé de sa route habituelle et qu'il avait suivie durant les 12 000 années précédentes : l'astre diurne, qui se levait à l'est le fera désormais à l'ouest, ou bien comme lors du dernier « Grand Cataclysme », de l'occident, il se lèvera désormais à l'orient, parcourant sa route à reculons ! Ces changements radicaux, marquèrent par deux fois la période humaine de ces quatre cents siècles historiques. L'un, 24 000 ans, et l'autre 12 000 ans environ avant notre époque, et que nous délimiterons sans plus tarder dans ce chapitre.

Dans la logique chronologique qui suivra, les dates inscrites avec une exactitude mathématique teintée de la rigueur informatique, seront conformes aux diverses sources antiques.

Le bouleversement antérieur eut lieu le 11 février 21 312 avant le début de l'ère chrétienne, soit il y a exactement : 23 287 années, en notre an 1975.

Nous partirons donc de cette date précise de l'Histoire d'Aha-Men-Ptah, car les 15 000 ans qui précèdent virent les populations vivre en paix en ces lieux bénis, où l'évolution était cependant lente, sauf dans le milieu des « savants » qui se préoccupait de définir la vie et ses mouvements, et pourquoi l'homme qui naissait, dominait déjà les animaux bien plus puissants que lui !

À cette époque, le continent d'Aha-Men-Ptah était bien plus tempéré en son extrême nord, que ne le sont de mêmes régions, tel le Groenland, aujourd'hui. D'épaisses forêts recouvraient cette partie de territoire, où la glace n'apparaissait pas encore. et où la neige ne faisait que de timides apparitions. Plus au sud, une luxuriante végétation croissait toute l'année, non seulement habitée par de paisibles humains vivant dans des clairières aménagées en villages, mais aussi par des grands singes d'un type complètement disparu ; ils ressemblaient par la taille aux gorilles actuels, mais au faciès non « épaté ». Il y avait aussi, çà et là, d'énormes mammouths végétariens et paisibles ; des rhinocéros de quatre mètres à quatre doigts : les acerotheriums, qui saccageaient tout ; des lions et des tigres qui se livraient sans cesse des batailles mortelles afin de sauvegarder ou de prendre un territoire réservé ; il y avait également quelques vieux spécimens en voie de disparition totale d'un gigantisme révolu !

Enfin, tout au sud de l'immense continent, des montagnes, certes, mais plus encore des plaines, la nature ayant étalé là ses trésors les plus précieux : des campagnes fertiles, qui laissaient sortir sans aide, pratiquement, ce qui peut faire les délices d'une humanité tranquille ! Ces vastes étendues, propices au peuplement et à la méditation d'une race ne demandant qu'à s'élever vers son Créateur, bénéficiaient en retour d'une abondance sans égale.

À l'horizon, les chaînes de montagnes n'avaient rien de redoutable, et les cônes pyramidaux des quelques volcans qui s'y mêlaient, étaient éteints depuis si longtemps que la mémoire des hommes en avait perdu le souvenir. Les vivants ne voyaient là que des pentes recouvertes d'arbres toujours verts, dont quelques-uns chargés de fruits pulpeux et juteux toute l'année, faisaient la joie de tous !

Aussi, dans ces endroits, de véritables villes s'étaient édifiées, utilisant les troncs d'arbres à peine équarris, la boue séchée qui était solide pour combler les trous des fûts de bois, et des feuillages séchés en grosse épaisseur pour assurer l'étanchéité du toit.

Lorsque survint le bouleversement de l'an 21 312 avant Christ, des secousses sismiques provoquèrent un important affaissement dans la majeure partie devenue la mer du Nord, taillant d'innombrables brèches jusqu'à l'Islande actuelle, ainsi qu'au Canada, où une importante partie du territoire s'enfonça, pour former la baie d'Hudson actuelle, très découpée. Il en alla de même pour l'État de la pointe nord d'Aha-Men-Ptah, qui fut entièrement englouti !

Une période de fortes gelées s'installa sur toute cette partie du monde, accumulant les glaces en une calotte polaire uniforme. La Sibérie actuelle elle-même, qui était alors une région assez tempérée, vit brûler sa verdoyante végétation et anéantir les mastodontes qui n'avaient pas pu fuir à temps le recouvrement par les glaces.

Tout cela ne fut pas cependant le fait d'un cataclysme total, et l'axe de la Terre ne « pivota » pas. Il n'y eut pas de rupture d'équilibre, mais un simple « glissement » rapide du globe, dans le même plan de l'axe, et qui l'avança 72° plus loin, apparemment, pour l'observateur terrien ! Juste avant que ne débutent les premières secousses, le Soleil apparaissait, précessionnellement, dans le vingtième degré de la Constellation du Sagittaire ; lorsque les éléments furent calmés, c'est-à-dire une demi-heure plus tard, l'astre du jour était à la fin de la Constellation du Verseau !...

Mais il est bien évident que l'étoile qui nous permet d'y voir clair ne bouge pas de l'endroit où elle est : c'est uniquement la rotation de la Terre qui est perturbée par cette précession ! C'est pourquoi les terres subissent de telles pressions par-dessus, ou par en dessous !

De cette date, l'histoire d'Aha-Men-Ptah commence réellement, la chronologie se servant très logiquement de ce bouleversement que la mémoire humaine a entériné comme tel pour marquer les Annales d'un début caractéristique. Les érudits de ces premiers temps, en effet, comprenaient de mieux en mieux les mouvements et les combinaisons célestes, ainsi que les phénomènes bénéfiques et maléfiques qui en résultaient. De ce jour, où une méthode graphique figurative fut instituée, ils observèrent attentivement, et notèrent méticuleusement la marche des planètes du Soleil, de la Lune, leurs figurations et leurs configurations, ainsi que celle aux formes plus géométriques des douze constellations de l'écliptique équatoriale céleste, et encore celles plus lointaines, d'Orion et de Sirius, aux particularités singulières ! Les répercussions des « Combinaisons » sur la Terre en découlèrent, tant en ce qui concernait la conduite des hommes, que l'évolution de la Nature.

Il y a donc 21 312 années avant que ne débute l'ère chrétienne, Aha-Men-Ptah, malgré l'ablation de son territoire du Grand Nord englouti, formait encore un quadrilatère grand comme trente fois l'Europe ! Sans compter l'actuel Groenland, qui, étant devenu une île par la disparition du territoire, et ayant gelé, ne possédait plus d'habitants.

Les victimes avaient été peu nombreuses cependant, les habitants ayant été évacués vers le sud. Seul le chef incontesté de cette région et quelques fidèles avaient préféré disparaître avec ce qui avait été leur raison de vivre ! Mais la jolie épouse et les quatre enfants du chef de l'État, eux, avaient été conduits dans une province voisine, où le chef était un cousin de la famille.

La Vie s'était donc regroupée plus au sud, où les villages se reformèrent rapidement, d'abord avec des cabanes de troncs d'arbres, remplacées en peu de temps par des huttes de briques crues bien plus confortables, et résistant mieux à la poussée animale que le bouleversement avait entraîné en zone plus hospitalière. Les ours pullulèrent soudain, ainsi que des cerfs et des éléphants, sans parler des loups, aux hurlements déchirant la nuit !

Un autre quadrupède fit son apparition, qui devint rapidement la plus noble conquête de l'homme : le cheval Ce qui donna l'idée de domestiquer d'autres races : celles qui comprennent les rennes, les élans, les gloutons et les bœufs musqués.

Pour la chasse, dans le même temps, les silex de jet disparurent pour céder la place aux arcs et aux flèches, qui très vite furent dotées de pointes métalliques aiguisées sur le silex.

Car le fer ayant été trouvé à même le sol, brunâtre, en plaques aux formes boursouflées plus ou moins grosses, amena de véritables recherches de matériaux semblables. Ainsi l'hématite de surface devint véritablement le fer, provenant d'une mine couvrant plusieurs kilomètres de terrain, à l'extrême sud, jusqu'au bord de la mer.

La découverte d'autres minerais et minéraux, et surtout leur utilisation rationnelle après quelques tâtonnements, changea complètement la physionomie de la vie des habitants de ce pays. Un nouvel âge commença avec l'utilisation d'outils pour tailler les pierres et les assembler, comme l'habitude était prise de le faire avec les briques. Désormais, les habitations, bien qu'en pierres non polies et encore assemblées rudimentairement, devenaient rapidement très « vivables », et donnèrent l'idée de construire des édifices religieux monumentaux afin que Dieu s'y plaise et vienne lui-même y trouver abri, tout au moins en esprit.

Ce prélude à une unification philosophico-théologique, amena les « Savants » à une recherche plus ardente quant à la vérité première...

mais aussi à une des premières violentes discordes de l'Humanité ! Car le « Monarque », bien assis sur son trône voulait être considéré comme l'incontestable successeur « engendré par Dieu » pour conduire le peuple, alors que les « Prêtres » impliquaient la bienveillance primordiale du Créateur ayant « engendré tous les hommes », envers ses créatures.

Une tranche de cinquante siècles s'écoula ainsi, paisiblement, parmi la population elle-même, surtout celle vivant en campagne. Pour elle, les intentions de la Divinité étaient évidentes : toutes Ses libéralités étaient étalées sous leurs pas ! Il y a tout juste à se baisser pour récolter et en profiter ! Chacun y puise selon ses besoins, sans s'inquiéter si un autre en prend plus que lui !

Lorsque des voyageurs passaient, attirés par les « on-dit » concernant ce pays de cocagne, ils étanchaient leur soif à n'importe quelle source fraîche, sans aucun complexe, aidé tout au contraire par les autochtones qui leur offraient des cruches.

Durant ces longs siècles, cette nation douce ignora la haine, la guerre, la vengeance, et plus simplement le mépris ! Ils exprimaient leur joie le plus souvent possible par des fêtes populaires où les danses et les chants s'extériorisaient au mieux. Ils faisaient souvent suite à l'ensilage d'énormes montagnes de fruits et de légumes que les fréquentes moissons leur faisaient amonceler ! Et où chacun venait puiser à son aise sans être envié, ni avoir de comptes à rendre !

Ce fut à ce moment-là, vers l'an 16 000 avant l'ère chrétienne, qu'un moindre cataclysme secoua de nouveau cette partie du monde, cette fois sans grand effet sur le continent lui-même, bien que, par ailleurs, il bouleversa la géologie ! Le Sahara fit son apparition, et surtout, un raz de marée, parti de la mer Caspienne, ouvrit la mer Noire et creusa le Bosphore, inonda plusieurs îles de la Méditerranée. Ce fut également cette poussée qui ouvrit l'actuel détroit de Gibraltar, mais qui était bien plus large qu'il ne l'est aujourd'hui.

Et ce fut à ce moment que naquit Aha : « l'Aîné », qui donna son nom au continent. Une Reine, veuve et inconsolable de la mort de son époux le jour de ses noces, au moment de ce cataclysme, alors qu'il venait en aide à des personnes ensevelies, s'enferma dans sa chambre pour ne plus en sortir. Six mois après, cependant, elle réapparaissait transfigurée en disant qu'elle avait été touchée par la grâce Divine, et qu'un Fils lui naîtrait dans neuf mois ! Ce qui se produisit...

Très rapidement, l'enfant, prénommé Aha-Men-Geb, ou l'Aîné Maître de la Terre, apparut comme d'une intelligence surhumaine ! Ce fut lui qui apprit aux: hommes à se servir de leurs intelligences pour ressembler à l'image que Dieu avait modelé à cet usage, et aux dirigeants de ces âmes : les Prêtres, à se servir de la Loi Divine de la Création pour parfaire la créativité, et d'en être les vrais Guides.

Aha-Men-Geb se maria avec une jeune mortelle : la princesse Nout, descendante du fameux chef qui s'était laissé mourir sur son territoire du Grand Nord cinq millénaires auparavant, mais qui avait envoyé sa femme et ses quatre enfants chez un sien cousin. Nout fut une épouse admirable, qui eut également deux fils et deux filles. L'Aîné, qui prit la succession, fut intronisé en tant « qu'Aîné direct descendant de Dieu », selon un rituel qui devint immuable, même par la suite dans l'Égypte pharaonique : « Tu deviens le Maître du Trône de Geb, et tu le donneras à ton Aîné, en héritage direct de Ptah. »

Ainsi naquit Aha-Men-Ptah : « Le-Cœur-Aîné-de-Dieu », dont Platon fit ce nom tellement entaché d'affabulations et d'irréalité : l'Atlantide. Nous ne le lui conserverons pas, bien qu'il eut l'heur d'ouvrir l'imagination des foules ! Le latin Posidonius exprime parfaitement l'opinion des érudits de son temps : « Il faut bien croire que le récit de Platon n'est pas une fiction, et qu'il y a plus d'un point qui fait accueillir le récit de l'Atlantide plutôt que le rejeter. »

C'est en somme ce qui a été fait ici, tout au moins pour le début du récit du « Timée », où Solon est mis en scène, et retranscrit en préface. Pour le reste, l'Atlantide, en tant qu'entité, a hélas hellénisé trop de données géographiques et mythologiques de base pour parvenir à rétablir la réalité en partant de ce texte. L'océan Atlantique, par exemple, qui est d'origine platonicienne, a remplacé celui de mer occidentale, qui était le sien auparavant, depuis le temps du « Grand Cataclysme ».

Dans les temps qui le précédèrent, le nom était encore plus significatif, puisqu'il était : mer orientale. Tout un programme, puisqu'il démontre abondamment l'opposition qui eut lieu à ce moment-là ! Malgré tous les aléas politiques, la prospérité régnait en Aha-Men-Ptah. Les céréales et les cultures y foisonnaient ; les métaux du sol, tels le cuivre et le plomb, étaient puisés à ciel ouvert ; l'étain et l'antimoine, dans des galeries à ras de terre ; le fer, l'argent et l'or, exploités rationnellement à plus grande profondeur. Les pierres fines étaient déjà recherchées par les femmes, et étaient artistiquement taillées après avoir été ramassées dans le creux de vals facilement accessibles. Quant aux pierres dites « précieuses », elles ne l'étaient pas pour leur valeur financière, mais pour leur pouvoir bénéfique : elles étaient porteuses d'influx émanant, pour chacune de ces douze pierres, d'un des douze soleils des constellations zodiacales, dont elles seules captaient les émanations : les respirations. Elles provenaient pour la plupart de filons obliques, à la verticale de certains sols caractéristiques mais arides, et sur lesquels des troupeaux de moutons, d'aurochs et de paisibles bisons, paissaient.

Il y avait enfin certains minéraux rares, fort recherchés pour leurs propriétés symboliques, telle l'aurichalcite, aux reflets verdâtres chatoyants, au sein desquels rougeoyait le « Brasier Ardent », le symbole d'Ath-Mer, où se renouvelait l'éternelle jouvence du cœur.

Les nombreuses forêts fournissaient pareillement toutes les sortes de bois nécessaires à la vie en société. Charpentiers et menuisiers, ébénistes et artistes utilisaient les bois durs aussi bien que les essences rares, les transformant en meubles délicats de formes, ou en galères et en embarcations de toutes catégories.

Seul, le sycomore, du type « érable », était formellement interdit, tant à la coupe qu'à l'usage particulier, sauf après un rituel de bénédictions très strict. Le sycomore était l'arbre Sacré : l'An-Auhi, qu'un prêtre toujours pur pouvait uniquement approcher. Il pouvait en outre « lui ôter la vie » après un rituel fort complexe afin d'en extraire « le cœur » dans toute sa longueur et en façonner les seize Tan-Auhi, qui devinrent par contraction : les Tau, ou les Croix-de-Vie, appelées aussi « croix ansées ». Il était de notoriété publique que les possesseurs de ces « tabous » personnifiant la Vie, et qui n'étaient propriété que de personnes « à la Voix Juste », étaient doués des bienfaits du Dieu-Tout-Puissant !

Un territoire spécial, délimité par l'obliquité et le degré des rayonnements solaires qui y étaient dispensés, était consacré à la pousse du sycomore. Cet enclos Sacré s'appelait le Nahi, et seul le Maître en exercice, en dehors des purs Prêtres, pouvait y accéder pour y dialoguer à son aise en tête à tête avec son Père.

Aha-Men-Ptah était donc encore un havre de paix unique dans le monde *douze mille ans avant que Jésus ne naisse*. Les animaux sauvages y vivaient, y croissaient, et y périssaient après s'y être multipliés, la notion de tuerie pour le seul plaisir en étant totalement absente ; la défense seule, et parfois la faim au fond de la forêt, autorisait l'homme à ôter la vie.

Les pâtures abondaient ; les lacs étaient limpides, et les forêts accueillantes aux derniers mammouths grignotant autant de jeunes pousses végétales qu'ils en avaient envie ! Aussi, ce pays ressemblait-il étrangement à cet Éden biblique, s'il ne l'était pas lui-même !...

Le centre seul possédait encore une chaîne de montagnes digne de ce nom, car les principaux sommets dépassaient les quatre mille mètres. Parmi eux, quelques volcans heureusement éteints depuis la fin de l'ère tertiaire, et dont les dernières « fumerolles » elles-mêmes n'étaient plus que des souvenirs très vagues !

De ces pentes coulaient des sources qui faisaient verdoyer l'immense plaine que seul le bras de mer, au sud, arrêtait quelque six cents kilomètres plus loin. Quant à l'eau claire cascadant des multiples rus, elle était canalisée vers la capitale : Ath-Mer, ainsi que vers les autres villes importantes des États Princiers. Les trois sources minéralisées, quant à elles, ainsi que celle d'eau chaude, étaient captées sur place, domestiquées dans des fontaines ou des piscines, où leur action plus ou moins sulfureuse, plus ou moins radio-active, était utilisée pour le plus grand bien des malades du pays, qui venaient faire des cures aux Thermes pour y soigner leurs maux en régénérant les tissus cellulaires déficients sans aucune contrainte financière, tout étant gratuitement à la disposition de tous ceux qui venaient là.

Aha-Men-Ptah jouissait ainsi d'une administration qui paraissait parfaite au sein d'un mode de vie qui semblait idéal ! Mais si cela avait été une réalité depuis l'Origine jusqu'à il y avait quelques siècles, l'évolution vers une révolution culturelle des valeurs avait changé la face du pays ! La paix n'était plus qu'une apparence des plus factices en ce douzième millénaire avant notre ère !... L'envie et les jalousies perçaient de toutes parts ! Et le « Maître » devait superviser bien plus soigneusement la gestion des Provinces administrées par ses arrière-cousins : les huit Princes, qui était entachée de très nombreuses irrégularités !

Car les États formant le pays, élargissant leur autonomie interne au fur et à mesure que le temps s'enfuyait, prenaient du champ par rapport au Pouvoir central. Chaque Province disposait désormais, à l'égal de la capitale, d'un Conseil de douze notables, qui administrait les biens de ce territoire, et d'une Cour de Justice Régionale qui jugeait les délits - mineurs il est vrai - afin de ne plus encombrer la Haute Cour d'Ath-Mer, telle était du moins la version officielle des Princes.

La réalité, cependant, devenait rapidement fort différente ! Et ce, d'autant que les événements se précipitèrent singulièrement ! Comme le fait que le Conseiller Privé du Maître, qui assistait aux délibérations des Conseils Régionaux afin de rendre compte au Monarque, avait dû cesser provisoirement ses déplacements devant les « tracas » sans nom dont il devenait l'objet durant ses voyages dans les Provinces.

La population, généralement assez lymphatique, ayant toutes ses aises, ne se préoccupait guère des dissensions intestines opposant le Maître à ses vassaux, qui, descendant de Dieu, était bien assez grand pour rétablir la situation si elle était troublée, ce qui, par ailleurs n'apparaissait guère dans la vie de chaque jour pour le commun des mortels ! Celui-ci avait même tendance à rire de bon cœur de cette opposition, sans se rendre compte qu'il serait le premier à en souffrir au moment d'un règlement de comptes éventuel !

Ce fut durant cette période trouble, où le Pouvoir perdait chaque jour de son autorité et de sa puissance, que les « Savants » des « Tours de Mathématiques », là où s'étudiaient les « Combinaisons-Mathématiques », apportèrent une terrible nouvelle : la date exacte d'un « Grand Cataclysme » qui devait survenir, et qui serait susceptible d'anéantir complètement le continent d'Aha-Men-Ptah !...

Malgré le secret de cette découverte, annoncée uniquement au Palais Royal, la nouvelle fit le tour de la capitale comme une traînée de poudre ! Et ce fut une panique irraisonnée durant quelques heures, qui se transforma en un gigantesque éclat de rire lorsque le « Maître », en faisant lui-même la mise au point, annonça que le bouleversement ne se produirait que... dans 2 000 ans !

Le calme revenu, l'inconscience. l'égoïsme, firent douter de la véracité mathématique de l'événement. D'autres siècles passèrent, qui firent nier la possibilité du cataclysme, puis d'autres qui le firent renier tout simplement ! Et l'État lui-même en subissait les contrecoups !... Trois États avaient fait sécession, proclamant leur indépendance devant l'incapacité du Pouvoir à gérer convenablement les intérêts de tous, préférant supputer de la fin éventuelle du pays et de son abandon !...

Le dernier millénaire avant la fin d'Aha-Men-Ptah s'acheva ! Ce fut l'an 10 000 avant Christ : il ne restait que deux cent huit années de survie au continent ! et l'An-Nu, le Grand Pontife le savait en venant ce jour-là au Grand Conseil !...

Chapitre Septième

UNE SÉANCE AU GRAND CONSEIL

*Interroge les générations passées,
Écoute la Sagesse de leurs pères ;
Car nous sommes d hier et ne savons rien,
Nos jours passent comme l ombre sur la terre :
Mais eux vont te parler et t instruire ,
Ils puiseront ces leçons dans leur cœur.*

Ancien Testament
(Job, VIII, 8-10)

*Les hommes sont créés à l image de Dieu.
Tous possèdent la faculté d entendre
Celui qui apporte toutes les réponses.
Ce n est pas le lettré seul qui est Son image !*

Papyrus d'Ani
(Maxime 62)

Les textes abondent en comptes rendus de ce genre de réunions, notamment lorsqu'il y a des renouvellements du Grand Conseil ! L'An-Nu, le Pontife du Collège des Grands-Prêtres, seul, ne pouvait être changé puisqu'il était Pontife à vie du fait de la Connaissance qu'il possédait en totalité et ne léguait à son successeur que lorsqu'il en avait pris la décision, après mûre réflexion en une retraite solitaire. Il avait mérité cette première place étant au faîte de la perfection[11], et cette reconnaissance ne faisait

---

[11] Une bibliographie complète est annexée en fin de ce volume, mais les papyrus principaux faisant état de réunions de ce genre se trouvent rapportés dans les recueils de Brugsch, Maspero et Pierret ; les *Hieroglyphische Inschriften*, de Bergmann ;

l'objet d'aucune contestation, même parmi les plus hauts personnages d'Aha-Men-Ptah !

Seul le « Maître » en exercice aurait pu élever la voix, mais celui qui présidait aux destinées du pays à ce moment-là avait une attitude morose et timide devant l'ampleur du désastre qui s'annonçait, tergiversant sans cesse avec sa conscience quant à la conduite à tenir. Sa nouvelle administration centrale ne comptait d'ailleurs plus que quarante-cinq Vénérables, au lieu de soixante-douze habituellement en fonction, vu la défection des membres des trois États en rébellion ouverte, et ayant fait sécession.

Afin de ne point rebuter par des citations originales dont les phrases grandiloquentes, à fréquentes répétitions, seraient fastidieuses, cette séance mémorable du Grand Conseil est rapportée sous une forme dialoguée contemporaine, mais qui est totalement exacte dans son fond, sinon dans sa forme...

Le « Maître » étant arrivé en même temps que le Pontife, l'ouverture de cette session avait eu lieu sans plus attendre, au moment prévu. Après quelques formules de bienvenue aux nouveaux membres et les adieux à ceux qui avaient rejoint leurs ancêtres, le « Descendant-de-l'Aîné » , sur un ton morne, avait cédé la place au Pontife. Sans plus attendre, celui-ci avait vibré d'une intense émotion en s'adressant aux Vénérables assemblés :

- Sages, mes frères, la formule rituelle de bénédiction que je devrais faire : « Que la Paix de Dieu soit sur vous ainsi que sur vos travaux durant cette Assemblée », est nettement insuffisante cette année ! Elle serait même hypocrite, étant donné les terribles événements qui mettront fin non pas à vos travaux, mais à ceux de

---

les *Inscriptions hiéroglyphiques,* de P<small>IEHL</small> et de R<small>OUGE</small> ; *les Annales du Livre des quatre Temps,* du temple de Dendérah, etc.

vos petits-enfants ! L'heure n'est plus aux politesses, mais à la mise en garde !... Vous devez organiser d'ores et déjà l'Exode de tout notre peuple vers d'autres terres, car cela nécessitera un effort de longue haleine pour tous !... »

Les premiers murmures et chuchotements avaient vite fait place aux protestations, puis aux hurlements ! Les moins âgés des nouveaux membres n'avaient pas encore l'habitude de ce genre de joute; et sur un des bancs de gauche, un Vénérable qui avait juste atteint le nombre d'années nécessaire à l'obtention d'un siège, se leva d'un bond, en agitant autour de lui son surplis pourpre. Parvenu au centre de l'hémicycle, sentant que le silence s'établissait sans difficulté, et qu'il aurait son auditoire bien en main, il prit une large inspiration. Il se voyait au faîte de la gloire, et il regarda lentement ses collègues, tout comme il l'avait vu pratiquer par des Anciens, tous fins stratèges, qui l'avaient précédé ! Puis il refit face à l'An-Nu, à qui il s'adressa d'un ton qu'il voulut condescendant :

- Vénéré Pontife ! Notre respect profond et sincère pour toi, nous tous qui sommes réunis ici aujourd'hui pour délibérer des questions graves, n'est nullement mis en question par mon interpellation. Ta Sagesse est légendaire bien au-delà de nos limites territoriales ; et ta Connaissance en toutes matières place à elle seule ton intelligence supérieure sur un plan bien plus élevé que celles contenues dans tous les autres cerveaux réunis ici... hormis celui de notre vénéré Maître évidemment, qui est encore au-dessus ! »

Cette dernière partie de la phrase emphatique, avait été ajoutée rapidement, le mentor s'étant aperçu avec horreur, légèrement en retard, que le « descendant de Dieu » était aussi présent ! Quelques sourires et rires vite étouffés avaient fusé. Mais très vite, se reprenant, l'interpellateur continua :

- Il est vrai que c'est la première réunion à laquelle j'assiste, et je demande pardon à cette docte Assemblée de mes lapsus ; mais je sais que je me fais en ce moment l'interprète de tous, non seulement ici , mais de ceux qui attendent au-dehors et surtout les jeunes qui se sentent concernés, en te posant cette question : « Comment es-tu certain de la venue de ce cataclysme, et de sa date ?... »

Un léger murmure parcourut les bancs de marbre rose, cependant que chacun en profitait pour remuer et tenter de trouver une position plus commode pour entendre la réponse de l'An-Nu. Celui-ci caressa pensivement sa longue barbe blanche, songeant qu'en fin de compte il avait eu tort de venir prophétiser, et que ce combat qu'il voulait mener pour préserver la race de ses aïeux - et des leurs ! - ne servait en définitive à rien ! Les hommes qui doutaient de Dieu en ce moment, doutaient même d'eux-mêmes ! Le vieux Pontife soupira, espérant contre toute vraisemblance que bien des humains, au dernier moment, tenteraient la grande aventure de quitter leurs foyers avant qu'il ne soit trop tard, pour échapper à l'anéantissement final

Seul, debout, raide dans sa tunique de lin blanc immaculé, il fit face aux quatre rangées de bancs des membres. Il éleva en silence une main décharnée où les os transparaissaient sous la peau, vers cette Croix-de-Vie qui se tenait au-dessus de sa tête, symbole géant de la Vie Harmonique Universelle, sculptée dans le cœur même d'un très vieux sycomore, dont les deux bras mesuraient d'une extrémité à l'autre un mètre soixante !

Après le court silence qui suivit ce geste, la voix du Pontife retentit, beaucoup plus ferme et vibrante :

- O toi : Remenhep, que j'ai tenu sur mes deux mains réunies lors de la cérémonie d'initiation, afin de t'obliger à boire l'Eau Vive que tu refusais énergiquement! Tu criais déjà ! »

Un rire bon enfant rompit l'atmosphère dramatique du lieu, secouant les crinières des Vénérables, et créant plusieurs ondes blanchâtres, qui servit d'exutoire bienfaisant. L'An-Nu continua :

- Une âme, envoyée par Dieu dont vous semblez tous oublier l'existence, prenait à peine possession de ton enveloppe charnelle de nouveau-né humain, que tu te rebellais contre le rituel Divin ! Cependant, toutes les bénédictions célestes ont été réunies en toi ; tu es riche, estimé, et respecté de tous, car ne serait-ce que dans Ath-Mer : tu es juste de voix et bon envers qui se trouve en quelconque embarras. C'est pourquoi tu sièges aujourd'hui au Grand Conseil, en compagnie des plus Sages parmi les Sages ! Parmi les « Aînés-de-Dieu » qui ont fait ce pays, en le modelant d'après la Loi Divine, Aîné après Aîné !... Alors, pourquoi te fais-tu l'écho inconditionnel du doute honteux qui habite ceux qui, en doutant de la Puissance de notre Créateur, remettent en cause les Principes mêmes qui ont fait la Grandeur d'Aha-Men-Ptah ?....

Un murmure parcourant la grande salle, qui n'était pas spécialement désapprobateur, plana jusqu'au jeune interpellateur, qui fit mine de se lever pour répliquer. Mais le Pontife, qui avait toujours une main dressée vers le Tau, leva l'autre impérativement, faisant ainsi comprendre à tous qu'il n'avait pas fini de parler, et qu'il ne voulait pas être interrompu :

- Il est vrai que la grisaille de ta chevelure est loin d'atteindre la blancheur de la mienne ! Tu représentes la jeunesse pour tous les aînés qui sont ici, mais il est plusieurs points où tu n'es pas moins mûr d'esprit qu'eux... car ils ont oublié ce que tu as omis d'apprendre, et qui est notre héritage direct de Dieu ! À savoir la valeur extraordinairement vivifiante de ce qui n'apparaît plus aux yeux de tous que comme des symboles mystiques !... Tel ce Tau, au-dessus de ma tête, et des vôtres ! Représente-t-il toujours la Justice et la Paix planant sur Aha-Men-Ptah ? Personne ne me contredira si je réponds formellement non à cette question ! Mais si la situation générale est devenue si critique, c'est que plus personne ne cherche à comprendre la signification profonde des éléments constitutifs de la fondation même de notre Patrie !... Ce Tau, à défaut d'une prière à Dieu, devrait vous inspirer et vous donner la force nécessaire pour entraîner à nouveau vos cœurs dans la voie de la compréhension et de la Vérité !... Le mensonge et l'imposture qui déferlent en vagues de plus en plus rapprochées par tout le continent atteignent notre vénérable Grand Conseil ! La capitale en est rongée, Et il ne s'écoulera plus longtemps avant que le pays ne se détruise lui-même : avant que le Grand Cataclysme n'ait plus que des ruines à balayer !... Et les étrangers qui passeront au large, dans leurs nefs, construites d'après nos plans, diront en riant : « Au sein de cette vaste mer était un peuple d'une profonde Sagesse, qui régissait l'Univers, riche et fertile sous un ciel toujours pur et serein !... Et pourtant, il n'en reste plus aucune trace ! Plus rien !... :. Voulez-vous, tous tant que vous êtes, vénérables Pères de ce Grand Conseil, entendre ces sinistres paroles, lorsque vous serez dans le Royaume qui nous accueillera tous lorsque nous serons au-delà de la Vie terrestre ?... Je ne le pense pas, vous connaissant très bien ! C'est pourquoi vous feriez bien de relire, tout comme je l'ai fait, les annales de nos archives des « Maisons de Vie », auxquelles vous avez accès en tous temps, ne l'oubliez surtout pas étant donné vos hautes responsabilités, et vous apprendriez ainsi à résoudre les problèmes qui vous hantent !

- Est-ce à dire, ô Vénérable, que nous pourrions comprendre les textes Sacrés ? Il me semblait que c'était impossible aux non-initiés...

- Il ne s'agit point là de textes religieux, mais de ceux relatifs aux calculs des Combinaisons-Mathématiques elles-mêmes, dont les utilisations pratiques actuelles mériteraient d'être apprises par cœur par tous ceux qui le peuvent ! Et vous tous comprendriez qu'en l'occurrence aucune utilisation arbitraire n'est faite afin de définir le Grand Cataclysme et sa date probable. Chaque mouvement des astres et des planètes engendre toute une série de mouvements harmoniques entre eux, qui a une signification des plus précise, voulu par Dieu qui en a défini la Loi. C'est cet accord entre le Ciel et la Terre, Dieu et l'Homme qui est déjà en voie de rupture, et qui, le moment venu se brisera ! »

Un autre Vénérable, se redressa, et dit, tout en s'appuyant fortement des deux mains sur la canne noueuse :

- Veux-tu nous faire comprendre, Pontife, que ce Grand Cataclysme, dont nous entendons parler depuis des lustres, est une punition envoyée par Dieu, voulue par Lui pour nous anéantir et prouver ainsi que nous autres humains ne sommes rien par rapport à sa toute-Puissance ! Mais dans ce cas à qui fournira-t-il la preuve puisqu'il n'existera plus personne ?...

- Tu traduis assez spirituellement, ô Sage Perhitsou, l'alternative Divine d'une cause très bonne à l'Origine, mais que l'Homme depuis des siècles s'est ingénié à détruire ! Le fait qui reste certain, cependant, c'est que toute notre science de Dieu et de Son Univers, ne peut prévoir, et encore moins empêcher, que se produise ce Grand Cataclysme ! Ce que nous savons de certain, c'est que les « Combinaisons-Mathématiques-Divines » influent sur tous les organismes vivant sur la terre, par les influences que ces figurations représentent. Et l'observation ainsi que l'expérience, démontrent que les trames géométriques formées sont les exacts reflets des influx Divins insufflés aux parcelles engendrées par le Créateur, et qui sont nos âmes. Leurs directives sont infaillibles à qui veut bien s'en inspirer lorsqu'elles sont bénéfiques. Nos pauvres enveloppes de chair, ne vivent que par les pensées subtiles qui en émanent ! Elles sont les organes générateurs qui agissent sur les sensations que nous ressentons et que nous devrions être aptes à domestiquer lorsqu'elles se transforment en passions bestiales ! Car ce qui se passe actuellement dans les âmes n'a plus rien d'humain dans cette négation de la Puissance Divine ! Et c'est pourquoi, je vous le crie tout haut : notre Patrie Aimée, est devenue une terre sans cœur, et elle sera balayée par les mouvements célestes en fureur, si rien n'est fait pour calmer Dieu !

Un silence gêné devant cette diatribe menaçante, régna quelques secondes. Le temps que le Sage Perhitsou, ne demande d'une voix plus basse, mais distincte :

- Que faudrait-il faire, ô vénérable Pontife, pour calmer Dieu ?

La réponse jaillit sur-le-champ :

- Calmer d'abord les esprits humains eux-mêmes, en leur rendant la Foi dans leur dirigeant : leur Maître ! Ainsi Dieu reprendra sa place qu'il termine de perdre. Car le lien de Paix, qui unissait si fort Dieu et Son image terrestre, qui semblait si solide il y a encore quatre ou cinq siècles, s'est tendu au fil des ans, et se tend tellement aujourd'hui, qu'il sera bientôt rompu ! L'âme n'est plus le récepteur commun, mais un simple contenant, un vase, qui absorbe toutes les hérésies élucubrées par les seules enveloppes charnelles humaines ! L'esprit du Créateur ne les habite plus !...

- Nous admettons volontiers tes critiques, ô Pontife ! Et nous sommes conscients de nos faiblesses. Aussi donne-nous toi-même les détails concernant ce cataclysme puisque tu les connais mieux que nous ne les apprendrions dans les archives !

- Les calculs de mes prédécesseurs, les Sages Pontifes, ainsi que ceux des savants de notre « Double- Maison-de-Vie » de Septa-Rerep, que je viens d'aller consulter sur place, et qui, eux aussi, génération après génération, reprennent les calculs des « combinaisons en oppositions », afin de voir si leurs aînés ne s'étaient point trompés quelque part dans leurs supputations, tous, tous sont formels ! Une catastrophe épouvantable, un désastre bien pire que celui enregistré par nos Ancêtres, et qui a ravagé en son temps tout le nord de notre pays et bien d'autres parties du monde, un « Grand Cataclysme » se produira et qui touchera principalement notre terre, cette terre primordiale : l'Aînée-de-Dieu !... J'ai refait encore une fois les calculs, qui avalisent ceux des savants : les « combinaisons maléfiques » de cette Grande Année sont telles que notre pays sera littéralement englouti sous les eaux, dans sa totalité ! Plus rien n'en subsistera, et si vous n'intervenez pas dans l'immédiat, ô mes vénérables enfants de Dieu, et aussi Membres de ce Grand Conseil, il ne restera ni vous ni personne pour raconter l'histoire de notre pays admirable, car il sera devenu le Royaume des Morts !... »

Des murmures et quelques protestations accueillirent cette longue diatribe. Mais la majorité des Vénérables restèrent silencieux, figés par la stupeur sur leurs bancs, car, connaissant la Sagesse de l'An-Nu et son peu de goût pour l'ostentatoire et la vanité de la grandiloquence, ils avaient été frappés par le ton véhément et persuasif, inhabituel en vérité, du Grand Pontife. Un plan de longue haleine devenait incontestablement nécessaire, et sa mise en place devrait s'opérer dans les délais les plus rapides. C'était l'objet des méditations des Silencieux, et l'un des Membres les plus âgés, dans le silence rétabli, formula l'anxiété générale :

- Nul ne met ici en doute, ô notre Sage Guide Spirituel, la moindre de tes paroles, et surtout leurs portées ! Il est évident d'autre part que si tous nous acceptons ce Grand Cataclysme à venir comme une certitude, l'Exode qui devra avoir lieu, doit être préparé dès à présent dans le calme de cette Assemblée, afin que tout puisse être prêt le moment venu. Mais cela nécessitera la construction de dizaines de milliers d'embarcations ! Sans parler de la nourriture pour des millions de personnes, et de toutes les autres choses vitales à emporter, dont les livres de nos Connaissances !... Les outils et tout le processus humanitaire qui favoriserait la renaissance de notre vie, ailleurs !... C'est manifestement un plan de longue haleine, qui dépassera le cadre de notre génération et même de la suivante ! Aussi, et c'est le problème vital pour l'instant, aussi faut-il non seulement être persuadés nous-mêmes de la véracité de ce Grand Cataclysme, mais en persuader le restant de notre Peuple ! Comment penses-tu prouver la réalité des faits à venir, sans même parler de la date... question qui brûle les lèvres de chaque Membre de cette vénérable Assemblée !...

L'An-Nu secoua dubitativement la tête, car ses prévisions s'avéraient une fois de plus exact ! S'il se perdait dans des explications mathématiques que nul d'entre eux n'était apte à comprendre, il ne sortirait rien de concret de cette réunion ; il fallait donc ruser :

- Tu as toujours été parmi les plus actifs et les plus raisonnables des Membres de ce Grand Conseil, Khaankton, et ton expérience en la matière sera des plus précieuses. Je vais tenter de répondre à vous tous à la fois, après quoi je me retirerai et ne reprendrai plus la parole en public, mon grand âge me conduit d'ailleurs à la fin de mon séjour terrestre, et mon fils Aîné, déjà Grand-Prêtre d'Ath-Mer, deviendra Pontife d'Aha-Men-Ptah avant qu'un long temps ne s'écoule !

Sans tenir compte des murmures sympathiques, apitoyés... ou déjà hypocrites, l'An-Nu reprit :

- À vous tous je lance un triple appel : à votre intelligence, car elle est la détentrice de la Sagesse qui crée les divers états mentaux qui vous animent ; à votre intuition, qui au-delà de votre processus de pensée rationnelle, est la clairvoyance qui allie votre Sagesse à votre Intelligence; enfin, je fais aussi, et surtout, appel à votre Âme, cette parcelle Divine qui seule jusqu'à la fin des Temps relie votre enveloppe charnelle à Dieu, car elle est le canevas de toutes les sensations humaines et sur laquelle s'appuie vos actes corporels autant qu'émotionnels. D'elle, de votre âme, jaillit le Bien comme le Mal !... Or, suivant que vous déciderez de penser de telle ou de telle autre façon, le destin de tout notre peuple, qui a si longtemps vécu dans la paix et le bonheur, s'en trouvera totalement bouleversé d'une manière comme d'une autre ! En effet, depuis que l'envie, la discorde, la calomnie, et la perfidie se sont installées dans plusieurs parties de notre Patrie ; depuis que nos prêtres ont dû quitter leurs temples sous peine d'abjurer la Foi unique ; depuis que la cruauté, l'imposture et la vengeance ont fait leur apparition en ces lieux déjà devenus maudits, la crainte s'installe partout ! Aucun ordre temporel désormais ne peut seul rétablir la Justice et la Paix qui ont fait notre renommée et notre tranquillité durant deux cents siècles !... Dieu, et Son Fils, notre « Maître » Bienheureux n'est plus entendu dans plusieurs Provinces, vous le savez aussi bien que moi. Ses ordres, tout autant que ses prières ne sont pas respectés ! Et le doute pénètre par la calomnie et la flatterie jusque dans nos murs... Et vous, ô vénérables !... Que faites-vous ?... Vous doutez et demandez des preuves ! Des preuves !... Il vous faut la certitude, par avance, que vos entrailles seront déchirées par les rocs qui s'ébouleront des montagnes sur vous ! Il vous faut l'horrible spectacle de votre ruine et de l'obligation de savoir que si vous ne prenez aucune décision aujourd'hui, il ne restera plus qu'à vous tuer le moment venu, n'ayant aucune possibilité de sauvetage et ne voulant pas faire durer votre agonie !...

Plusieurs Membres se levèrent en gesticulant vivement. Pareil sermon ne s'était jamais entendu dans cet hémicycle et des protestations s'élevèrent de toutes parts. Le « Maître », voyant que la parole de l'An-Nu était contestée, se souleva en agitant une main. Aussitôt le silence se fit et chacun se rassit :

- Chers et vénérés Membres de cette Assemblée : il n'était point dans mon intention de reprendre la parole, mais cela s'avère important ! Comme l'a si bien dit notre An-Nu, à qui je rends ici hommage pour sa loyauté et son extrême franchise, tout en lui souhaitant encore une vie très longue à notre service, depuis des siècles une hypocrite perversion s'est introduite subrepticement dans nos mœurs autant que dans nos institutions. Un jour, elle découvrit notre pays fortuné, que Dieu avait doué de tous les bienfaits de la nature, envahissant certains de nos territoires, s'y camouflant sous mille formes diverses, et répandant le souffle empoisonné des premières calomnies ! Ce pays béni de Dieu, subit en son ensemble, la contagion subtile et d'autant plus pernicieuse, de vouloir autre chose que ce qui avait de toute éternité fait son bonheur ! De cette dérision, les premières semences ne tardèrent pas à gangréner la population si chère à nos cœurs !... Le fils chérissait moins tendrement ses parents ; l'épouse son mari ; l'amour général du bien commun contre le sien propre, beaucoup plus méprisable ; la concorde s'affaiblissait de plus en plus dans notre société, chacun commençant de s'excuser auprès de son voisin des travaux qu'il ne voulait plus faire, alors qu'avant il l'aidait volontiers, à charge de revanche, ce qui était le prétexte aux chants et aux fêtes aujourd'hui bannis des coutumes ! Les devoirs mutuels disparurent; les secours amicaux également ; même les aides familiales ! Et le mot d'ordre devint : pourquoi entreprendrai-je un pénible travail, duquel il ne me reviendra rien ?... Et cette conception erronée engendra ce qui ne s'était jamais produit chez nous durant vingt millénaires : la haine de son prochain ! Trois Provinces, l'une après l'autre, jugèrent qu'elles vivraient plus librement sans la tutelle Divine : elles sont à présent dans le chaos complet ! Sans foi ni loi, elles font un usage bien particulier du tien et du mien, les emprisonnant en fait dans des liens qu'un fatal couteau ensanglanté ne peut même plus couper ! La corruption de la Loi, n'a amené que la confusion et le désordre ! Et voici que les murmures et les gémissements atteignent notre capitale ! Elles émanent des insensés qui, n'écoutant plus la voix de Dieu, et de sa représentation, la nature, qui nous permet à tous de vivre hors du besoin, crient et pleurent une indignation factice contre nos conseils et nos décisions ! Les insensés !... Ils vont devenir les artisans de leurs propres maux et de leur fin ! Et je vois le doigt de Dieu, dans l'approche de ce Grand Cataclysme ! Il arrive au moment propice où notre humanité se chargera elle-même de le créer s'il ne se produit pas !

Cette longue harangue resta en suspens quelques instants, le Maître reprenant son souffle après le flot ininterrompu de paroles qui s'était échappé de sa bouche, où il était resté bloqué trop longtemps. Les Vénérables en profitèrent pour émettre entre eux leur avis sur le sujet scabreux du peuple perdant son entente avec Dieu. Le Maître levant la main, l'An-Nu qui s'apprêtait à reprendre la parole, se tut, car la « Voix » était juste :

- Je comprends vos murmures, mais vous ne pouvez pas ignorer pourquoi la paix ne règne plus nulle part dans ce pays, et pourquoi Dieu veut y mettre bon ordre à sa façon, puisque la nôtre n'est pas bonne ! Parce que la paix ne règne plus dans les cœurs, ni même dans les vôtres, chers et vénérés Membres de cette Assemblée, si près encore, pourtant, de l'état heureux où nous étions tous ! Et si je vois, tout comme notre An-Nu très Sage, le moyen de rétablir l'Ordre, la Paix, et le Bonheur partout, il apparaît tout aussi sûrement que plus personne ne veut y songer, ni tenter de faire ce qu'il faut pour revenir à cet heureux temps !

Salle hypostyle du temple de la « Dame du Ciel » à Dendérah.

La même salle du temple de Dendérah vue par la commission scientifique accompagnant le général Bonaparte en Égypte en 1797.
(Dessin extrait de la « Description de l'Égypte ».)

Pectoral de Tout-Ank-Amon, musée du Caire.
L'Œil qui symbolise toute création et navigue sur la barque divine se retrouve sur la poitrine de chaque Pharaon (ou Pêr-Ahâ) le « Descendant-de-l'aîné », ou Fils-de-Dieu.

Agrandissement de l'Œil du Pectoral de Séti 1er. *(Ph. de l'auteur.)*

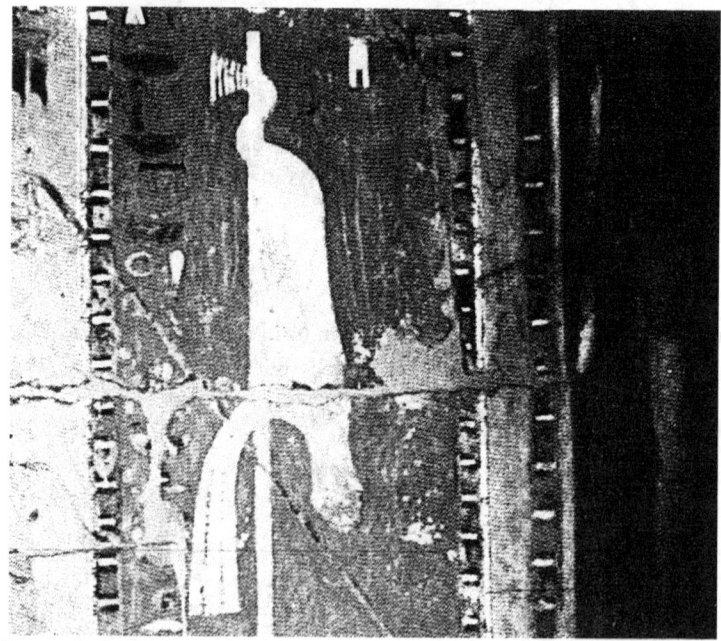

Le symbole du Saint des Saints de Dendérah, la peau du taureau ayant renfermé le corps d'Osiris. *(Photo réalisée par l'auteur dans la salle du sous-sol jouxtant la salle des archives 1976.)*

Planisphère de Dendérah, montrant la position exacte du ciel au moment du Grand Cataclysme, le 19 juillet 9792 av. J.C.

Ces quelques paroles amères, pleines de bon sens pourtant, pénétrèrent dans les cœurs, mais n'eurent pas le temps d'être approfondies, car le Pontife, s'étant levé, avait repris sur la lancée le même thème :

- Que notre humanité serait heureuse, ô Maître d'Aha-Men-Ptah, si elle comprenait ce qu'elle est en train de perdre en ne comprenant pas tes paroles !

Si le faux, devenu habituel en ce jour, a tant de pouvoir sur l'âme, parcelle Divine : que pourrons-nous faire, le moment venu, pour tenter de contrecarrer les « Combinaisons-Mathématiques » qui agiront à la fois sur les esprits et sur la Terre ?

Quelques Membres ayant repris leurs esprits s'agitèrent à cette question, et ce fut une noble figure à la barbe encore noire, qui prit la parole :

— Pour répondre à cette question, ô Pontife Vénéré, il conviendrait de connaître officiellement, c'est-à-dire par ta voix, la date prévue pour le début de ce cataclysme, et savoir aussi quelle certitude il a de toucher notre terre ? Pour moi, je dois t'avouer que depuis le temps que j'en entends parler...

—Nous en sommes tous là, ô Khaontou ; mais tu as toujours été parmi les plus actifs Membres de ce Conseil, et comme tel, tu comprendras : la Loi Divine qui règle l'harmonie céleste, et qui a été révélée à notre Ancêtre Aha, rythme le mouvement de la Terre dans la Mathématique du Temps, autant que dans celle de l'Espace. Il a donc été facile aux « Maîtres-du-Nombre » Antiques, de déterminer exactement la date, ainsi que le lieu, du bouleversement : il aura lieu avec un maximum d'intensité le 27 juillet 9792, soit dans deux cent huit ans !... Le Temps est proche où toutes les âmes rendront leurs comptes !

Cette dernière phrase avait été énoncée d'une voix bien plus puissante, le brouhaha s'étant élevé à l'énoncé de la date somme toute proche. Et le Pontife reprit sur le ton plus haut qu'il savait prendre de temps en temps, pressé d'en terminer avec cette harangue, qui, il le savait, ne changerait rien !

— Et cela est inéluctable ! Car si nos vieilles traditions ancestrales prévoyaient que Dieu, dans son infinie bonté, pourrait rétablir l'équilibre de la Terre sans que se produise le Grand Cataclysme si les humains revenaient à l'ancienne compréhension du Bonheur et de la

Paix, il apparaît aujourd'hui qu'il n'en a rien été !... Dépêchez-vous donc, Membres de ce Conseil, de prendre toutes les décisions utiles afin de pouvoir sauvegarder dans deux siècles ceux qui pourront partir en Exode et fonder une seconde Patrie, avec l'aide de Dieu et de la Foi retrouvée. Les signes précurseurs de l'impiété grandissante s'amoncellent déjà au-dessous de l'horizon de notre ciel, où le Soleil rougit de plus en plus à son lever à l'occident ! En vérité, je vous le dis solennellement pour terminer : l'Occident rougit tellement que lorsqu'il aura pris la couleur de notre sang, il ne sera plus que le synonyme d'Aha-Men-Ptah, le Royaume des Morts ! »

Et l'An-Nu, sans plus attendre, après s'être incliné d'abord devant le Monarque, puis devant les Membres de la docte Assemblée encore sous le coup de la dernière et très sombre prophétie, sortit de son pas lent et majestueux.

Chapitre Huitième

GEB LE DERNIER MAÎTRE !

La Terre attend dans la terreur une chose épouvantable !
Une atrocité irracontable à nos enfants,
car ces sifflements aigus sont insoutenables !
Il semble que la mer roule au fond de l abîme,
pêle-mêle avec la foudre et l ouragan,
à la recherche d os encore vivants !
Et là-bas, dans Ath-Mer, un bain pourpre
tourbillonnant, recouvre de sang le Cercle d Or
du Temple-Dieu qui n était plus qu idolâtrie !

CHIBET D'AHOU
(Annales du Scribe d Ahou)

Il ne restait que soixante-douze années et soixante-quatre jours, avant le moment où Aha-Men-Ptah serait envahie par les eaux ! Mais la majorité de ses habitants n'en continuait pas moins de vivre dans l'inconscience et l'insouciance de cet événement qui les engloutirait !

En ce jour-là, 13 mai 9864 avant le Christ, la grande foule était amassée tout autour du parvis du Temple-Dieu, curieuse d'assister à la présentation du fils aîné du « Maitre » en exercice : le « Monarque à la Voix Juste, Abou », né depuis quelques jours. L'An-Nu devait le nommer « Men-Geb » lors de la bénédiction, appelant ainsi l'attention Divine sur le fait qu'il ne devait pas se coucher et perpétuer la race. Ce nom, porté par celui qui devait être le dernier « Descendant de l'Aîné » attirerait peut-être sur sa tête l'indulgence du Créateur, dont il aurait certainement le plus grand besoin !

Ainsi songeait tristement Ahou, en parvenant sur le parvis de son pas lent et majestueux, suivi à un pas par le Pontife, dans l'aube encore foncée de ce nouveau jour. Le Collège des Prêtres suivait en files de huit, précédant la Reine Petsout qui n'avait voulu laisser à aucune suivante le soin de porter son bébé, et dont l'allure altière faisait l'admiration du peuple. Les Annales décrivent en détail la Tradition Antique de cette cérémonie. Le processus rituel retenait la parution des premiers rayons solaires sur le Cercle d'Or pour débuter l'Office. C'était un premier signe bénéfique évident, assurant une longue vie dans la Justice, la Paix, et la Bonté, à celui qui en bénéficiait. Cette circonférence était incrustée d'or pur, massif, qui rendait encore plus immaculé, si cela était possible, le marbre blanc recouvrant l'esplanade. Elle était disposée de telle façon que, chaque matin, les premiers rayons de l'astre diurne s'y reflétaient directement sur une seule partie. Par le phénomène de la rotation de la Terre, ils variaient chaque jour un peu de leurs positions de la veille, en deçà, toujours sur le cercle, touchant ainsi, l'un à la suite de l'autre tout au long de l'année, les douze blocs monolithiques de granit noir recouverts d'une matière cristalline très spécifique. Chacun symbolisait l'une des douze constellations qui ceinturaient l'équateur céleste au long de la Voie Lactée, harmonisant ainsi la Terre au Ciel.

Après lui avoir ôté son vêtement de lin finement tressé, la Reine posa son premier-né, délicatement, sur le cristal correspondant aux influences bénéfiques de son jour de naissance. Le minéral, en effet, ayant absorbé durant des milliers de siècles certains rayonnements que seul son Créateur lui permettait de capter, était apte à les retransmettre à leur bénéficiaires, eux-mêmes uniquement accordés sur la même longueur d'ondes, et vivifiés au maximum par les premiers rayons du Soleil.

Comme en cette aube, l'astre apparaissait directement, en premier, sur le bloc faisant face au levant, et sur lequel se tenait gentiment le nouveau-né, tous attendaient sans angoisse l'apparition quotidienne, annoncée par un rosissement très net à l'horizon occidental.

Des cris joyeux ne tardèrent pas à retentir, la chair du bébé s'éclairant rapidement dans la pénombre environnante, pour prendre une jolie teinte dorée, semblable à celle du cercle, qui sembla du coup une immense auréole Divine !

L'An-Nu et Ahou étaient satisfaits des présages bénéfiques : Dieu aiderait certainement Men-Geb à accomplir la lourde tâche qui serait la sienne l Et tout en songeant à cela, le Pontife « vit » le Cercle d'Or s'enfoncer sous les eaux et se teinter du sang des personnes présentes ! Il se secoua énergiquement car, à plusieurs reprises déjà, il avait eu des visions semblables ! Mais ce n'était guère le moment d'avoir des presciences catastrophiques !...

Le Grand-Prêtre éleva lentement ses deux bras vers cette boule devenue éblouissante, et dans le silence rétabli, psalmodia :

« O toi, Soleil resplendissant de tes pouvoirs bienfaisants, Grand Fleuve fécond de la Source Originelle, daigne imprégner ta marque Divine dans ce jeune corps, pour développer en lui l'être qui deviendra Men-Geb, et qui guidera Ton peuple, le seul qui descende de l'Aîné, selon Tes commandements. »

La cérémonie poursuivit son rituel normal, malgré le caractère exceptionnel de cette bénédiction de celui qui serait le dernier « Maître ». Une des pièces de l'aile sud, très bien exposée, était depuis toujours l'appartement des « Aînés » au moment de leurs premiers pas dans la vie. Men-Geb y avait grandi, année après année, jusqu'à l'âge de douze ans. Il en avait acquis un sens inné de l'harmonie, la beauté en toutes choses régnant autour de lui, et ses moindres désirs étant satisfaits. Son père tenait à ce qu'il conserve au moins un magnifique souvenir de ses jeunes années avant d'entrer de plain-pied dans la détresse qui recouvrait le monde !

Mais le jour vint, trop rapidement, où il fut transféré dans l'appartement de l'héritier du Maître. Et il apprit tout d'abord de son père le but qui lui était assigné : préparer son peuple à quitter -

malgré lui - cette terre qui deviendrait maudite ! Il commença sans plus attendre la longue éducation initiatrice qui ferait de lui le prochain - et dernier - Maître ! Le jour de ses quinze ans, il sut également qu'une Princesse du Nord lui était déjà. destinée par l'An-Nu aux fins de leur donner les enfants qui seraient les « Aînés » des futurs rescapés de l'Exode ! Ce qui ne l'empêcherait pas d'être très heureux avec cette épouse...

Men-Geb était ainsi entré dans une vie très vite pleine d'enseignements difficiles à assimiler pour un jeune cerveau, même très intelligent. Pour le reposer, l'An-Nu, lui tenait compagnie en lui narrant l'Histoire ancienne de leur beau pays. Le Pontife avait pris en amitié ce garçon très brun, et dont l'intelligence s'ouvrait de plus en plus aux questions métaphysiques. Pour tenter de le détendre totalement, il lui expliquait également, avec force détails, l'histoire de cette jeune Princesse, qui, un jour, serait son épouse. Elle s'appelait Nout, tout comme la première mortelle qui avait épousé « l'Aîné » du même nom que le sien. Elle n'avait encore que dix ans, et habitait le Grand Nord du pays, là où ses aïeux s'étaient réfugiés après l'engloutissement de leur État, il y avait fort longtemps de cela.

Hormis ces courts instants de détente, Men-Geb n'était guère libre de penser ou d'agir selon sa volonté. Il faisait connaissance de ses cousins encore fidèles, gouvernants les États Princiers, mais qui le considéraient plutôt comme le Maître « assigné » dans le futur, que comme un dirigeant réel. Subtilement, la mentalité là aussi évoluait, et l'An-Nu faisait comprendre au jeune homme que le Destin prévu par Dieu s'organisait au vu, justement, de ces changements mentaux de Ses sujets humains.

Comme de nombreux règlements avaient été édictés afin de parfaire rapidement son éducation Divine, ses moindres gestes étaient plus strictement organisés. Il ne voyait pratiquement plus sa mère, et ses gouvernantes avaient été remplacées non pas par des serviteurs, mais par quatre fils de premiers Prêtres, dont le fils aîné du Pontife, qui avaient tous plus de vingt ans, et avaient été éduqués pour cette fonction.

Le futur « Maître » avait donc pour le servir, jour et nuit, des modèles de vertu et d'austérité, qui ne lui permettaient pas la moindre action blâmable ou simplement hors des limites définies par le protocole spécial. Cela lui avait permis d'approfondir plusieurs choses, comme le fait qu'aucun Monarque ne saurait être méchant avec des conseillers aussi Sages.

Son père, lorsqu'il atteignit ses seize ans, le prit avec lui, afin de lui apprendre enfin les devoirs de la monarchie qui l'attendraient lorsque son tour serait venu de régner. Chaque heure du jour, et même de la nuit, était marquée par une action à accomplir, fixée par des codes immuables, ne pouvant qu'à grand-peine subir des dérogations.

Dès son réveil, le prince héritier accourait au bureau de travail paternel, où il trouvait le Monarque parcourant déjà les divers courriers arrivés durant la nuit depuis les lointaines provinces fidèles. Le Roi relisait alors toutes les lettres à voix haute, lentement, afin que son fils se pénètre bien des tournures de phrases. Ils avaient ainsi, tous les deux, une connaissance précieuse dès le réveil de ce qui se tramait dans le Royaume. Les actes de la journée se réglaient ainsi par rapport aux décisions urgentes à prendre.

Le Palais s'éveillait alors, seulement ; Men-Geb laissait un moment son père afin de faire ses ablutions matinales. Il en profitait pour revêtir une tunique immaculée et purifiée, avant de se rendre au Temple, en compagnie de ses quatre aides de camp, où toute la famille était réunie pour rendre grâce à Dieu de la journée à venir. L'An-Nu émettait quelques sentences tirées du « Livre », et qui rappelaient divers modèles de justice antique. Ce qui faisait sourire Abou car, comme par hasard, quelques heures plus tard, le Monarque aurait à résoudre des problèmes semblables à ceux qu'il entendait le matin ! Il accordait ainsi sa propre autorité à celle de ses Ancêtres les Sages, dont l'efficacité était bien réelle à cette époque reculée !

Chaque acte du jour s'enchaînait donc dans un cycle royal intangible mais magnifiquement « huilé »,qui réglait toutes choses. C'est ce que retenait Men-Geb de cette longue initiation au pouvoir !

Parvenu à ses dix-huit ans, accoutumé à une existence ascétique, mince de silhouette car il mangeait frugalement et buvait peu, s'il se sentait devenir homme, il n'était guère pressé de se marier ! La Princesse Nout, qui venait donc d'avoir seize ans, lui avait envoyé pour ce jour anniversaire où il devenait adulte, une miniature aux couleurs pastel, la représentant comme auréolée, resplendissante de beauté pure, les yeux pleins de chaleur et de fougue contenues.

Or, les parents de la jeune fille avaient joint une missive destinée à Abou, et lui rappelant que Nout était désormais « en âge » d'être épousée. Mais, à son grand étonnement, le Monarque apprit de son fils que celui-ci n'était pas plus pressé de prendre femme que de devenir Roi ! Aussi le Maître entra-t-il dans une violente colère que l'An-Nu, qui était présent fort heureusement, eut du mal à calmer.

Après bien des tractations avec le Pontife, Men-Geb accepta d'être sacré Roi pour ses vingt et un ans, et de se marier au même moment soit, comme le voulait la Tradition : dix jours après les cérémonies du couronnement. Cette solution agréa au père, tout en remplissant de contentement la mère. Quant à l'An-Nu, la date retenue lui convenait admirablement, les configurations célestes étant bien plus favorables à ce moment-là !

Durant les trois années, Men-Geb, devenu simplement Geb, l'Héritier, mit les bouchées doubles pour parfaire son éducation en toutes les disciplines, y compris celle qui consistait à savoir comment rendre sa femme heureuse, qui, de par la Loi Divine serait son égale en toutes choses et « Suivante de Dieu ».

Le peuple, pendant ce temps, vivait plutôt passivement, ne se passionnant guère pour le changement de « Maître » qui, jadis, était l'occasion de grandes festivités. Sous le règne d'Ahou, vingt mille embarcations de tous tonnages avaient été taillées dans une telle quantité d'arbres que plusieurs belles forêts n'avaient que le nom de ce qui avait été un ensemble splendide de la nature ! C'était le seul commentaire égoïste de ceux qui ne pensaient pas que ladite nature disparaîtrait de toute façon au Cataclysme !

La population d'Aha-Men-Ptah avait nettement choisi de continuer à vivre dans les voies ineptes, qui ne laisseraient plus que l'ultime choix au Créateur lui-même, lorsque cela serait devenu une nécessité. Cette décision tragique ne faisait aucun doute dans l'esprit de Geb, pas plus que dans ceux qui « savaient » et redoutaient à la fois la Colère Divine qui devait arriver à son comble ! Aucun contrepoids ne pouvait d'ores et déjà contrebalancer les terribles événements scandaleux qui se déroulaient sur ce continent, où la liberté totale acquise en tous les domaines, était devenue synonyme d'enchaînement à des mœurs dissolues ! Cette liberté trop chèrement payée, nul n'était plus en mesure de la rejeter d'où elle était partie ! Et d'autres remous se produisaient, gagnés par cette contagion dans trois nouvelles provinces !

Ce fut dans le climat de ces fantasmes qu'eut lieu le Sacre du nouveau Maître. L'An-Nu n'était pas peu fier d'être encore de ce monde pour assister son propre fils dans les fonctions de Grand-Prêtre qui venaient de lui être confiées. Son homélie avait été remarquablement écoutée de tous les assistants, et notamment ce passage vital :

- Chaque fils d'homme doué d'une enveloppe charnelle et d'une âme Divine, ne peut pas différer de son père, qu'il perpétue dans les mêmes conditions que ses aïeux l'ont fait, imprimant le nom de famille dans le Grand Livre de la Vie sur la Terre, le gravant également dans les habitations de la Vie Éternelle Ancestrale, mais surtout s'en imprégnant lui-même au fur et à mesure qu'il grandit ! Car la chair du précédent permet de faire celle du suivant, et la personne du fils est donc la personne même de qui l'a engendrée. La génération des Maîtres, elle, qui est immortelle, dépend du seul Aîné de la Sphère Divine ! Ses descendants sont ainsi les Fils, seuls héritiers tour à tour de cet héritage Divin de droit Divin. C'est donc solennellement que je déclare aujourd'hui que Dieu te place, toi, Geb, comme Souverain-Maître d'Aha-Men-Ptah, afin d'y faire régner et respecter Ses Commandements de Paix, de Justice et de Bonté.

Ces dernières paroles sacramentelles firent se redresser le jeune « Maître », qui prit une profonde inspiration pour répondre d'une voix grave :

- Je jure d'être le fidèle serviteur de Dieu, mon Père ; de faire respecter ses Commandements de Paix, de Justice et de Bonté.

Pour la dernière fois, Ahou s'approcha alors pour faire acte de Monarque. Il tendit son sceptre royal à son fils :

- Avec ce sceptre que je te remets à présent, à toi, Geb, dès ce moment Maître d'Aha-Men-Ptah : ton règne commence ! Qu'il s'effectue avec la sérénité et la pérennité même du Soleil effectuant son cycle éternel.

Le chœur des Prêtres psalmodia alors d'une voix forte :

O Toi, Seigneur de la Terre, unique et universel,
Que les mystères cachent et la bonté révèle,
Bénis le Maître Geb en ton nom de Dieu,
Père Suprême aux cent noms en tous lieux,
Qui voit ce couronnement du haut des cieux :
Que ce règne soit le plus gracieux !

Et l'An-Nu ajouta seul :

Qu'Il nous préserve aussi de la Grande Épreuve,
O Gardien Souverain du Fleuve !

Le silence qui suivit soudain, ne fut interrompu que par le bruissement des fils d'or de la tunique d'Abou, celui-ci prenant son fils par le coude droit et le menant prendre la place qu'il occupait précédemment sur le trône Divin, et qui désormais n'était plus le sien. Lorsque Geb fut assis, son père mit les mains sur ses épaules et dit tout haut afin que nul ne l'ignore : « Longue Vie au Maître Geb », et il le répéta trois fois, avant que la foule ne fasse de même et ne termine en une ovation générale.

Le Souverain d'Aha-Men-Ptah était désormais intronisé, régnant sur cinq Provinces et quelque soixante millions d'âmes. Mais cette cérémonie avait été très différente, comparée aux fastes d'antan ! D'autant que trois seulement des Princes avaient assisté aux diverses solennités du couronnement. Les deux autres, pas plus que leurs familles, ne s'étaient présentés pour diverses raisons au Palais Royal, dont la principale n'était pas avouable ! La crainte d'une destitution durant leur absence, car des troubles quasi permanents se développaient depuis peu dans ces États.

Alors qu'aux cérémonies similaires précédentes, même pour le sacre d'Ahou, la foule de la capitale et des huit Provinces, était encore accourue, emplissant non seulement la nef centrale, comme pour Geb, mais aussi toutes les travées latérales, déversant le trop-plein des assistants sur l'esplanade et blanchissant totalement de leurs tuniques de lin ceux qui piétinaient l'herbe des jardins !

L'ex-Monarque, en se retirant, clôturant ainsi la cérémonie, s'avouait cependant n'être point trop mécontent du déroulement de la cérémonie. Il n'y avait pas la grande foule, certes ; mais la présence des huit Grands-Prêtres, car ceux qui n'avaient pu rester dans les Provinces rebelles étaient là, rehaussaient le renom spirituel et mystique même de l'aspect religieux, présageant une longue vie bénéfique pour Geb. Il s'arrangerait autant qu'il le pourrait pour que cette succession ne pèse pas trop lourdement sur les jeunes épaules, surtout durant la période idyllique coïncidant avec le mariage !

Quant à mater les révoltés des États rebelles, tâche qu'il avait toujours reculée, puis laissée en attente afin que son fils s'en occupe : cela attendrait bien encore un peu, malgré l'inquiétude manifeste des cousins encore fidèles ! Ahou avait hésité trop longtemps à fonder une armée ; ce serait à Geb d'apprendre à faire un effort de volonté et de prendre le commandement par les armes ! Ce qui était écrit par Dieu se réaliserait, mais ne dépendait plus de lui désormais!

Derrière le vieux Maître qui se retirait, majestueusement quand même, l'atmosphère se détendait un peu dans le Temple, devant l'extrême jeunesse du nouveau Maître, dont le regard perdu, pour ne pas dire éperdu sous son masque souriant, cherchait une voie difficile à saisir ! Il tenterait certainement de remettre son pays en ordre, et son union avec la jolie Princesse Nout faciliterait bien les choses en donnant un sang nouveau à une progéniture qui serait plus apte, elle-même, à s'adapter aux nouvelles conditions de vie que les contestataires très nombreux prônaient pour une stabilisation politique et sociale dans tout le continent d'Aha-Men-Ptah, si celui-ci restait *au-dessus* des eaux bien sûr !

C'était ce qui faisait la majorité des murmures de cette foule qui s'écoulait doucement vers le Palais et sa salle des banquets où le festin attendait les invités.

Cette journée était le 22 juillet 9843 avant le Christ, et les meilleures supputations des plus sceptiques ne réalisaient pas qu'il restait seulement un temps de survie de cinquante et un ans et cinq jours avant l'engloutissement !

Ce ne fut pas pour cette raison que les agapes prévues pour toute la nuit s'achevèrent avant l'aube par manque de participants ! Simplement, le nouveau « Maître », pris d'une inspiration subite, avait demandé à son père de siéger sur-le-champ en un Conseil improvisé extraordinaire avec leurs trois cousins présents qui avaient accepté, pressés qu'ils étaient par ailleurs, eux aussi, de rejoindre leurs États ! Aussi le banquet avait-il rapidement tourné court.

Par ce premier acte officiel d'autorité, le nouveau jeune Maître prouvait qu'il était un fin diplomate et qu'il savait ce qu'il voulait ! Faisant preuve dès l'abord de la grande fermeté qui serait sienne toute sa vie, et qui ne pouvait manquer d'asseoir son autorité, il exigea tout de go que ses cousins et leurs familles restent au Palais pour attendre l'arrivée de sa future épouse et assister au mariage.

Sans laisser le temps aux Princes de récriminer, il fit venir deux messagers royaux, à qui il donna des missives impératives, ordonnant aux deux autres cousins de venir avec leurs familles pour la cérémonie nuptiale, les assurant par ailleurs de la constitution d'une armée nationale, dont ils pourraient user en cas de besoin !

L'ancien monarque contemplait son fils, tout ébahi de le voir décider en quelques minutes, ce qu'il avait hésité à faire toute sa vie ! Il était désormais assuré de laisser le pouvoir en les meilleures mains possibles, d'autant que son proche mariage ne ferait qu'affermir l'équilibre.

Les trois jours suivants s'écoulèrent fébrilement dans les ultimes préparatifs devant assurer un accueil chaleureux à Nout et à sa suite. Le lendemain, dès les premiers rayons du Soleil, la capitale fut éveillée par les sons joyeux des tambours de parade et de la musique allègre qui les accompagnait.

Ath-Mer, vite dehors, en liesse, apprenait que la suite princière n'était qu'à deux heures de marche, ce qui créa soudainement un déclic inattendu : le peuple sentit son intérêt s'accroître d'instant en instant ! La curiosité aidant, une foule très dense envahit la chaussée qui traversait les six kilomètres de ville le long de l'axe nord-sud, et que devrait obligatoirement emprunter le cortège pour parvenir au Palais.

Les gardes royaux prenaient place tout au long, afin de laisser libre un passage central, car les auberges, les échoppes, les commerces se vidaient littéralement de leurs occupants, tout comme les maisons d'habitation. Un quasi unanime élan précipitait la ville entière dans la rue, d'un coup, alors que le cortège, installé la veille au soir à ces deux heures de marche, ne soulevait que haussements d'épaules. Le revirement était aussi total que soudain ! Personne n'avait même assisté, peu de temps auparavant, au passage du jeune Roi et de son escorte, qui partait à la rencontre de la suite Princière !

Pendant ce temps, Nout progressait sur la route, à cheval, en amazone, un peu lasse en ce dernier jour de voyage. Elle avait mal dormi, car elle avait envoyé en secret un émissaire dans la capitale, afin qu'il revienne lui raconter l'atmosphère de fête de la ville, et le résultat avait été bien piètre, tout ayant un aspect des plus ordinaires ! Depuis six nuits que la Princesse vivait dans un campement avec sa suite, et qu'une centaine d'hommes le montait chaque soir pour le démonter au matin, elle avait hâte d'être arrivée à destination, mais elle avait eu le temps de rêver, peut-être un peu trop, car elle avait espéré un accueil plus enthousiaste !

En ce dernier matin, elle avait tristement regardé les grandes tentes en peaux de bison, spacieuses avec leurs litières en plumes et duvets d'oies, avant d'enfourcher sa monture, pensant que son futur époux ne s'était pas dérangé pour venir la chercher au dernier relais, comme il l'avait laissé entendre sur sa dernière missive.

Elle avait ainsi une plus grande appréhension de connaître celui qui régnait sur le monde et qui allait bientôt faire d'elle sa femme. Elle ne connaissait de lui qu'une petite reproduction qui lui était parvenue l'année précédente, où il avait les yeux si tristes qu'une chaude espérance l'avait envahie à l'époque. Mais ce jour-là, elle déchantait quelque peu en raison de cette arrivée solitaire, imaginant encore, malgré cela, que cette union serait le bonheur de sa vie !

Aussi, malgré les véhémentes protestations de ses suivantes et de son chef « du protocole », avait-elle catégoriquement refusé de monter dans le chariot d'apparat spécialement doré et harnaché pour son entrée à *Ath-Mer !* Elle avait pris par contre un des quatre alezans de l'équipage, fougueux mais doux, provenant de l'élevage paternel, pour le monter.

Avançant ainsi sur la route à la tête de sa troupe, elle formait un tableau remarquable sur le fond soyeux et sombre du cheval, son long fourreau jaune se mariant admirablement avec l'or de ses cheveux brillants, qui virevoltaient autour de sa taille, au rythme de sa bête.

Mais il n'y avait pas un quart d'heure que le cortège avançait, qu'à un détour du chemin eut lieu la première halte : la cavalerie royale était là ! En ordre d'apparat, rendant les honneurs en une immobilité totale, elle se tenait prête à servir d'escorte d'honneur traditionnelle à la future Épouse. Émerveillée sans le montrer, la jeune fille passa, raide sur son cheval, devant les quatre rangs de deux cents cavaliers chacun, figés dans un garde-à-vous impeccable, casqués de bronze étincelant, leurs grandes lames bien verticales dressées d'une main, tandis que l'autre tenait le fameux bouclier triangulaire, en bronze également, dont la pointe supérieure frôlait rigoureusement le menton, indiquant ainsi le respect et la soumission de la cavalerie à la future Reine.

En connaisseuse, la Princesse admira également les montures, ne regrettant plus, devant ces cavaliers émérites d'avoir fait preuve d'audace en paraissant ainsi à leurs yeux ! Cette escorte royale si impeccablement rangée, fit monter une bouffée d'orgueil et de joie au plus profond de sa gorge : son futur époux lui prouvait qu'il était bien un puissant Roi et que sa considération pour elle n'en était pas moindre !

Cela démontrait en plus, que les bruits qui couraient dans sa lointaine contrée nordique, et qui lui avaient été rapportés par ses demoiselles de compagnies, à savoir que Geb n'était plus un Maître que de nom, étaient dénués de tout fondement !... Ou à tout le moins, très fortement amplifiés !

Les deux capitaines, qui seuls avaient une épée, les levèrent au passage de la Princesse. Après quoi ils s'approchèrent d'elle, appuyèrent la lame, tour à tour sur la pointe de la botte gauche de Nout, en signe d'allégeance, puis ils vinrent se placer ensuite juste derrière sa monture, attendant qu'elle-même leur donne le signal du départ. Ce qu'elle fit sans plus tarder. Pas une parole n'avait été dite, mais la future Reine pressentait qu'un message silencieux était échangé, et qu'elle était d'ores et déjà admise parmi eux, mieux que son titre n'aurait pu l'y faire parvenir ! Pourtant, le léger voile qui recouvrait son visage pour le préserver de la poussière qui sourdait de partout par ce temps caniculaire, ne l'avantageait pas ! Elle ne pensa même pas à l'ôter comme cela avait été son intention, étant repartie presque immédiatement vers ce futur époux qui lui apparaissait de plus en plus énigmatique !

Une heure à peine de galop plus loin, de nouveaux battements de cœur précipités ralentirent l'allure de la troupe. À quelques centaines de mètres devant, sur ce qui ressemblait à une large clairière, un rassemble- ment soulevait des nuages de poussière. Au fur et à mesure la Princesse vit se matérialiser une foule, au centre de laquelle, seul venant au-devant d'elle, un homme jeune se tenait, bien droit, à pied, tout de blanc vêtu. Sa poitrine se serra soudain, se desserra aussi vite, se resserra encore plus, et son cœur battit soudain la chamade ! Nout se sentit défaillir, bêtement, sans pouvoir se raisonner, et ne se ressaisit finalement qu'en se traitant de tous les noms d'oiseaux du vocabulaire de ses suivantes !

Son cheval, bien éduqué, lui, s'arrêta là où il fallait, à quelques dizaines de mètres de la silhouette masculine si élégante qui la paralysait tant ! Une foule innombrable hurlait ses souhaits de bienvenue, cependant que les deux capitaines, derrière elle, piquaient des deux pour galoper vers leur Roi, se ranger derrière lui et descendre de leurs montures pour le suivre, montrant que leur mission était bien accomplie.

Geb avança à petits pas, vers cette fine silhouette jaune dont un voile formait un halo blanchâtre autour d'un visage divinement beau, qui gonfla de joie la poitrine du souverain. D'une main délicate, la Princesse donna une petite tape sur l'encolure de son étalon, qui comprit parfaitement ce qu'on attendait de lui : il avança de quelques pas à la rencontre du bipède en blanc, sans savoir que c'était le plus grand et le plus beau jeune Monarque du monde vers qui le cœur de sa maîtresse s'envolait déjà ! Il s'arrêta là, jugeant qu'il en avait assez fait, laissant Nout éperdue de honte, oubliant ce qu'elle devait faire ! Que n'était-elle dans son carrosse doré avec ses suivantes !...

Tout ce que le protocole lui avait enseigné afin que la Tradition soit bien respectée, était emporté dans le trouble qui la faisait tourbillonner et qui se transformait à l'intérieur d'elle en angoisse incontrôlable !

Le Roi, quant à lui, ses sentiments étaient moins visibles ! Il se disait surtout en effectuant les derniers pas, que la beauté du visage à peine voilé était mille fois plus sensationnelle que celle peinte sur la miniature qu'il portait sous sa tunique ! Mais il n'eut pas le temps de développer mentalement ce thème, car il se rendit vite compte du trouble intense qui habitait la Princesse et qu'elle avait besoin de son aide.

Sa timidité l'abandonna soudain ; il effectua vive- ment les deux derniers pas qui le séparaient de la bride du splendide cheval. Il la prit fermement d'une main, cependant que de l'autre, levant le bras, il soutint la taille, très fine; de la jeune fille, pour l'aider à descendre doucement vers lui. Après quoi sans plus de façon, plaquant ses deux mains sur les épaules de Nout, il lui donna l'accolade de bienvenue, par-dessus le voile, sous l'ovation délirante de la foule désormais massée autour d'eux et les enserrant de plus en plus étroitement, tous les barrages ayant été rompus !

Indifférent à la cohue indescriptible, le Roi contemplait sa Belle, toujours sous son voile, qu'elle oubliait totalement d'enlever. Sa vue étant embuée depuis un bon moment déjà, elle ne se rendait pas compte de ce trouble - léger - supplémentaire ! La Tradition ayant été respectée par ce baiser, :pour chaste qu'il ait été, signifiait bien pourtant qu'il avait pris Nout comme fiancée, et que plus rien, désormais, ne pourrait briser cette union que Dieu - et Geb - avaient acceptée et qui serait consacrée dans une semaine !

Mais le jeune Roi, en plus, était littéralement tombé sous le charme de cette apparition ! Il n'entendait plus rien alentour, envoûté par le délicat maintien de la jeune fille. Il en avait oublié de lui souhaiter la bienvenue sous la forme du compliment officiel préparé à l'avance... et qui de toute manière apparaissait parfaitement déplacé devant cette réalité éblouissante !

Tout cela était littéralement balayé, d'ailleurs, par le coup de foudre qui, aussi soudainement que le tonnerre éclatant, avait fusionné leurs cœurs, et devant un tel phénomène toute parole aurait été grotesque !

Personne d'ailleurs ne se préoccupait de ce silence qui les réunissait eux seuls, vu le bruit qui régnait partout et les gesticulations d'enthousiasme de tous les autres participants de la scène ! Pour Geb et pour Nout, tout était dans le regard, qui soudait les deux intéressés, et dont les visages, tour à tour, devenaient blancs, puis rouges, presque écarlates, de la teinte des fleurs des flamboyants qui entouraient de toutes parts ce forum populaire.

Un des deux capitaines finit par rompre le charme en approchant à grand-peine les chevaux du Maître et de la Princesse, car il était temps de repartir ; il y avait déjà assez de retard sur l'horaire officiel ! Or, le Palais, s'il n'était plus très loin, nécessitait la traversée de la capitale, et l'on signalait une telle foule !...

Poussant un soupir déchirant, Geb se secoua, reprenant avec difficulté son rôle de Roi. En aidant sa future épouse à remonter sur son cheval, il se rendit tout de même compte avec un orgueil bien masculin de la finesse extrême de la taille de celle-ci : ses deux mains en faisaient le tour complet ! Ce fut à regret qu'il enfourcha ensuite sa monture et donna le signal du départ.

Les cavaliers eurent bien des difficultés pour se frayer un chemin dans la cohue indescriptible, ce qui redonna quelque gaieté au jeune Roi qui voyait sa cote populaire remonter à une allure vertigineuse grâce à Nout ! La foule étant enfin distancée, la Porte d'Airain apparut, semblable aux dizaines d'autres ! Sauf qu'aujourd'hui la garde royale à pied, y attendait le cortège pour le précéder en ville et ouvrir un chemin qui se révélait difficile !

Quatre cents hommes, donc, précédés par les tambours et la musique, qui donnait l'aubade depuis plus d'une heure, ouvraient une marche triomphale. Geb et Nout, côte à côte, suivis par l'escorte de la Princesse, puis par la cavalerie royale fermant le cortège. L'entrée dans Ath-Mer, avec, devant elle sur cette magnifique voie triomphale de six kilomètres de longueur, les quatre cents gardes aux cottes en larges mailles brunes ondulant de droite à gauche au rythme de leurs pas, à la même cadence, fut féerique ! La capitale apparut d'un coup, dans toute sa splendeur, en contrebas, la route descendant ainsi tout au long, une fois la porte franchie. Elle contempla, émerveillée, les milliers de maisons à plusieurs étages en terrasses fleuries, les temples, les palais, ne sachant plus quoi admirer ! Et tout à coup, la foule fut là !... Encore plus innombrable, encore plus enthousiaste ! Son nom était hurlé à gorges déployées, à tel point que cela devait s'entendre au Palais... encore à une dizaine de kilomètres !

Cette réception emplissait d'admiration la Princesse, et de ravissement le Roi. Tous les deux, un peu anxieusement, se demandaient s'ils sauraient se rendre dignes d'un tel honneur, car l'ovation dépassait l'imaginable ! Et ce qui devait se produire, arriva ! Un mouvement de foule plus important bouscula quelques gardes qui reculèrent, bloquant net la monture de Nout, qui, en s'agrippant à la crinière... vit son voile tomber ! S'apercevant seulement alors qu'elle l'avait eu jusque-là sur son visage, et que le Roi ne l'avait pas encore vue la face découverte, elle se redressa en un immense éclat de rire enfantin, inextinguible ! Et ce qui aurait pu être un incident, dégénéra en un rire de ravissement général et un déferlement d'enthousiasme devant la radieuse beauté qui leur apparaissait ainsi.

Geb et Nout furent entourés de toutes parts sans que la garde y put quelque chose ! C'était à qui embrasserait les bottes de l'un, et la tunique de l'autre ! Le Roi colla sa monture contre celle de la Princesse afin de la protéger un peu, cependant que la cavalerie arrivant auprès d'eux les dégageait en riant, avec un minimum de rebuffades. Enfin, ils purent poursuivre leur route !

Le charme juvénile et si spontané de la si jolie jeune fille du Nord, faisaient son office miraculeux sur tous, agit aussi par réciprocité, sur le Roi, futur époux. Celui-ci se demandait même avec angoisse si ce n'était pas un rêve merveilleux dont il serait un acteur hélas fictif : il se pinça ! S'étant fait mal, il eut un heureux sourire pour sa sottise ! Il vivait, et il était *vraiment* le plus heureux des hommes !

Tous les regards qu'il croisait, de ce peuple en effervescence, lui montraient la ferveur de chacun en particulier. Il regarda donc de front « son » apparition féerique, qui ressemblait à une déesse survenue inopinément pour l'aider à surmonter les difficultés nombreuses qui les attendaient sur leur route commune. Et il comprit la miséricorde de Dieu à son égard, qui permettait à son existence de mortel, pour mouvementée qu'elle puisse devenir, de ne pas être catastrophique dans le présent ! Il regretta même un court instant d'avoir refusé de l'épouser quelques années plus tôt lorsque l'occasion s'en était présentée ! Il semblait que son amour dévorant se soit propagé de même instantanément parmi toute la population !

Il fallut encore une bonne heure au milieu d'un délire total et émouvant, en se frayant continuellement le chemin au travers de la marée humaine, avant de parvenir à la porte monumentale du Sud, dédiée à Ptah parce que conduisant au Temple-Dieu du Palais Royal, tout édifiée en électrum indestructible. Puis le cortège emprunta la route reliant cette porte à l'entrée du domaine, plate et lisse, toute en belle latérite rouge, admirable de conception et de construction, ce qui en facilitait grandement l'entretien. Le chemin en fut d'autant plus rapidement parcouru, que les gardes à pied cédèrent la place aux cavaliers pour ouvrir la route. Dès l'arrivée sous l'imposant portique de douze mètres de haut, les cavaliers de bronze se rangèrent le long de l'allée donnant accès aux jardins, en une dernière salutation d'honneur impeccable.

Geb et Nout franchirent l'arche monumental l'un près de l'autre, les cavaliers empêchant la foule de suivre l'escorte princière dans le Palais Royal avant le jour fixé pour la bénédiction nuptiale, soit exactement le huitième jour qui suivrait celui-ci.

La Princesse contemplait les jardins, oubliant le reste, ne sachant plus qu'admirer parmi ces arbres multicolores et ces plantes de toutes formes ! Ensuite apparurent les ruissellements des innombrables richesses qui transparaissaient des édifices accolés les uns aux autres, et qui formaient le Temple-Dieu ! Elle ne pouvait en croire ses yeux !...

La jeune fille ne savait pas encore, mais les Archives ne tarderaient pas à le lui apprendre que ce nom de la capitale : « Ath-Mer », avait d'abord été celui de l'endroit où elle parvenait : « Le-Cœur-Aimé ». À l'Origine de la première construction, bien plus petite au centre de l'ensemble actuel du temple, était la Demeure de l'Aimé : le Fils-de-Dieu. C'était là qu'il habita réellement tant qu'il fut présent pour enseigner au peuple comment devenir une humanité capable de se gouverner, aidée par les Commandements Divins.

Mais dès les générations suivantes, les descendants directs de l'Aîné, se marièrent avec des mortelles, qui n'eurent bientôt plus que leur parcelle Divine, l'Âme, pour les relier à leur Créateur. Aussi, le Temple ne fut plus qu'un lien, et non plus la Demeure du Fils. Ils ne voulurent plus y habiter, et se firent construire des Palais somptueux, à côté du lieu de recueillement. Ainsi, dès qu'un nouveau « Maître » succédait au précédent, le Palais devenait plus fastueux et plus grandiose, *afin de rester toujours le premier « Homme » du Royaume après Dieu !* Ce qui nécessitait également des embellissements successifs au Temple-Dieu ! C'était leur manière de prouver leur filiation Divine, et peut-être une façon de se faire pardonner leur vie luxueuse...

Au fil des siècles, plus de trois cents « Maîtres » débutèrent leur règne avec cette pensée première : avoir un plus beau Palais que celui de leurs prédécesseurs ! Et dans le même temps, plus de trois cents Pontifes inspirant les Maîtres sur la meilleure façon de rendre plus admirable qu'auparavant la Demeure de Dieu !

Le résultat, dix millénaires plus tard, en était cette immense cathédrale, œuvre collective sans cesse agrandie, embellie, augmentée de joyaux de toutes sortes ! Ce Temple-Dieu, Merveille des Splendeurs, était entouré de toutes parts d'édifices imposants, suites de constructions rutilantes de ce qu'Aha-Men-Ptah possédait de plus rare, et dont l'ensemble formait une véritable ville sous la seule dénomination de Palais Royal, au sud de la capitale, et séparé de celle-ci par un bois et des jardins que quatre-vingts spécialistes de « la Terre et de la Mesure » entretenaient avec un Art inspiré de l'Harmonie, sur les trois côtés possibles : à l'est et à l'ouest, ainsi qu'au nord, vers ta capitale donc.

Quant à la partie située au sud, elle descendait en pente douce vers le bras de mer. Un gazon toujours verdoyant y était régulièrement entretenu par des coupes à la serpe, plus allongée et plus ovale que celle coupant l'orge ou le blé. Par beau temps, ce qui était presque quotidiennement le cas, des diverses terrasses des appartements situés dans cette aile, il était possible d'admirer, au-delà du bras de Gaddir et de la « Bouche de la Fente », la mer Orientale, plus verte que dans le détroit. C'était d'ailleurs dans cette partie du Palais que Nout arrivait enfin, accompagnée de sa suite.

Chapitre Neuvième

LA REINE NOUT

> *Le ciel rougit déjà des péchés commis dans le débordement des mœurs ! C'est le prélude au flamboiement du jeu céleste. Plus rien n'est sain, ni sage, en Aha-Men-Ptah ! Tous ses États sont infectés par l'impiété et le blasphème !... Hélas ! Le Temps du Grand Cataclysme est très proche ! Temps terrible : ô suspend ton vol ! Ton rugissement venant du Lion, brisera même la force du lion !*
>
> Les Quatre Temps
> *(Temple de la Dame du Ciel, Denaërah)*

Durant la semaine qui suivit, la nervosité l'emporta sur l'enthousiasme ; le Roi travailla sans discontinuer, fébrilement, bien épaulé par son père Ahou. Le seul moment de détente qu'il se permettait, était la pause de la mi-journée. Là, tout en mangeant, Geb avait le loisir de contempler sa belle fiancée, mais ce trop court laps de temps ne favorisait guère les petits épanchements verbaux qui permettent de se mieux connaître. Néanmoins, le jeune Monarque s'aperçut que la jeune princesse belle et sage, était aussi d'une grande intelligence.

Cette perfection ne l'aurait pas surpris s'il avait su que la fille aînée du Pontife avait elle-même inculqué à son amie Nout, de précieuses notions diplomatiques ! Ayant été élevée avec son frère bien que ne pouvant accéder à la prêtrise, elle avait acquis certains préceptes solides, qu'elle s'était empressée d'enseigner à la future Reine. Comme celui qui consistait toujours et en toutes circonstances, à savoir apparemment rester légèrement inférieure à son époux. Étant non seulement le « Maître », mais aussi un « Fils de Dieu », son épouse ne devrait jamais le contester de front, étant l'Arbitre, le Juge de tout et de tous.

Ce qui ne voulait pas dire pour autant que, dans le privé, la meilleure solution d'un problème pouvait lui être démontrée, avec le sourire, et de manière à ce que cela apparaisse comme venant de lui, surtout si le résultat obtenu était plus équitable !

Dans son Grand Nord, cette conception de l'égalité ne l'avait pas très choquée, d'autant qu'elle se considérait comme une simple mortelle par rapport à ce futur époux déifié. Depuis qu'il lui était apparu et qu'elle avait trouvé ce regard si émerveillé et si brûlant, il était devenu son dieu, à elle seule ! Et il n'était plus question de lui disputer une primauté quelle qu'elle fut ! Comme il ne restait que deux jours avant le mariage, l'apogée religieuse de cette cérémonie faisait tourbillonner autour d'elle une multitude de spécialistes qui s'affairaient !

Geb, ce jour-là, décréta qu'il y aurait quatre journées complètes de festivités et de liesse populaire à la suite de la bénédiction nuptiale, ce qui provoqua l'euphorie quasi générale de la population dès la veille de la cérémonie.

Or, il advint que ce jour-là, justement, se produisit un événement capital, narré par toutes les Annales, et qui constitua l'Origine de la nouvelle chronologie des futurs « Aînés » qui peuplèrent l'Égypte : Ath-Ka-Ptah !

Il concerne la Princesse Nout, qui, chaque jour, le repas de midi et son court dialogue avec Geb terminés, sortait effectuer une promenade digestive en compagnie de quelques-unes de ses suivantes. Quelques gardes royaux et un officier suivant le groupe de loin.

Le jour précédant le mariage, la future épousée marcha plus longuement, s'enfonçant au plus profond du bois faisant suite aux jardins, tant et si bien qu'elle parvint, suivie de ses demoiselles de compagnie et du groupe des gardes, à un petit pont de bois qui donnait accès au Nahi : l'île Sacrée des Sycomores, où seul le « Maître » pénétrait, car c'était en cet endroit qu'il dialoguait avec Dieu. La Princesse connaissait la consigne, naturellement, mais elle était tant énervée de l'attente de l'événement du lendemain, et peut-être, assez fatiguée de la longue marche tout autant que curieuse de voir l'endroit, qu'elle se sentit comme poussée par un démon !

Et survint l'Extraordinaire Aventure qui allait bouleverser profondément non seulement l'Histoire religieuse et politique du continent, mais l'histoire d'amour de Nout et de Geb ! L'Extraordinaire parut évidemment incroyable *après* ! Et pourtant, aussi incroyable qu'il le fut, cet extraordinaire-là permit aux Temps Antiques de franchir le seuil critique de l'après Grand Cataclysme, pour survivre malgré tout, puis de repeupler une seconde Patrie aimée de Dieu. La Princesse, ne sachant rien de ce qui allait survenir, s'apprêtait donc à mettre un pied sur le pont de bois qui enjambait la rivière, lorsque l'officier essoufflé de sa course pour arriver avant le sacrilège, s'interposa du plus respectueusement qu'il le pût, en tentant d'expliquer, ce qu'était ce Nahi, cette île aux Sycomores, les arbres Sacrés, dont le plus vieux, celui qui, disait le Pontife, était au sommet de la colline le plus âgé des arbres du monde, l'An-Nahi. C'était à son ombre que les « Maîtres » successifs avaient dialogué avec Dieu.

Un splendide sourire distendit les lèvres de Nout, dédiant en plus un regard aussi chaleureux qu'innocent au militaire embarrassé ! Le pauvre homme en rougit de honte, maudissant son audace, qui lui montrait après coup qu'il n'était que poussière ! Rien ne l'autorisait à s'interposer contre les désirs d'une déesse... Celle-ci prit pourtant un ton enjôleur pour faire remarquer à son interlocuteur qu'en tout état de cause, elle serait Reine dès le lendemain, c'est-à-dire l'égale de son époux, ajoutant ainsi à ses titres personnels, celui de : « Divine-Suivante ». Rien ne s'opposait donc à ce qu'elle aille méditer en paix, elle aussi, la veille de son union officielle, avec Dieu. Elle s'y rendrait seule, sans ses suivantes, et tous attendraient son retour là !

Le pauvre gradé n'avait jamais appris, hélas pour lui, ce qu'il convenait de faire lors d'un tel dilemme ! Cette situation cornélienne avant l'époque, le dépassait largement ! Comme la première chose qui lui sautait aux yeux était l'évidence que la Princesse ne risquait rien sur le Nahi, où aucun être humain n'aurait jamais osé s'aventurer, il secoua la tête en signe d'impuissance. Il se recula d'un pas pour la laisser libre de disposer d'elle-même vis-à-vis de Dieu, si toutefois celui-ci ne voyait pas d'obstacle, quant à Lui, à cette intrusion.

L'officier sentit en lui comme un déchirement en regardant la jeune fille s'éloigner, seule. Il pensa, résigné par avance, aux retombées lorsque le Maître apprendrait cette escapade ! Le commandement au Palais lui serait certainement retiré ! Les demoiselles d'honneur le calmèrent par leurs rires insouciants et la galanterie reprit le dessus.

Au fur et à mesure que ses pas la portaient en avant, Nout sentit un calme étrange s'emparer d'elle. Le pont franchi, elle sut que sa volonté n'était plus seule en cause : c'était comme un rêve prémonitoire qui se réalisait ! Quelque chose de « déjà » vécu, de terrible, mais qui devait se produire inéluctablement...

Elle avança mécaniquement, mettant une jambe devant l'autre en les regardant aller ainsi, comme si elle n'y était pour rien ! Elle s'enfonça dans le Nahi, se dirigeant vers le terme de *sa* route, la fin d'un voyage...

Le chemin montait, en serpentant autour d'une colline centrale, énorme tertre, encerclé d'un lacet en pente douce. Parvenue au sommet, l'énorme sycomore, bien plus gigantesque que tous les érables qu'elle avait jamais vus, frappa ses yeux d'une lueur étrange ! L'arbre était tellement imposant, dans sa domination, qu'il émanait de la solitude qui l'entourait, une majesté Divine indéniable ! Il n'y avait aucun doute possible quant à la sérénité que devaient retrouver les « Maîtres » sous son feuillage lorsqu'ils désiraient « dialoguer » avec Dieu.

Invinciblement, cet arbre l'attirait vers lui, et elle n'aurait pas pu s'empêcher de franchir les quelques mètres qui l'en séparaient encore, même si elle l'avait voulu ! Plus rien ne pouvait lui faire rebrousser chemin, et par conséquent contrecarrer le nouveau cours que l'Histoire de la Terre allait prendre !...

Nout n'avait plus aucun doute sur la Force qui la poussait là, mais cela ne l'aidait en rien à résoudre le « Mystère », car elle était seule, et le silence était total. La peur se saisit d'elle subitement, et son corps trembla, car elle ne comprenait pas ce que la Divinité voulait d'elle, petite mortelle somme toute insignifiante, malgré le rôle d'épouse du Roi qui allait être le sien. Car elle était bien venue « pour quelque chose » !

Elle se redressa le plus qu'elle put, en fière Princesse nordique, assez désemparée au fond d'elle-même, de ne rien voir, de ne rien entendre : *de ne rien savoir !* Pour se rassurer, elle murmura : « Je suis là, Dieu de l'Univers... » Mais aucun son ne lui parvint en réponse ! Elle se dit qu'étant trop jeune pour avoir beaucoup péché en quoi que ce soit, ce ne pouvait être la petite infraction de cet après-midi qui l'avait amenée là, et à son corps défendant, qui empêchait Dieu de dialoguer avec elle. Ou alors c'est qu'elle avait été sottement imaginative, et qu'il n'y avait rien ni personne !...

Un peu lasse, et étourdie par son incompréhension des événements, la jeune fille se laissa choir sur l'herbe épaisse et tendre qui poussait drue jusque sous le tronc de l'énorme sycomore. Elle eut beau tendre l'oreille, et l'âme particulièrement réceptive, « rien » ne communiquait avec son esprit tendu !

De fatigue, elle appuya un peu sa chevelure contre l'écorce du magnifique tronc, si vieux et si accueillant. Du même coup, sa tête entière reposa contre l'arbre, et tout entière, corps et âme, elle connut instantanément la Paix avec le monde extérieur ; ses yeux se fermèrent sans qu'elle s'en rende compte !

Sombrant dans un sommeil irréel, Nout n'eut pas le temps d'analyser ce qui se produisait, car son étonnement se changea en frayeur lorsqu'une clarté aveuglante, irradiante, l'enveloppa toute, la pénétrant de toutes parts à la fois. Ayant l'impression de se consumer, l'effroi le plus intense se saisit d'elle, mais elle ne put ouvrir la bouche pour hurler ! Elle se réduisait en cendres, se liquéfiait, tout en vivant malgré elle le jour le plus radieux que la Terre eût connu depuis son Origine !...

Malgré le calme qui, curieusement, l'habitait, elle tenta d'ouvrir les paupières ; elle ne pouvait pas même remuer les cils ! Affolée d'être paralysée, elle se sentit sombrer dans l'inconscience, lorsqu'une Voix, au fond d'elle-même, très ferme, mais infiniment douce et rassurante, lui dit « distinctement » : « Mon fils Ousir est désormais dans ton sein ; ne crains rien à ce propos, car tu es fille de mon premier enfant : tu es celle que j'ai choisi pour m'aider à sauver encore une fois les hommes malgré eux ! Ousir sera le signe de ma Puissance et de ma Bonté. Toi, Nout, tu en seras la mère vénérée ; tu apprendras à Ousir, par les paroles que tu prononceras, que mon Cœur est en lui, et que mon Âme sera toujours avec la sienne pour qu'il exerce son pouvoir souverain... Ainsi soit-il fait ! »

Incapable d'émettre le moindre son, et encore moins de coordonner ne serait-ce qu'une pensée cohérente, la Princesse ne put qu'enregistrer les propos, sans émettre de réponse : la « Voix » lui annonçait qu'elle aurait un enfant Divin ! Bien !

Une question, cependant, se fit jour en elle avec une telle acuité qu'elle en fut littéralement frigorifiée malgré la chaleur qui continuait de la baigner : qu'adviendrait-il d'elle, qui, le lendemain, devait devenir l'épouse de Geb ?... Que dirait le « Maître », en apprenant la réalité, qu'elle ne pourrait cacher, et qu'elle ne pourrait pourtant pas raconter ?...

L'Éternel entendit cet appel muet et désespéré, plein d'une détresse infinie mais non de rébellion ! Dieu décida de lui venir en aide sur-le-champ. Un large rayon de Soleil filtra depuis la cime du gigantesque sycomore jusqu'à la plus basse des branches, inondant la jeune Princesse désemparée d'une luminosité apaisante. Et la « Voix » parla de nouveau, dans cette aura silencieuse qui l'entourait : « Ne crains rien, Nout ; lève-toi en paix, et retourne vers celui qui t'est destiné. Il va recevoir ma Parole ; après Ousir, votre descendance à tous les deux fournira encore les premiers rameaux du Bien et du Mal qui sont indissociables sur la Terre. Ce sera une nouvelle fois à l'Humanité d'effectuer librement son choix ! En attendant, retourne vers Geb qui accourt déjà vers toi ! »

Ses yeux s'ouvrirent : autour d'elle la pénombre avait repris possession du bas feuillage du sycomore. Nout, un peu étourdie, se leva et fit un pas mal assuré avant de retrouver pleinement son équilibre. Elle repartit vers le petit pont de bois, très anxieuse de ce qui l'attendait, à présent que la réalité reprenait tous ses droits !

Entre-temps, Geb, qui venait d'entériner de sa signature les nombreux actes promulguant, par décrets officiels et Divins, que son épouse serait à partir du lendemain son égale, dès le mariage public accompli, et sa « Suivante », dès la bénédiction de l'An-Nu célébrée, se retrouva solitaire, un court instant, avant de se rendre à son dernier repas de célibataire, auquel il avait convié quelques jeunes notables de son entourage.

Avec un sentiment béat du devoir accompli, il se laissa glisser au fond de son large fauteuil de travail, en ébène sculpté rehaussé d'incrustations d'ivoire de défense de mammouths, tassant sous lui les coussins duveteux. Il ferma les yeux pour songer à la journée du lendemain, où, à la même heure, Nout étant effectivement sa femme devant Dieu et devant les hommes, plus rien ne les séparerait !

Ce fut à ce moment précis, qu'impérieusement, la « Voix » pénétra l'Âme du jeune Roi, bouleversant le rythme allègre de ses pensées, avant de changer la vie elle-même du Monarque ! « Geb ! Écoute mes paroles, qui sont la Vérité ! Les temps sont révolus où l'Humanité présente pouvait être sauvée. Je t'ai choisi : toi, pour élever mon Fils ! Il deviendra le Guide qui enfantera le Sauveur des rescapés du Grand Cataclysme le Temps venu ! »

Le jeune Monarque, ne pouvant ouvrir les paupières, sentit qu'il sursautait de surprise à plusieurs reprises durant ce monologue ahurissant, ayant « reconnu » la Voix de Dieu, et se demandant anxieusement s'il avait bien compris le sens de la phrase parlant « du Fils » ! Ce que la Voix confirma avec une précision qui l'ulcéra profondément ! « J'ai conduit les pas de Nout jusqu'au Nahi, sous le Sycomore, afin qu'Ousir prenne place à son heure dans le mouvement des Âmes, car rien ne peut plus désormais être changé par l'Homme face à l'Éternel, sinon la face de l'Éternel ! C'est pourquoi Nout a été touchée de ma grâce, et qu'il te faut devenir son époux, afin d'assurer à la Terre une descendance humaine : une seconde Âme ! »

Tout en essayant de se convaincre qu'il ne s'agissait que d'un mauvais cauchemar, Geb restait dans l'incapacité d'ouvrir les yeux ! Comme le temps pressait, la « Voix » conclut : « Ne te tourmente plus ; toi qui deviendras le plus Sage et seras considéré comme né de la terre et ayant enfanté toute la Terre, subis ce que tu penses être une épreuve, comme la nécessité qu'elle est devenue. Nout te reviendra ensuite, aussi aimante ! Et afin de te donner un signe de la Divinité d'Ousir, il naîtra soixante-douze jours avant le terme normal de la naissance. Tu auras ainsi la certitude formelle que ton épouse est entièrement digne de ton amour. Lève-toi et cours au-devant de la bienheureuse, qui est très bouleversée. Ramène-la parmi les vivants en la rassurant sur tes intentions. Sa peur est terrible de devoir t'annoncer une faute qu'elle n'a pas commise ! Cours vers elle ! En vérité je te le dis : jamais épouse ne fut aussi digne de ton amour ! »

Instantanément, le jeune Maître ouvrit les yeux et redevint libre de ses mouvements. Il se rua hors de la pièce, bousculant des invités qui devisaient gaiement dans les couloirs du Palais au sujet des diverses festivités du lendemain ; malgré la chaleur, il était aussi blanc de visage que l'était sa tunique ! Il courut aussi vite qu'il le pouvait sur l'allée menant au bois et au Nahi, sans même s'être demandé si la Princesse s'y trouvait bien ! Geb était persuadé de la véracité des faits, bien que ceux-ci fussent extraordinaires ! Et la Sagesse lui enjoignait de se rendre compte sur place, par lui-même, seul !

Il parvint ainsi jusqu'au petit pont, échevelé, haletant de sa course, au moment où les suivantes, inquiètes de la longue absence de leur Princesse, demandaient à l'officier de faire prévenir le Maître. La peur de commettre un nouvel impair lui fut épargnée. La vue du Monarque les calma tous, d'autant que celui-ci, reprenant une allure digne de son rang, gardait cependant une rigidité d'expression de mauvais augure !

Au même instant, Nout apparaissait également au détour du chemin venant du Nahi, marchant à pas lents, hésitants, avec un air très troublé. La voyant ainsi de loin, Geb comprit sur-le-champ la « réalité » du songe qu'il avait eu au Palais, et il renvoya impérativement gardes et suivantes avant qu'ils ne s'aperçoivent de quelque chose. Il tenait à être seul avec Nout lorsque celle-ci, qui traversait le petit pont, parviendrait auprès de lui.

Sans demander leur reste, tous partirent, ne tenant nullement par ailleurs, à assister en témoins à ce qu'ils pensaient devoir être une forte réprimande royale pour avoir désobéi en allant dans l'île Sacrée. Ce fut donc en un tête-à-tête dramatique que Nout et Geb se retrouvèrent !

Les Annales qui nous sont parvenues, à vrai dire, ne donnent guère de détails sur le dialogue douloureux qui eut lieu durant ce pénible retour au Palais.

Peut-être les premiers cris et les premiers pleurs calmés, les deux jeunes gens firent-ils le parallèle entre leur cas et celui de leurs très anciens cousins, qui, des millénaires auparavant, s'appelaient déjà comme eux, et dont le premier-né avait été Ousir, l'Aîné-de-Dieu !...

Ils étaient donc en quelque sorte, eux, les nouveaux Nout et Geb, prisonniers des Traditions, qui seraient les parents de la « *Seconde Âme d'Aha-Men-Ptah* » ! Ces coïncidences n'en étaient pas : les faits étaient écrits de longue date dans les « combinaisons » des astres, et leur étaient bien prédestinés ! Ils en étaient donc les victimes involontaires et malheureuses, quoique bénies... C'est ce qu'ils durent se dire l'un et l'autre, vraisemblablement, durant leur triste retour.

Dès leur arrivée au château, la Princesse se consigna dans sa chambre, en priant sa servante de ne point la déranger ; elle voulait être seule pour pleurer à son aise, car elle avait bien vu que Geb n'était point convaincu de la nécessité de l'épouser après ce qui était arrivé. Sa bonne foi n'était pas en cause dans l'esprit du jeune Roi, mais il avait pensé vivre avec sa femme dès le lendemain, et la cruelle souffrance qu'il éprouvait le rendait amer et injuste ! Mais que pouvait-il faire d'autre que la laisser dans sa solitude ? Il avait beau avoir les plus lourdes responsabilités, et la charge de plusieurs dizaines de millions d'âmes, il n'avait que vingt et un ans, et il aimait Nout à la folie, comme un simple mortel ! Or, elle attendait un Fils Divin auquel il lui serait très difficile de donner sa bénédiction !

Le « Maître » s'était donc fait excuser auprès de ses amis, pour son absence au repas qu'il aurait dû présider avec tant de fougue et de gaieté ! Il venait d'avoir un malaise consécutif aux divers surmenages de ces derniers temps, ce qui avait conduit l'An-Nu à prescrire un repos total jusqu'à la cérémonie du lendemain. Le Pontife, mis au courant des faits, ne sembla ni inquiet pour la suite des événements ni surpris de ce qui s'était produit. Néanmoins, là non plus, les Annales ne donnent point de détails sur le dialogue de ces deux surhommes concernant Dieu.

Toute la nuit, solitaire et éveillé, Geb soliloqua avec sa conscience, sur la conduite qui serait la sienne le lendemain, et qui variait selon les heures ! Lorsqu'il croyait être parvenu à la décision de la rupture et de la répudiation, il « voyait » en superposition sur ses rétines, la jeune et jolie Nout tendre vers lui deux mains suppliantes et un visage inondé par les larmes de l'innocence !... Et lorsqu'il était près de céder à cet appel, il « voyait » ce Fils qui n'était pas le sien !...

Des ovations sans fin lui emplirent les oreilles, l'éveillant ainsi en sursaut du sommeil pesant et agité qui avait fini par vaincre ses doutes aux premières lueurs de l'aube. Il faisait donc grand jour et il se leva vivement. La joie n'emplissait guère son cœur, en ce matin qui aurait dû être le plus rayonnant de sa vie !

Dire qu'en cette huitième heure, alors que les grilles du Palais étaient toutes grandes ouvertes, afin que le peuple en liesse vienne hurler sa vitalité et son allégeance, comme le voulait la coutume, sous la terrasse où devaient apparaître Geb et Nout, ensemble pour la première fois, le Monarque ne savait pas encore quelle décision prendre !

Les gardes royaux, pendant ce temps, affichaient des sourires satisfaits, la foule ne piétinant pas trop les bordures de fleurs, prête cependant à rester agglutinée des heures durant, pour entrer en premier au Temple-Dieu. Mais les curieux continuaient d'arriver et, au début de la neuvième heure, les jeunes futurs époux n'ayant point encore paru, le peuple envahit non seulement les allées, mais les pelouses, puis les jardins ! La marée humaine s'installait au moindre endroit disponible. Car après la présentation royale, qui ne saurait tarder, il y aurait encore trois heures à patienter avant que la cérémonie ait lieu.

L'emprise malfaisante qui empêchait le Roi d'agir cessa brusquement. Il se rendit compte qu'il lui était impossible de refuser cette union prévue de longue date, tout simplement parce qu'il aimait Nout ! Il haussa ses épaules, vaincu par lui-même, pour redevenir le fier Monarque qui supporterait cette épreuve supplémentaire parce qu'elle était nécessaire. Il n'avait que trop tardé. Il appela donc son Conseiller, qui survint sur-le-champ, ayant veillé toute la nuit dans l'antichambre !

L'inquiétude qui se reflétait sur les traits de l'homme, montrait bien à quel point les proches, qui avaient assisté à son retour et constaté sa défection au repas qu'il avait lui-même proposé, avaient marqué a nuit. Le vieux monarque Ahou, prévenu dès le soir, n'était parti se coucher qu'à regret, sans avoir osé déranger son fils pour tirer au clair le drame qui semblait s'être produit.

Ce ne fut qu'au matin que l'An-Nu mit au courant e père de Geb, peu de temps avant que celui-ci ne se décide à appeler. Aussi le conseiller devint-il le messager vital, et sa sortie fut-elle guettée avec une inquiétude très vive.

Dieu avait décidé de terrasser le jeune Souverain par le sommeil, pour qu'à son réveil il ne puisse plus reculer ! Ce qui se produisit, la foule attendant en hurlant sa joie pour l'événement qu'elle avait tant attendu ! Le peuple exigeait même par ses cris, une parution immédiate des deux futurs époux. Et Geb, pris dans un engrenage qu'il ne pouvait plus arrêter, et qu'il n'avait en fait pas du tout envie de stopper, s'inclina ! Ce fut avec un infini soulagement qu'il prit cette décision, estimant avec l'ardeur juvénile de sa jeunesse, que le sort qui s'était acharné à lui gâcher son mariage et à faire d'eux les instruments de la puissance Divine, était injuste mais inévitable !

Aussi ordonna-t-il au Conseiller tremblant, de prévenir la Princesse de se tenir prête en robe de cérémonie le plus vite possible, car il irait la quérir avant a fin de cette heure.

Avec un intense soulagement le conseiller se retira à reculons, et donna la bonne nouvelle en passant dans l'antichambre à l'ancien Monarque et à sa femme accourue. Déjà les quatre prêtres servant le jeune « Maître » entraient dans la chambre pour le vêtir en vue de la cérémonie, et le plonger auparavant dans un bain minéralisé et aromatisé. Le jeune loi s'y plongea avec délices.

Débarrassé de ses impuretés, la barbe bien taillée, il se laissa revêtir de la tenue d'apparat des « Maitres » : celle qu'avaient porté son père et son grand-père avant lui pour se marier, et bien d'autres générations de Monarques ! La tunique, tressée de fils de lin très soyeux et de fils d'or et de pourpre entrelacés paraissait encore neuve ! Sur le devant, resplendissant d'une brillante luminosité, à hauteur de la poitrine, se trouvait, brodé par des artistes, le symbole d'Aha-Men-Ptah : la Croix-de-Vie en fils d'or sortant d'un Cœur pourpre.

En l'endossant, Geb devenait le 588e successeur de l'Aîné, car seule son épouse lui permettrait de donner ensuite un nouveau porteur à cette Tunique. Il sourit amèrement en songeant que, précisément, cette fois, ce ne serait pas son fils qui deviendrait le prochain Maître ! Il se redressa bien vite, car ses servants l'attendaient pour le précéder jusqu'à l'appartement de la Princesse.

L'An-Nu, l'ancien Monarque et son épouse, patientaient devant la porte, et ce fut une petite procession solennelle et un peu guindée qui suivit le corridor menant à la terrasse sud. La Future Reine resplendissait d'une beauté triste, infiniment poignante, rehaussée par cette robe diaphane si pure de ligne. Nout s'appuyait sur le coude droit de celui qui serait très bientôt son époux. Dieu désirait cette épreuve, mais elle fortifiait son amour et espérait de toute son âme que le reste s'arrangerait avec le temps !

Lorsqu'ils apparurent sur le balcon dominant les pelouses et les jardins, sur cette terrasse dite des « Quatre Temps », ce fut un délire général ! Un Soleil magnifique brillait de tous ses feux aveuglants, les rayons dorés se jouant dans la blonde chevelure de la Princesse, et créant une sorte d'aura qui entourait le beau visage. Cet aspect d'une divinité fut perceptible par les quelque quatre cent mille personnes rassemblées sur plusieurs hectares et qui toutes perçurent le phénomène et poussèrent des cris d'étonnement et d'admiration ! Leurs ovations furent entendues jusque dans la capitale, où la grande foule s'apprêtait seulement à venir au Palais pour la bénédiction.

En contemplant à son tour cette multitude bariolée étalée à ses pieds, Geb comprit, en entendant ces « vivats » de plus en plus scandés et de plus en plus puissants, que l'avenir qui commençait pour eux deux, pourrait vraiment débuter lorsque « ce qui devait s'accomplir, le serait » ! Il se promit, face à son peuple, et face à Dieu, qu'après « l'événement », il tenterait de reconquérir son épouse !

La cérémonie eut lieu, cette fois, dans le Temple archicomble, comme aux plus beaux jours, tels que les Annales n'en dénombrèrent que deux ! Plus d'un million d'âmes, dont les neuf dixièmes piétinaient à l'extérieur, communiaient cependant avec les différents rites de la bénédiction Pontificale, car la sonorité avait été étudiée pour que les paroles prononcées à un certain endroit de la nef centrale se répercutent en certains autres lieux, où la voix prenait de l'ampleur dans divers axes architecturaux, et s'entendait très bien assez loin à l'extérieur.

Peu avant l'achèvement de la douzième heure, la cérémonie nuptiale s'achevait en ce 2 août 9843 avant le Christ. « Geb et Nout étaient unis pour l'éternité et nul ne pouvait plus défaire ce que Dieu avait béni. »

Ce que le peuple, par contre, ne voulait toujours pas admettre, était la fin proche du continent ! Et l'An-Nu songeait amèrement que les Temps étaient révolus ! À peine cinquante et un ans de survie à ce merveilleux pays qu'était Aha-Men-Ptah !

Ceux qui, égoïstement, réfléchissaient quelquefois sur le bien-fondé de cette « croyance ancestrale », ne se disaient nullement concernés par le « surmenage » et l'excitation des antiques « Sages » qui, ayant vu un petit déluge dans le nord, en envisageaient un plus grand pour la nuit des temps ! C'était une imagerie de la « prêtrise », pour accréditer la croyance et l'observance de commandements qui en découlaient. Et les nombreux « athées » de cette période, jugeaient inepte ce qui était valable dans le Passé ! Chacun dans ce présent-là était libre de se conduire comme il le pensait, ne se rendant nullement compte, ils s'enchaînaient à des idées les menant à leur perte !

Rien n'allait donc plus selon l'éthique Divine, mais s'accordait aux uniques besoins humains, dont la meilleure loi devenait irrémédiablement celle du plus fort ! En regardant tous ces visages, Geb se demanda anxieusement s'il pourrait les ramener à de meilleurs sentiments. Or, ce fut un cuisant échec, qui le marqua dans la suite des événements. Le temps des festivités passé, les œillères reparurent et l'inconscience devint incurable !

Le jeune Monarque avait pourtant eu largement l'occasion de méditer, car si apparemment, la vie au Palais Royal était normale, la vie commune du maître et de son épouse était inexistante ! Sauf en de très rares occasions officielles, le Roi jugeait préférable de laisser sa femme avoir « ce » fils hors de sa présence. Comme d'autre part la situation politique s'envenimait dans d'autres Provinces, Geb avait bien des prétextes pour étaler sa mauvaise humeur ! Mais Nout, qui devenait plus femme de jour en jour, souffrait de cet éloignement, qui la laissait désemparée et d'une tristesse infinie.

La jeune femme se rendait pourtant compte de ce que la situation qui était la leur avait de gênant pour son jeune époux, et se confiait-elle au seul ami véritable qui pût être son confident : l'An-Nu. Il la consolait d'autant mieux, que pour lui, le Pontife, il était évident que la Reine, cette fois, n'était pas uniquement une « Suivante » mais une « Élue » de Dieu ! Aussi lui contait-il, afin de détourner son attention sur la vie d'Aha-Men-Ptah, les vicissitudes des Princes qui, de retour dans leurs États, avaient eu bien des soucis ! L'un d'eux, même, avait imité le Maître en levant une armée ! Pour la première fois, un régiment militaire existait, entraîné à se battre contre des hommes !... Ailleurs, d'autres Conseils désobéissaient d'autres manières, sapant l'Autorité centrale ! Geb pouvait bien être morose !

Depuis la veille, à Ath-Mer, des clans de bourgeois récriminaient hautement au sein de la Cour de Justice contre le Pouvoir ! Or, c'était ceux-là même qui, originellement, manifestaient le plus grand attachement au Trône ! Des impôts avaient été levés, afin d'accélérer la construction d'une nouvelle tranche de « Mandjit », ces embarcations insubmersibles, qui par milliers permettront de s'échapper au dernier moment des ports encore sous dépendance gouvernementale ! Mais cet Exode devenait de plus en plus odieux à la couche « cultivée » de la population : l'idée même en était autant insupportable qu'indéfendable ! Ce mot même, avec son image de départ obligatoire en toute hâte vers une terre devenant une seconde patrie : un Second Cœur ne faisait plus rire du tout, mais soulevait les cœurs populaires d'indignation !

Plus de dix millénaires avaient passé depuis le petit déluge - véridique lui - qui avait précisément ravagé les territoires du nord de l'actuelle Reine Nout ; mais pourquoi fallait-il cent siècles après, que la vie entière du Royaume soit paralysée entièrement, et son commerce extérieur totalement bloqué ?...

Si c'était parce que les « savants », dans leur action contemplative, avaient à cette époque-là, prédit que le cataclysme s'abattrait sur le pays si longtemps après, quelle foi pouvait-on attacher à pareilles sornettes ? Les savants actuels feraient mieux de se cacher sous terre eux-mêmes pour ne pas succomber à la honte le lendemain du fameux jour...

Toutes les rumeurs ne faisaient plus état que d'aberrations mentales, et jugeaient inadmissible qu'un Roi aussi jeune se laisse mener par des vieillards séniles - ainsi nommait-on ouvertement les « Sages » - sous prétexte que le Grand Architecte Royal jurait l'insubmersibilité de sa nouvelle barque !... Quel intérêt ? Même si une simple tempête se produisait, les embarcations actuelles ne chavireraient pas !...

Une chose était certaine, dans cette psychose de fin du monde, un marasme grandissant s'instaurait, inspiré par quelques émissaires venus clandestinement des États rebelles, et qui voyaient le moyen d'en finir avec le pouvoir en instaurant une sorte de guerre civile !

Et les calomnies allaient bon train ! Le jeune Souverain était-il réellement à la hauteur de la tâche de ses aïeux ? D'autant qu'il était de notoriété publique que sa jeune et gracieuse épouse vivait en recluse, toujours installée comme au jour de son arrivée ! Elle restait dans l'aile sud, avec pour seule compagnie ses suivantes qui s'ennuyaient !... De quoi était donc fait ce Maître qui avait été tant ovationné, et de qui l'on attendait bien autre chose que d'apprendre qu'il vivait en solitaire ! L'appartement royal n'avait jamais été occupé ; et ce qui était certain, c'est que s'il y avait une fin quelque part, ce serait la fin des Rois puisqu'il n'y aurait aucun héritier !...

Les commérages allaient bon train, attisés par tous ceux qui avaient un intérêt à ce que la confusion gagne de proche en proche, et ils devenaient une multitude ! L'An-Nu, bien plus angoissé qu'il ne l'affichait en public, ou même devant Geb, s'apercevait que très bientôt, même Dieu ne reconnaîtrait plus les siens dans ce caravansérail misérable de mauvais sentiments, fait d'impiété et d'ignominie qui s'étalaient chaque jour davantage en public !

Rares étaient les fidèles venant aux Temples, et les novices eux-mêmes ne venaient qu'obligés par leurs Aînés ! Les réunions spirituelles devenaient des curiosités littéraires sujettes à contestation et à négation ! La fin d'un Temps se précisait de toute façon, et il était fort probable qu'elle « coïnciderait » avec le Grand Cataclysme.

Mais voici qu'une nouvelle rumeur provenant du Palais se propagea comme une traînée de poudre ! Elle était étonnante, invraisemblable, incroyable !... Et pourtant elle faisait l'objet de tous les ragots colportés : la gracieuse Reine attendait un enfant !

Aucun démenti ne survenant, les langues se calmèrent, et l'incompréhension fut totale après ce qui avait été dit des rapports, ou plutôt du manque de rapports de Geb et de sa Dame ! Mais les langues repartirent de plus belle au bout de peu de jours, aucune confirmation ne venant non plus, et par conséquent nul n'annonçant la date d'arrivée de l'Héritier !

Mais, six mois après la bénédiction nuptiale, le Palais communiqua brièvement, mais très officiellement, l'attente d'un heureux événement ! Ce fut l'An-Nu lui-même, qui, trois jours après, à la fin de son homélie consacrée au jour de Dieu, annonça que le quarantième jour qui suivrait, la Gracieuse Reine Nout serait la Mère Divine !...

Une stupeur sans nom cloua les assistants ! Et ce fut ensuite un déchaînement de passions ! Et qui comptait sur ses doigts !... Et qui tentait d'interpréter le vocable de « Mère Divine » !... De qui se moquait-on en plus ? Comment était-il possible d'assurer avec exactitude la date d'une naissance, d'autant que celle-ci était loin du terme normal !... Et aussi : que venait faire Dieu en cet événement ?

La passion courait dans tous les cœurs, autant que l'indignation de ne pas être tenu au courant de la vérité ! Que se passait-il réellement ? Car enfin : ou bien leur gentille Reine attendait déjà son bébé avant le mariage, ou quelque chose était caché !

Dans l'attente populaire, le 204e jour vint, tel que l'avait prédit la « Voix » et tel que l'avait annoncé le Pontife ! Un petit garçon apparut aux yeux des matrones venues aider la Reine dans cet accouchement prématuré. Mais tout se passa admirablement bien ! Ousir était né, un peu malingre et ne pesant guère plus d'un kilo trois quarts ! Ce qui ne l'empêcha pas de sourire dès le premier instant de sa vie ! Pour le reste, il aurait bien le temps de se fortifier et de crier !

Extrait de l'Histoire d'Isis et d'Osiris (Iset et Ousir) provenant d'une des nombreuses stèles découvertes à la fin du XIXᵉ siècle.

CHAPITRE DIXIÈME

OUSIR ET ISET

> *O Dieu Tout-Puissant, a hier, de ce jour, et de demain :
> voici Ousir, Ton image vivante, telle que tu l as voulue, à
> l image des hommes. Il est de Toi, à Toi : protège-le durant
> sa vie, que Toi seul pourra reprendre.*
>
> AM HATI NOUTER
(Prière de la Dame du Ciel, Dendérah)

> *O Nout, Mère Bien-Aimée, si faible mais indestructible,
> étends tes bras au-dessus de moi pour me protéger !
> Fais que la mort s éloigne de moi ;
> Fais que je puisse débuter l Œuvre Divine.*
>
> LES QUATRE TEMPS
(Prière a Ousir)

En apprenant que le nouveau-né serait présenté à Dieu pour son baptême sous le nom Sacré d'Ousir, l'indignation unanime du peuple avait fini par gagner le Collège des Prêtres. Car l'An-Nu, psychologiquement, avait jugé préférable de ne point révéler l'essence Divine de ce Fils, l'état de contestation permanente engendrant des dialogues interminables, d'où tout respect envers Dieu était exclu !

C'est pourquoi le blasphème, pour une fois, n'apparaissait plus du côté de la foule, et faisait sourire avec bonhomie le Pontife, ce Grand-Prêtre chef de tous les domaines de Dieu sur tout le continent ! Car si personne ne comprenait cet acte insensé consistant à bénir un mortel d'un nom Divin, fût-il destiné, comme celui-ci, à devenir le Maître d'Aha-Men-Ptah, l'An-Nu agissait en connaissance de cause !

Tournant diplomatiquement la difficulté, dans le sermon qu'il fit la veille de la cérémonie, il rappela aux nombreux assistants venus l'écouter par curiosité, que le premier couple antique, Geb et Nout, descendants directs de Dieu, avait nommé son premier-né Ousir. Pourquoi le Maître actuel et son épouse, qui portaient tous les deux les mêmes noms que leurs prédécesseurs Divins, feraient-ils autrement en n'appelant pas leur premier-né Ousir ?

Cette cérémonie devait donc revêtir une forme solennelle, et serait l'occasion d'un retour au rite commandé par Dieu.

Aussi, bien avant que l'aube ne commence à rosir la terre environnant les Temples, une bonne heure avant que l'annonce de la parution de l'astre du Jour n'en soit faite par le « Maître-de-la-Mesure », les quatre officiants désignés par l'An-Nu comme « Prêtres-du-Baptême », accompagnés par le « Scribe-des-Rites », et le « Lecteur-du-Rituel », suivaient le « Premier-Prophète-aux-Mains-Très-Pures », qui étaient chargés de préparer le « Pontife-d'Aha-Men-Ptah » pour la Grande Cérémonie du Baptême.

Toute la nuit, l'An-Nu était resté prosterné, face contre le sol dallé du sanctuaire Divin, où il venait souvent méditer seul. Diverses prières expiatoires l'avaient préparé à la purification qui allait avoir lieu, et qui avaient purgé son esprit avant de laver son corps. Après quoi il serait prêt à donner la bénédiction baptismale au lever du Soleil, à l'horizon occidental, ce qui était le meilleur indice de longue Vie. La cérémonie ne s'achèverait que lorsqu'il aurait reçu son nom d'Homme, et que celui-ci aurait été proclamé aux quatre coins des « Quatre Temps », ce qui lui permettrait de le conserver pour l'Éternité. Mais il était l'heure, et l'An-Nu se redressa, mû par un sixième sens ; et il sortit du sanctuaire au moment où le petit groupe des prêtres parvenait à l'entrée. Malgré les prises de position du pontife, inacceptables par le vieillard, celui-ci apparaissait frais et dispos dans la pénombre de l'immense cour qui séparait les habitations des serviteurs de Dieu du Temple. Nul ne pouvait se douter de la ferveur qui l'avait tenu éveillé toute la nuit et maintenu dans ses supplications pour un bonheur *humain* du nouveau-né !

Tous se rencontrèrent donc devant le double énorme battant de bronze du portique du Levant, soutenu par quatre larges colonnades aux bas-reliefs peints en rouge et noir sur le fond blanc du marbre, et qui, tous, vantaient et glorifiaient les Œuvres Divines de la Création.

Les officiants poussèrent un peu plus le lourd bat- tant entrouvert, qui coulissa silencieusement, après quoi ils s'inclinèrent profondément, avec les signes du plus profond respect, laissant le « Premier Prophète » avancer à son tour pour guider les pas du Pontife vers la chaussée montante permettant l'accès au « Cœur », le Saint des Saints de Seqt'b N'Mer-Shoum : « *L'Aimé-vers-qui-descend-la-Lumière* », cet énorme bloc aux quatre faces triangulaires, tendant vers un point unique sommital, et qui, malgré la nuit, resplendissaient de blancheur.

Il leur fallut vingt minutes pour monter cette chaussée, dont l'assise reposait sur la seizième hauteur de blocs, et sur laquelle s'ouvrait le Chemin de la Salle Sacrée. Comme il faudrait le même temps pour redescendre, ils disposaient d'une petite demi-heure pour demander l'intercession Divine contre les éléments devant se déchaîner. L'endroit avait été édifié suivant des données mathématiques extrêmement précises, et l'ensemble architectural permettait, par sa géométrie même, de recevoir les douze émissions de rayonnements interstellaires, qui se concentraient dans cette Salle Sacrée, où ils arrivaient par des conduits spéciaux aux angles d'inclinaison savamment calculés ! Seul le Premier Prophète put y suivre l'An-Nu. Les officiants et les deux scribes patientèrent dans le couloir quelques instants. Puis, entendant le rituel d'appel à Dieu, ils s'inclinèrent par respect envers leur Créateur, avant de redescendre et de se diriger vers le Lac Sacré pour s'y purifier.

Au bas de la large chaussée, ils prirent un moment le chemin longeant le mur de l'enceinte extérieure, érigé sur douze mètres d'épaisseur, en briques crues, qui entourait les communs du Temple en les isolant du Palais Royal, et qui encerclait dans leur totalité les jardins et une partie du bois en un immense quadrilatère d'environ vingt-huit kilomètres sur vingt-deux...

Les prêtres renouaient seulement ce jour-là avec la Tradition ancestrale, qui consistait, avant toute cérémonie importante, de ne pas se contenter d'une purification symbolique, mais de se rendre au Lac Sacré, qu'une source très pure alimentait directement.

Le rituel du lavement achevé, ils revêtirent leurs tuniques de lin écru, que des prêtres-tisserands avaient spécialement préparées pour ce genre de cérémonie. Ils se dirigèrent ensuite sans perdre un instant vers le Puits de la Source Pure, où des cruches d'une contenance de quatre litres environ chacune attendaient, purifiées la veille, rituellement. Les contenus étaient destinés au remplissage d'un réservoir en forme de petite baignoire, consacrée, éloignée de tout attouchement possible dans la « Sacristie Pure », en l'attente du baptême.

Cette dernière salle formait un petit vestibule, communiquant du côté ouest avec le chemin aboutissant au Puits, et du côté sud, avec le centre du chœur du Temple-Dieu. Ainsi, la baignoire n'entrait là, pleine, que portée par les quatre officiants purs, et juste au moment où le nouveau-né y serait plongé par trois fois, avant d'être présenté aux « Quatre Temps ».

Tout était si bien ordonnancé dans le déroulement des opérations préliminaires, que les prêtres purifiés porteurs des cruches, même sans l'avoir pratiqué auparavant, agissaient comme des automates bien huilés ! Ils avaient versé le contenu précieux dans le réservoir consacré à l'instant où le « Prêtre-Chef-des-Scribes » arrivait au lieu Saint, en tant que prêtre le plus élevé de la hiérarchie du Temple, afin de consacrer à nouveau la Sacristie pour plus de sûreté, ainsi que « l'Eau-Pure » pour que le Créateur puisse accorder au nouvel être vivant son nom humain, en ce jour béni entre tous qui n'allait pas tarder à se lever.

Toute souillure étant ainsi détournée de l'endroit, l'eau de Vie se trouvait prête à accomplir son office Divin complémentaire, permettant à l'âme nouvelle de s'accorder harmoniquement avec Dieu et son Éternité.

Les officiants et le Prêtre, chef des Scribes, pénétrèrent alors, après avoir refermé précautionneusement le battant de la sacristie, dans le chœur, où l'autel était aussi en voie de purification par le « Prêtre-Grand-Conducteur-des-Rites » : l'Hamenout-Sisinchês, qui secouait tout autour un petit ustensile d'où s'échappait une fumée purificatrice à l'odeur prenante. Deux autres prêtres, ceux chargés des « Rouleaux-de-la-Tradition », attendaient, leurs manuscrits très précieux en main, déjà prêts à donner les répons rituels, le moment venu.

Tout étant prêt, les portes furent ouvertes en grand, afin que les invités puissent observer que « Dieu attendait désormais Son heure ». Mais nul ne pénétrerait dans cette enceinte consacrée avant que la présentation au Soleil Levant ne soit terminée dans « Le Cercle d'Or des mouvements mathématiques Divins », au-dessus duquel, sur les terrasses réaménagées à cet effet, en terrasses superposées, une bonne centaine de milliers de privilégiés étaient installés en l'attente de la parution des premiers rayons solaires.

Le ciel commençait juste de s'éclaircir, en une progression savamment dosée. Une phosphorescence dorée parut émaner du Cercle d'Or, et les douze blocs des constellations zodiacales s'éclairèrent de lueurs étranges. Spectacle inoubliable qui soulevait toujours une tempête d'exclamations et d'applaudissements. Les influences des « Combinaisons-Mathématiques » faisaient la preuve ici de leur pouvoir Divin, influençant la parcelle réceptrice de l'enveloppe humaine qui serait l'Âme du nouveau-né.

Le violet du ciel était devenu pourpre, puis rouge clair et rose. D'un instant à l'autre le haut du cercle solaire apparaîtrait, projetant sur le Cercle d'Or ses premiers rayons. À ce moment, Geb et Nout, la Reine ayant tenu à porter elle-même son fils bien qu'elle fut à peine relevée de ses couches, apparurent au sommet de l'escalier du mur est, qui permettait d'accéder par les sous-sols au parvis du Temple depuis le Palais Royal.

L'An-Nu, qui venait d'arriver avec le Premier Prophète près de la Sacristie, s'avança à son tour de l'autre côté du cercle, revêtu de sa splendide tenue du « Lever du Soleil » tissée en fils d'Or ! Il conduisit immédiatement le couple Royal auprès du bloc monolithique destiné aux natifs léonins, sur lequel la Reine déposa son précieux fardeau, après lui avoir ôté sa courte tunique blanche.

Comme s'il n'attendait que cette ultime seconde, un court arc solaire parut, éblouissant de son or les yeux des assistants ; et les premiers rayons apparurent, englobant le bloc cristallin et le bébé dans la même aura, caressant rapidement le Maître et son épouse, ainsi que l'An-Nu qui sembla exploser dans le scintillement doré de son vêtement, avant de s'étaler sur le Cercle d'Or en son entier, puis de conquérir en quelques minutes le territoire entier d'Aha-Men-Ptah !

Le Pontife s'avança vers le centre du Cercle, satisfait du déroulement des « Combinaisons » célestes. Se campant bien sur ses jambes, il éleva les deux bras vers l'astre resplendissant, et prononça d'une voix forte la prière originelle :

- O Toi, Soleil qui te lève éternellement au- dessus de la Terre afin de la fertiliser pareillement tout au long des Quatre Temps, tu es la bénédiction du Dieu sans égal : le Tout-Puissant Créateur, notre Dieu ! Dès l'Occident tu apparais rayonnant de la lumière Divine ! tu traverses le Grand Fleuve Blanc Céleste sur ta barque dorée, voguant inlassablement, jour après jour, vers l'Orient, où, la nuit faisant sommeiller la Terre, tu illumines alors son Au-Delà : la Vie Éternelle. Salut à Toi, ô Soleil Levant, bénédiction de Dieu !

Le Collège des Prêtres reprit d'une même voix, la dernière phrase :

« Salut à Toi, ô Soleil Levant, bénédiction de Dieu ! » La Reine, qui durant ce temps avait remis le vêtement à son fils, l'éleva en le présentant aux quatre horizons. Toute la foule, alors, répéta à son tour, pour la troisième fois le salut au Soleil. Et le Premier Prophète enchaîna, en psalmodiant :

– Tu es celui qui, grâce à Dieu, le Créateur Éternel, brille sur les champs de ton meilleur éclat, afin que croissent les fleurs et les arbres ; que se multiplient les êtres et les hommes. Tu es l'outil essentiel de Celui qui a créé la Terre lorsqu'elle commença d'exister.

Les Prêtres entonnèrent un répons, repris ensuite par la foule :

« Gloire à Toi, Dieu-Tout-Puissant,
Créateur du Soleil et de la Terre ! »

À présent, le globe diurne était plein au-dessus de l'horizon, où, tout en ayant apparemment, pris du recul, il n'en aveuglait pas moins, tout au contraire ! Son jaune doré était impossible à fixer du regard, sous peine de cécité ; c'était ce que voulait démontrer Dieu : il ne fallait, sous aucun prétexte, défier la Puissance Divine, sous peine d'un châtiment exemplaire !

L'An-Nu, qui avait assisté, impassible, à la présentation du fils aux Quatre Temps, pointa cette fois ses dix doigts allongés vers eux, près desquels était venu Geb :

– O Toi, Soleil-Tout-Puissant dans ton éclat doré, tu as inondé de ta Lumière bénéfique le cristal qui soutenait la petite enveloppe charnelle que porte cette mère fortunée par la Volonté et la Grâce Divine. Tous ici, nous demandons avant d'implorer Dieu de fortifier l'Âme dans ce jeune corps, que tu fasses resplendir sur sa tête, et sur les nôtres, éternellement, le Pouvoir Heureux de tes rayons. ·

Tous psalmodièrent en ânonnant la phrase dernière du rituel préliminaire de la présentation au Soleil :

« Gloire à Toi, Créateur de l'Éternité, vivante et non vivante,
dans tous les temps : celui de la Vie terrestre,
et celui de la Vie dans l'Au-Delà Éternel. »

Aussitôt la phrase achevée, dans des hurlements enthousiastes, la foule s'éparpilla en courant en tous sens, qui, pour se précipiter de l'autre·côté du Temple principal, afin d'y entrer et d'y déposer les offrandes traditionnelles dont il s'était chargé ; qui, pour aller directement dans la grande nef par les huit portes y donnant accès, afin d'avoir une place le plus près possible de l'autel où aurait lieu le baptême, trois heures plus tard !

Le Maître et son épouse, portant toujours son nouveau-né, étaient repartis par le même souterrain vers le Palais Royal. Quant à l'An-Nu, tout souriant, il cria au Premier Prophète afin d'en être entendu malgré qu'il fut proche de lui :

- Dieu, lui aussi, devrait être en joie ! Il nous a envoyé fidèlement le Soleil, cet engendreur de Vie ! ... Et le « Maître-de-la-Mesure » a calculé ses « Combinaisons » avec une précision extrême ! Que la Paix Divine s'étende à nous tout à l'heure, durant le baptême! »

- Qu'il en soit ainsi, ô Pontife, si Dieu le veut ! Et la moisson ayant été très bonne, les offrandes semblent très généreusement parvenue en nos celliers ! »

-Voilà une bonne nouvelle, certes ! Allons de ce pas vérifier son exactitude ! Mais cela signifie-t-il un renouveau de respect dans le Créateur ?... Toute la question est là !

Contournant le Temple, les deux Grands-Prêtres se dirigèrent vers les magasins et les étables attenants, devant lesquels une grosse activité régnait, caquetante et piaillante des divers volatiles et bestiaux, avançant en une lente progression devant plusieurs ouvertures où étaient déposées les offrandes les plus diverses des « Préposés-aux-Offrandes » : une quarantaine de clercs et de scribes portaient, annotaient sur des rouleaux, et marquaient du Sceau du Grand Pontificat d'Aha-Men-Ptah, les objets et animaux qui leur étaient remis. Après quoi ils étaient répartis par catégories et envoyés dans les locaux appropriés !

Cela allait des aliments de toutes sortes aux boissons les plus diverses ; des volailles dodues aux porcs poilus ; en passant par de belles étoffes et des mobiliers luxueux, sans oublier parfums recherchés et bijoux de grande valeur !

L'An-Nu remarqua, pendant que les files s'écartaient respectueusement afin de les laisser passer, mais à mi-voix cette fois :

-Tu as une fois de plus raison, ô Prophète des bons augures ! Les offrandes sont très généreuses, et très importantes à ce qu'il est facile de se rendre compte ! Mais je crains toutefois, sans vouloir te contrarier, que la bonne moisson passée n'en soit pas la cause première !

-Pourquoi cela, ô Pontife ?

-C'est la peur du Grand Cataclysme ! Tous crient contre ; mais les hurlements ne sont que les infimes parties inconscientes d'une Vérité qui approche à grands pas ! Ces gens s'imaginent peut-être que leurs dons conjureront le mauvais sort, et que de toute façon ils atténueront leur impiété passée... En semant ici un germe minuscule par rapport à ce qu'ils possèdent, ils pensent bien récolter un passe-droit le moment venu !... Mais dans le fond, c'est toi qui as raison, ô Prophète de bon augure : ils remercient Dieu, tout simplement, pour la naissance d'un futur 589e Maître ! Peut-être leur servira-t-il de

Guide lors du désastre !... Allons prier avant la cérémonie, afin qu'ils soient exaucés ; il est temps... »

Une demi-heure avant le début de la bénédiction Divine, le Temple était plein, ainsi que les environs. Les officiants occupaient déjà leurs postes, aux emplacements rituels, raides et silencieux. Seuls quelques chuchotements des invités fusaient de temps à autre.

L'An-Nu pénétra dans la nef centrale à laquelle il était parvenu, seulement quelques minutes avant le couple royal et *leur* fils, par un escalier creusé dans le pilier central de près de trois mètres d'épaisseur, qui l'amenait directement de ses appartements par un tunnel souterrain débouchant à côté de l'autel par l'intérieur de cette colonne, l'une des huit qui supportaient la voûte.

Un prêtre lui passa immédiatement un encensoir qu'un second officiant s'empressa d'allumer à un brandon tout prêt. Pendant que le Pontife effectuait la purification finale de l'autel, les quatre officiants partaient chercher la « baignoire ». Le silence total qui s'était fait devant ces préparatifs, sembla plus profond encore avec l'entrée de Geb et de Nout, portant son fils, qui coïncida avec l'apport du récipient contenant « l'eau pure ».

Le Premier Prophète émergea sur le piédestal situé à gauche de l'autel, cependant que le Roi, son épouse et leur fils prenaient place dans des fauteuils disposés à leur intention près de la table Sacrée sur laquelle était la baignoire. L'orateur, voyant que l'An-Nu avait terminé son office et attendait debout, fit signe à l'assemblée de se lever, ce qu'elle fit, ainsi que Geb, et, sans plus attendre, le Premier Prophète entonna la prière d'ouverture :

- Grand Dieu Éternel, que ta bénédiction accompagne le rite qui va donner ici même une nouvelle Âme à Ton peuple, dans Ta Demeure, afin que ce nouveau-né soit non seulement un homme, mais Ton serviteur fidèle.

Le Prêtre lecteur du rituel prit le relais en entonnant, les deux mains levées au-dessus de sa tête :

- O Toi, Grand Dieu Éternel, fais que ce nouveau-né devienne Ton fidèle serviteur comme le sont toutes choses et tous les êtres ici-bas s'ils désirent vivre dans Ta Paix. Tu es le Créateur qui a modelé et façonné le Grand Luminaire qui ce matin a engendré par ses rayons une nouvelle journée. Nous te prions pour qu'il en soit ainsi, jour après jour, afin que le petit être qui va recevoir son nom d'Homme puisse en faire usage durant une très longue Vie.

L'An-Nu s'approcha près de l'autel, et fit face à la foule des « fidèles », au premier rang desquels étaient le Roi, debout comme l'assistance, et son épouse, seule assise et tenant tendrement son fils, mais beaucoup plus émue qu'elle l'aurait voulu !

Élevant les bras écartés à hauteur de ses épaules, le Pontife commença la récitation du rituel, d'une voix légèrement tremblante au début, mais qui s'affermit rapidement :

- Gloire à notre Père à tous : Dieu ...

Les phrases étaient reprises une à une, en chœur. La longue litanie cependant, s'acheva d'une manière inhabituelle :

- À Toi l'Éternité, Dieu-Tout-Puissant, car l'Origine de la vie est en Ton seul esprit pour toutes les choses et tous les êtres, où qu'ils puissent se trouver, y compris les Bienheureux, Ta garde bienveillante s'étendant au Ciel entier. Il n'est protection plus puissante que la tienne, ô Toi : Dieu-Unique des hommes de bonne volonté.

Le Premier Prophète fit une pause, en faisant signe de la main à la foule de se rasseoir, ce qu'elle fit en un léger brouhaha, qui sur les bancs de granit, qui sur des assises de bois, qui enfin, dans les premiers rangs, sur des fauteuils comme Geb, qui contempla tristement le bébé qui n'était pas le sien ! L'orateur, après un regard satisfait sur son auditoire, et certain d'une attention soutenue, reprit en tendant un index accusateur sur un point indéfini au-dessus des têtes :

– Quiconque a pénétré dans ce lieu Sacré en état d'impureté subira la malemort en n'allant pas dans l'Au-Delà de la Vie Bienheureuse ! Car Dieu aime bien mieux la pureté que les milliers d'offrandes que vous avez si généreusement apportées à Ses pieds aujourd'hui ; la meilleure nourriture que vous puissiez donner au Créateur est votre pureté ! C'est elle seule, dont je prie de toutes mes misérables forces qu'elle soit introduite dans la parcelle Divine, qui fera de la nouvelle enveloppe charnelle tenue par notre très Gracieuse première Dame d'Aha-Men-Ptah, le prochain conducteur de notre peuple « Aîné-de-Dieu ». Cette Âme pure et droite sera notre satisfaction, comme elle sera Sa satisfaction !

Les quatre officiants s'empressèrent alors autour de l'autel, dépliant des rouleaux de toile fine, en lin spécialement tressé, pour achever la préparation du cérémonial de l'office du baptême. Durant ce temps, huit harpistes chantaient un chœur de louanges en l'honneur du bébé, en tirant des sons d'accompagnement très harmonieux de leurs instruments. La foule, qui avait fredonné l'air depuis quelques jours, reprenait chaque refrain.

L'An-Nu, tout étant prêt, s'approcha de la table :

– Qu'il plaise à Dieu de présider cette bénédiction, car ici est Sa Demeure ! Et dans les bras de cette épouse comblée, se trouve un Fils-Bien-Aimé que la Grâce Divine doit combler de ses bienfaits !

Un murmure réprobateur courut l'assemblée devant les paroles qu'elle considérait comme blasphématoires ! Mais le Premier Prophète, toujours debout sur son piédestal, fit signe impérativement à tous de se relever, pendant qu'il articulait d'une voix forte :

- Que Geb, issu de la Terre, Maître d'Aha-Men-Ptah s'avance ; que Nout, Dame du Ciel, Suivante-de-Dieu, s'approche. Tous deux, devant cet autel, nous allons présenter votre fils à son Créateur l'Éternel !

La Reine éleva son bébé au-dessus de la baignoire dès que l'An-Nu parvint à son côté, et le lui remit après avoir ôté la belle petite tunique soyeuse. Le Pontife le tint précautionneusement, en disant :

- Heureux celui qui vivra bon et juste, car il contemplera Ta face, ô Toi, Dieu de toutes les générosités ! Fais que ce petit être, Ton Fils, grandisse dans la Justice et la Bonté afin de pouvoir. lui aussi, Te contempler !... Élevons nos voix en une prière commune afin d'intercéder pour la réalisation de ce vœu.

Toutes les gorges émirent la prière, apprise depuis bien longtemps, mais un peu oubliée, cependant que le Pontife, se retournant vers les assistants. leur présentait un nouveau-né tout souriant. Et la foule, oubliant un instant la prière et le lieu saint, hurla son ravissement ! Mais l'An-Nu se retournant de nouveau et élevant le bébé au-dessus de l'eau Pure, le silence revint :

- Dans ce liquide, provenant directement de la Source Sacrée, émanant elle-même du Grand Fleuve Céleste, tu vas être plongé trois fois, ô jeune enveloppe charnelle ! La première, afin que ta route suive le même chemin vers le zénith que notre astre solaire, et qu'elle illumine le ciel d'Aha-Men-Ptah comme le Soleil resplendit au milieu du jour...

En immergeant le corps tout entier une première fois, le Pontife soutint la petite tête fragile du bébé, bien maigrichon, devant le mouvement instinctif de défense qui avait arqué le corps de la Reine, *et* celui du Roi, très visiblement.

Ce qui fit sourire intérieurement le Pontife, avant qu'il ne reprenne :

- Une seconde fois afin que ton âme mortelle poursuive la même route jusqu'à l'horizon, et qu'elle se couche sans faiblir, dans tout l'éclat d'une équité sans tache et d'une plénitude égale à celle du Soleil éternel...

Et le Pontife replongea le bébé dans l'eau ; cette fois, il poussa un « aâ-rê » retentissant, mais ne pleura point ! Accélérant le mouvement, il enchaîna :

- La troisième fois, afin que ton âme immortelle poursuive la même route invisible dans l'Au-Delà immatériel des non-vivants, qui sont dans l'éternité renaissante dans les cycles rythmiques des Grandes Années.

La troisième immersion n'occasionna aucun cri, et deux des officiants s'empressèrent de présenter un linge épais à la Reine, qui en enveloppa le corps de son fils afin de l'essuyer. Puis l'An-Nu l'aida à lui remettre la tunique, avant de l'élever encore au-dessus de toutes les têtes, en direction de la Croix-de-Vie sculptée dans le cœur d'un énorme sycomore, que le Soleil, déjà en plein zénith, illuminait totalement :

- Toi ! Seigneur de la Vie : voici ce petit homme ; tu disposes de la vie de chacun de nous. En voici une autre : son nom est désormais Ousir pour l'Éternité !

Les quatre officiants répétèrent :

- Son nom est Ousir pour l'Éternité !...

La foule, conquise par la cérémonie, enfin calmée de ses anxiétés, répéta de même à tous les échos :

« Ousir ! Ousir !... Ousir ! »

La cérémonie ne tarda pas à s'achever dans la gaieté générale. Nout avait repris son fils doté de son nom d'Homme! Les jeunes époux, d'un même ensemble, prirent la grande allée centrale pour traverser la foule sans repartir par le souterrain. Une ovation formidable accueillit cette innovation, qui fit trembler l'édifice, ce qui n'empêcha nullement Ousir de sourire.

Geb serra un peu plus fortement le bras de sa femme tenant le frêle fardeau, afin de la soutenir en traversant cette marée humaine qui tentait pourtant de leur faciliter le passage dans l'allée. Cette image rassurante fit plaisir au Pontife, qui y vit le premier signe Divin d'une prochaine reprise de relations bien plus humaines d'une vie conjugale bien comprise !

En soixante-douze jours, le bébé reprit une apparence normale ; un taux de croissance accélérée parut lui avoir été insufflé. Pour fêter cet heureux jour, tombant en ce qui représente actuellement notre premier mai, le Maître décréta que cette date conviendrait bien à une action bénéfique concernant l'enfance, et plus spécifiquement les bébés natifs de l'année. En conséquence, le Palais offrit un superbe cadeau aux cadets d'Ousir, et la journée se passa en festivités pour leurs parents.

C'est pourquoi le peuple fut une nouvelle fois admis au Palais ce jour-là, où il put admirer la transformation physique de celui appelé par tous de son nom. Ousir était devenu beau « comme un Dieu », et ses yeux grands ouverts observaient sans cesse alentour, avec un sourire accueillant qui ne quittait plus ses lèvres !

La certitude s'ancra dans les esprits que Dieu était certainement intervenu d'une manière ou d'une autre, afin de le rendre « Divin ». C'est pourquoi ce terme d'Aîné lui conviendrait certainement plus tard, telle que la prédiction faite par *l'An-Nu* l'avait précisé.

Le Collège des Prêtres oublia aussi ses véhémentes protestations pour crier au miracle devant l'harmonie qui se dégageait à présent du si joli petit corps ! La réception qui clôtura cette mémorable journée fit l'unanimité : Ousir méritait bien le nom qui lui avait été attribué ! Et le Pontife, qui assistait le couple royal, sourit avec bonne humeur aux éloges, car lui savait !... Il y avait véritablement bien eu un miracle de Dieu !

Comme depuis un bon mois l'appartement royal était enfin « ouvert », tout allait bien au Palais, pour le couple tout au moins ! La petite pièce jouxtant la spacieuse chambre à coucher des Maîtres, avait été aménagée en une sorte de nursery pour Ousir. Sa mère avait tenu à ce qu'il soit là afin d'être seule à s'en occuper la nuit, sans l'aide d'aucune garde ou autre suivante princière, qui aurait dû occuper une pièce attenante transformée elle, par Nout, en petit salon privé. En fait, tout avait été prévu afin que le couple royal reste seul, le fils n'ayant aucun besoin d'être surveillé malgré son très jeune âge, car il passait tranquillement toutes ses nuits d'un sommeil serein, ne réclamant même pas le lait maternel avant que le Soleil n'apparaisse dans un ciel qui, lui, était de moins en moins calme !

Les époux vivaient cependant une lune de miel en toute quiétude. Les Annales ne parlent pas beaucoup de l'entente parfaite qui régna depuis ce jour entre Geb et sa jeune et jolie épousée, mais ce qui est certain, c'est que le fils qui naquit le 4 janvier 9841 était ce qu'il y a de plus « mortel » ! Il fut tout autant acclamé que le premier-né, lors de sa présentation, bien qu'il pleura sans arrêt durant la cérémonie, et qu'il faillit s'étrangler de fureur durant les trois plongées dans les fonts baptismaux.

Il reçut pourtant le nom flatteur d'Ousit, avec l'espoir que sa gorge n'éclaterait pas sous les sanglots, et que plus tard cette hargne n'existerait plus lorsqu'il deviendrait le symbole tant attendu. Mais, pour l'heure, le bébé était très exclusif ; il ne laissait pas dormir ses parents en paix, ceux-ci avaient tenu à faire pour lui ce qu'ils avaient préconisé pour l'Aîné, mais en pure perte. Une jalousie féroce à l'égard de son frère l'anima dès les premiers mois de sa vie !

Néanmoins, quelque onze mois plus tard, ô surprise pour le couple ! naquirent des jumelles !... Elles furent appelées Iset et Nekbeth, le 23 février 9840, toujours en ce calendrier d'avant l'ère chrétienne, rectifié en dates contemporaines. Les deux petites filles étaient également adorables, laissant les nombreux visiteurs béats d'admiration ! Iset était aussi blonde que Nekbeth était brune ! Et si la première riait encore plus qu'Ousir, l'autre restait silencieuse et sérieuse.

Une véritable pouponnière fut nécessaire pour les quatre enfants, dont Ousit devint le despote tyrannique, jalousant non seulement son frère mais ses sœurs envers qui son esprit sournois s'épanouit. Il hurlait volontiers pour le plaisir de crier et de voir tout le monde tenter de le calmer. Lorsqu'il avait une crise nerveuse, ou qu'il l'imitait déjà parfaitement, il ne condescendait à s'arrêter que lorsque sa mère le berçait en fredonnant un air mélodieux !

Cette triple paternité, en si peu de temps, avait trempé la Sagesse de Geb aux meilleures sources, et il s'affermissait comme Maître de Justice et de Bonté. Ce qui lui permettait, malgré son bonheur familial, de savoir que les Temps étaient comptés !

Survinrent à ce moment les malheurs qui le marquèrent profondément. Son père vénéré, le vieux Monarque Abou, qu'il avait un peu délaissé ces dernières années. s'éteignit durant une nuit, très tranquillement, sur sa couche. L'ex-Maître ne s'était point dévêtu et, pressentant probablement qu'il ne tarderait pas à rejoindre ses Ancêtres dans le Royaume des Bienheureux, il avait revêtu sa belle tunique d'apparat ! La Reine Petsout, son épouse Bien-Aimée, un peu souffrante, avait préféré se reposer cette nuit-là ailleurs que dans l'appartement royal de l'étage supérieur du Palais qui était le leur. Aussi sa peine fut-elle immense et sa maladie, empirant soudainement, hâta son départ vers l'Au-Delà. Quelques jours plus tard, son âme avait délaissé à son tour ce qui fut son enveloppe charnelle, et pouvait rejoindre celle d'Abou.

Nout tenta de consoler son époux du mieux qu'elle le pouvait, et lui démontra que l'image de ses petits-enfants qu'Abou avait emportée avec lui ne pouvait que le rendre joyeux pour l'Éternité ! En effet, le soir-même, il avait été vu en compagnie des deux petites filles, les faisant sauter tour à tour sur ses genoux, et les faisant rire à gorge déployée.

L'accompagnement des deux corps embaumés (afin de leur permettre d'arriver aux Rivages Bienheureux - il fallait soixante-douze jours -, jusqu'à la construction faite spécialement afin de constituer l'antichambre leur donnant accès, après la pesée de leurs Âmes, au Royaume de la Vie Éternelle) eut lieu en grande pompe devant des dizaines et des dizaines de milliers de personnes !

C'était le 21 mars 9838, alors qu'il ne restait aux habitants d'Aha-Men-Ptah que quarante-six ans et quatre mois de sursis de vie sur leur terre, pour comprendre à quel point celui-ci, par leur seule faute, s'enfonçait déjà dans un insondable chaos !

Le Maître, de retour de la longue cérémonie des obsèques, méditait tristement sur l'Avenir qui l'attendait, ainsi que sur celui de son peuple. Il se trouvait dans « l'Ak-Menou », la Salle des Ancêtres, dont l'entrée était située au fond d'une petite cour intérieure, derrière le Temple, et qui est la seule construction à être bâtie dans un axe différent, sa diagonale devant suivre la ligne nord-sud afin que le reposoir soit parallèle à l'horizon oriental, là où se couche le Soleil, lorsqu'il disparaît dans sa barque céleste pour naviguer sur le Grand Fleuve, dans le Royaume des Bienheureux !

Du seuil de la porte à double battant, en bois de sycomore finement sculpté, apparaissaient les huit chambres rituelles constituant l'ensemble de l'antichambre destinée aux « mortels » se recueillant dans le souvenir des « absents », qui eux étaient dans l'Ak-Menou, et qui ne pouvaient être dérangés.

Geb avait suivi le rituel de purification pas à pas ; il avait pris son bain dans la piscine de la première pièce, il s'était parfumé dans la seconde avec les ingrédients disposés à cet effet. Dans la troisième, où il pénétrait ensuite, il était habillé par les deux Prêtres-Purs, gardiens des lieux. Précédés par eux, le Maître pénétrait dans la pièce suivante, où deux petites lampes à huile étaient silencieusement posées à même le sol ; après quoi il se retrouva seul, dépouillé de toute impureté, prêt pour une méditation personnelle profonde. Cette quatrième chambre n'avait qu'une porte basse pour toute ouverture, et était totalement nue. Geb s'allongea sur le sol dallé et se prosterna, le front touchant le granit. C'était ici que se faisait de celte façon la purification de l'âme après celle du corps.

La cinquième pièce le recevait ensuite, où il choisissait les divers parfums et encens qu'il brûlerait dans celle qui suivait. Tout un cérémonial rythmait ce choix, ainsi que l'allumage sur l'autel de marbre blanc de la sixième chambre. La suivante contenait les aliments et les cadeaux somptueux qu'il avait fait porter la veille afin de les mettre dans la dernière et huitième salle, là où avaient été sculptés dans l'albâtre rose le plus veiné les représentations grandeur nature de son père et de sa mère : « la-Salle-de-séjour-des-Ancêtres ». Ici, le cœur en liesse, l'Aîné des Vivants demandait, et obtenait, la protection des Aïeux.

Cependant les demandes de Geb étaient tellement importantes qu'il ne se faisait guère d'illusions sur leur intercession ! Si son père, bien vivant sur la ferre avait été là pour l'épauler, cela aurait été beaucoup mieux !

Dans Ath-Mer, pourtant, les esprits parurent plus calmes, se dis mt peut-être qu'il valait mieux suivre les directives gouvernementales quant aux précautions à commencer de prendre pour parer à tout éventuel « événement catastrophique ». Il en allait bien autrement dans les Provinces faisant encore partie de l'union au sein d'Aha-Men-Ptah ! Les bonnes paroles, et même les sermons prophétiques n'étaient plus écoutés. Et si elles étaient entendues, les exhortations ne provoquaient que des rires sardoniques, montrant ainsi que la fin de l'État central approchait. Son éclatement se démontrait à nouveau, l'exemple des Provinces ayant quitté l'union ne servant pas de leçon ! Pourtant, le plus petit contestataire savait que dans ces endroits maudits, les guerres civiles duraient toujours entre les factions se disputant la suprématie en matière de liberté... qui consistait présentement en une liberté faite de pillages sanglants, de vols, de viols, et qui autorisait couramment les meurtres !

Or, dans les cinq Provinces constituant le pays, le climat s'alourdissait à tel point que les Cours consacrées à rendre la Justice étaient débordées, et rendues inutilisables en certains endroits, faute de moyens de protection des Juges, faute de moyens préventifs, les « gardiens » n'ayant pas été prévus en nombre suffisant, et faute aussi d'un moyen de punition efficace, car les prisons n'existaient pas, et les cachots souterrains n'avaient pas résisté aux internés qui, s'étant rebellés, avaient tout saccagé avant de partir rejoindre le flot sans cesse grandissant des bandits et des rebelles réfugiés dans les forêts ou dans les nombreux souterrains perdus sous les villes !

Ces divers « clans » qui se constituaient, voyaient en cette période troublée une situation propice à entasser des fortunes en toute impunité, l'armée n'étant pas encore assez entraînée pour combattre des rebelles sans foi ni loi ! Heureusement, chacune de ces factions ne voulant pas reconnaître une autorité supérieure à la sienne, le pouvoir central n'était pas encore en réel danger.

C'est pourquoi dix années passèrent encore, avec des hauts et des bas, et durant lesquelles le caractère du Maître s'aigrit ! Son autorité, menacée de toutes parts, ne pouvait plus se relever : il n'y avait plus qu'à tenter de la faire durer jusqu'au dernier moment, avec l'espérance que cela permettrait de sauver du Grand Cataclysme, ce qui pourrait encore être sauvé ! Mais Geb était loin de se douter qu'il n'était point encore au bout de ses peines, et que le plus dur l'attendait par ses propres enfants ! En une décennie la progression des qualités - ou des défauts - avait été constante, et dans le sens marque dès la naissance devant leurs réactions au baptême ! L'Aîné, Ousir, qui avait donc douze ans, était devenu un ange blond, ayant toujours un sourire pour chacun, y compris son frère cadet Ousit qui devenait très vindicatif et de plus en plus hargneux envers tous, ses parents inclus. Il s'en prenait plus hypocritement à ses deux sœurs car, avec leurs dix années, elles étaient la joie non seulement du Roi et de la Reine, mais de toute la population d'*Ath-Mer,* qui les acclamait dès qu'elles apparaissaient en ville main dans la main ! Elles embellissaient de jour en jour, Nekbeth, brune aux cheveux d'ébène, et Iset blonde aux cheveux cendrés. La première, ne perdant jamais son sérieux, mais le regard souvent traversé d'étranges lueurs ironiques ou moqueuses, et laissant le soin de rire à sa sœur lorsqu'elle-même était joyeuse ! Car Iset riait souvent, et pour toutes les deux. Sauf lorsqu'elle accompagnait Ousir, dont elle aimait de plus en plus la compagnie, et qui lui apprenait tant de choses déjà sur la nature, les animaux, et même les gens. Ce qui faisait écumer de rage Ousit, avec qui elle ne voulait jamais se trouver seule, pas plus que sa sœur d'ailleurs.

La fin de juillet 9828 survint, ne laissant plus que trente-six années moins quelques jours à vivre aux dizaines de millions de morts en puissance, qui vaquaient à leurs occupations habituelles...

Geb eut quarante-six ans, une nouvelle décennie écoulée ; sa barbe grisonnait quelque peu. Nout avait deux années de moins, et elle était toujours aussi resplendissante de vie et de beauté qu'aux premiers jours du mariage. Ousir avait dépassé sa majorité, mais il n'épaulait pas encore son père pour apprendre l'administration d'Aha-Men-Ptah, sa répugnance à donner des ordres étant grande. Mais son instruction générale était telle que ses connaissances dépassaient largement celles de ses professeurs dans les matières scientifiques et mathématiques pour lesquelles il avait des dons innés !

Ousit, naturellement fainéant, apprenait avec plus de difficultés, et seule sa rancœur le poussait à développer son intellect ! Les deux sœurs, elles, étaient devenues semblables à des Déesses, chacune d'un type très particulier. Iset ne quittait plus Ousir, qu'elle avait d'abord aimé comme la source de toutes les connaissances, puis tout simplement adoré comme une incarnation du Savoir et de la Gentillesse. Ousit, qui avait tenté d'asservir Nekbeth en esclave, n'avait réussi qu'à déclencher une mémorable bataille dont il avait failli sortir éborgné !

Si le Roi avait bien ri de celte algarade, sans chercher à pénétrer au fond des choses, son épouse en avait frémi, reconnaissant un certain côté maléfique de leur vrai fils qui l'avait beaucoup troublée. Elle voyait aussi cet attachement entre Iset et Ousir se développer avec une certaine appréhension. Ce qui l'avait amusée lorsqu'ils avaient dix-sept et quinze ans, la tracassait sérieusement pour les vingt années de sa blonde fille !

Elle décida de s'en ouvrir à son Monarque-époux, qui était plus Sage qu'elle et qui serait certainement de bon conseil en la matière ! Geb tomba tout d'abord de très haut, ayant eu fort à faire durant les dernières années pour maintenir un semblant d'unité dans les Provinces dépendant encore de la juridiction centrale. Il était souvent en voyage, et son dernier déplacement avait duré huit mois ! Il n'avait donc rien remarqué...

Les yeux ouverts, il acquit rapidement la certitude que non seulement les deux enfants étaient en adoration l'un devant l'autre, mais qu'ils étaient faits l'un pour l'autre ! En effet, Ousir n'étant pas né de lui, ne commettrait aucun acte répréhensible pour Dieu en prenant pour femme une mortelle issue de la même mère, mais conçue très différemment et par Geb ! Il était grand-temps, de toute manière, d'apprendre à l'Aîné, ainsi qu'à ses trois enfants, la vérité sur les événements passés qui leur avait été soigneusement cachée !

Après en avoir immédiatement référé à son épouse, le Maître s'installa le soir même dans son bureau, devant la famille réunie, pour raconter par le menu le déroulement des faits ayant amené la naissance d'Ousir, et ce qui en avait découlé. Une jolie rougeur avait envahi le visage de Nout qui, avec le recul du temps, avait fini par trouver tout cela normal ! L'ahurissement des enfants est facile à deviner, et leurs réactions également !

Ousir ne dit rien, resta rêveur, avec simplement quelques lueurs plus profondes au fond de ses prunelles ; Iset, elle fixait son seigneur et maître d'un air extasié, se disant qu'elle adorait non pas son père, mais le fils de Dieu, ce qui simplifierait bien les choses ! Nekbeth eut une gentille moue expressive en embrassant les deux tourtereaux, comme pour leur donner par avance une bénédiction qu'elle leur savait favorable, mais qui fit dresser un Ousit écumant de rage, qui parla de connivence et de complot fomenté contre lui, car le Trône devait revenir à lui-même, fils unique de Geb et de Nout...

Le Maître s'interposa véhémentement et il s'ensuivit une altercation que rien ne pouvait plus arrêter ! Des paroles définitives furent prononcées, occasionnant le départ précipité d'Ousit du Palais, proférant des paroles de vengeance, de revanches et de meurtres !

Nout pleura longuement, consolé par son époux et ses trois autres enfants ; elle ne se calma que lorsque Geb fixa la date de l'union entre Ousir et Iset, la plus rapprochée possible vu ce qui s'était produit, donc au début de la seconde semaine à venir. Et Nekbeth eut le dernier mot en rappelant que ce jour-là, le 16 mai 9817, tout était écrit dans les combinaisons des astres avec le mariage de l'Aîné et le départ du Cadet, et que plus rien désormais ne pourrait évoluer en un autre sens que celui du Grand Cataclysme !...

Et il ne resta, en effet, qu'un petit quart de siècle avant l'engloutissement d'Aha-Men-Ptah !

Chapitre Onzième

SIT : FILS DE LA REBELLION
(« MESIT BETESOU »)

Hélas ! Hélas ! Hélas !
Triste est cette nation « Aînée de Dieu » !
Elle devient de plus en plus insouciante et inconsciente :
Augmente ton inconscience ! Étale ton insouciance !
Multiplie tes blasphèmes ! Repais-toi de ton indécence !...
Hélas ! Trois fois hélas ! Pauvre Aha-Men-Ptah !
Tu ne pourras même plus pleurer tes morts,
car tu ne pourras pas en dénombrer la multitude !

Annales d'Aa-Nou'b Hor
(Livre du Temps passé)

Le mariage d'Ousir et d'Iset se déroula avec un minimum de fastes. Il y eut peu d'invités, car l'absence d'Ousit avait limité les festivités, la honte de ce scandale ternissant un peu plus l'auréole de la famille royale. Mais le bonheur des deux époux faisant plaisir à contempler, d'autant qu'eux-mêmes, ne se préoccupait guère des autres, vivaient un enchantement !

L'atmosphère tendue qui régnait au Palais Royal, tout autant qu'à l'extérieur de son enceinte, ne se prêtait d'ailleurs que difficilement aux réjouissances ! Ousit, depuis son départ rageur à la suite de l'esclandre inadmissible quant à son héritage immédiat du Trône, avait encore accentué la cassure en quittant la capitale ! Nout souriait avec difficulté aux deux enfants unis devant elle, mais à quel prix !... Quant à Geb, sa morosité se mêlait à une colère naissante, car il se demandait pourquoi il persévérait dans la voie de la Sagesse, en préparant activement malgré une ironie généralisée, l'Exode de cette population insouciante et inconsciente qui se moquait éperdument de son avenir !

Son regard s'illumina cependant lorsqu'il s'aperçut que sa fille l'observait. Il lui fit un signe rassurant qui ne dut pas la tromper ! Malgré ce drôle de mariage, elle, serait heureuse, au moins avant que les tristes événements ne surviennent et bouleversent toutes les vies, y compris la sienne !

Ce serait pourtant de cette union que naîtrait le rameau fondateur des futures dynasties égyptiennes ! Le « Fils » serait la « Seconde Âme » de Dieu, et dans un quart de siècle il serait apte à guider les rescapés affolés, vers cette terre lointaine au bord d'un Grand Fleuve qui leur était déjà destinée. Mais quelques millénaires d'un Exode éprouvant s'écouleraient avant d'y parvenir, et les générations se succéderaient transmettant le flambeau aux suivantes, jusqu'à ce que la Terre Promise soit enfin atteinte, et qu'elle prenne le nom de ce « *Deuxième-Cœur-de-Dieu* » qui les avait sauvés : Ath-Ka-Ptah !...

Nekbeth fronça les sourcils, car c'était elle qui venait de faire cette rétrospective rapide de plusieurs milliers d'années *dans le futur* ! Ce n'était pas la première fois qu'elle s'apercevait qu'elle « voyait » au-delà du présent ! Elle n'avait jamais fait part à quiconque de cette particularité qu'elle possédait en elle, ni de cette faculté qu'elle développait fiévreusement, et qui consistait à se projeter dans l'avenir ! C'était pour cette raison que sa sœur Iset, ainsi qu'Ousir, avaient toute son affection, car elle connaissait leurs sentiments de bonté et de justice non seulement entre eux, mais pour tous ; alors que son propre frère Ousit lui était apparu à plusieurs reprises non seulement comme un être vil et malfaisant, doué de mauvais instincts, mais, depuis qu'elle l'avait « vu » comme destructeur de la famille, il était devenu un objet de répulsion. Elle l'avait vu quitter le château avec soulagement !

En ce moment même, alors qu'elle s'interrogeait sur l'endroit où il pouvait se trouver, elle le vit au plus profond de la forêt d'Akni-Bet, dans la province la plus à l'ouest du pays, en rébellion ouverte contre le « Pouvoir Central », et où la guerre civile fratricide et meurtrière ensanglantait les factions en présence. Ousit, échevelé, la barbe non taillée, revêtu d'une tunique tachée de boue, s'adressait à un groupe de révoltés comme lui, leur tenant un discours belliqueux et des plus venimeux contre les dirigeants du royaume, c'est-à-dire ses propres pères et frères !

Nekbeth en frissonna de désespoir. Elle releva vivement la tête, qu'elle avait inconsciemment penchée sur l'écuelle devant elle, comme pour mieux voir les détails des faits, pour apercevoir sa mère bien-aimée qui l'observait avec une vive acuité !

La Reine, depuis quelque temps, s'était faite à l'idée qu'elle n'avait pas conçu un seul enfant normal après Ousir ! Et la jumelle d'Iset ne devait pas échapper à cette règle d'une manière ou d'une autre ! Comme elle était très gentille et très serviable par ailleurs, son « don », qui faisait d'elle plus qu'une simple mortelle, devait se situer sur un plan bénéfique autre que celui qui avait touché son fils Divin, mais dont elle avait subi le contrecoup !

Prise d'une impulsion subite, la Souveraine lui posa cette question :

-Nek... Dis-moi où se trouve Ousit, et que fait-il ?

Devant cette question précise, à laquelle elle ne s'attendait pas, la jeune fille se sentit pâlir, car elle ne pouvait plus fuir ses responsabilités. Tout le monde allait savoir ; elle ne détourna pas son regard pour répondre :

-Il ne s'appelle plus Ousit ! Il a renié sa descendance ancienne, pour le simple nom de Sit !... Il a trouvé refuge dans la forêt d'Akni-Bet, où il rassemble en ce moment même des brigands de tous acabits pour en faire un mouvement de révolte contre le Roi. C'est pourquoi le nom qu'il a choisi est acclamé de toutes parts dans la forêt ; il s'agit de : « Mèsit Bétésou », Sit-le-fils-de-la-Rébellion !

Un grand silence s'était fait autour d'elle, puis dans toute la salle, au fur et à mesure qu'elle articulait les mots. Les invités étaient figés, et Geb lui-même semblait changé en statue ! Chacun se répétait en aparté les phrases pour mieux les assimiler, en pénétrant finalement la pleine signification, mais n'osant pas émettre d'opinion ou une conclusion sur ce que cela laissait sous-entendre de surnaturel ! Ousir s'était lentement redressé, délaissant pour un court instant celle qui était l'unique objet de ses pensées depuis que le mariage avait été décidé. Il s'approcha de Nekbeth qui lui murmura sur un ton de détresse profonde :

- Ousit entrera en lutte ouverte contre toi, et cette bataille ensanglantera le ciel pour l'Éternité !...

La Reine, très pâle, qui s'était approchée à son tour, entendit ces paroles et elle se sentit défaillir, comprenant que ses cauchemars prémonitoires n'étaient pas simplement de néfastes illusions ! Sa fille avait un pouvoir qui confirmait ce qu'elle imaginait de plus horrible ! Néanmoins, elle se pencha vers cette fille qui se sentait si misérable de n'avoir que de tristes nouvelles à donner en ce jour de fête, et dont d'ailleurs elle avait déclenché le processus ! Lui ayant entouré les épaules pour la calmer, elle l'embrassa sur le front.

La mère et la fille se sourirent, et Nout fit lever Nekbeth pour l'entraîner hors de cette salle des Festins, où plus personne ne songeait à s'amuser !

Geb qui s'était approché d'Ousir, lui fit signe de le suivre. Tout naturellement, Iset se leva et s'excusa auprès de ses nombreuses amies, qui l'entouraient, pour accompagner son époux.

Les invités, seuls désormais dans cette immense pièce regorgeant de victuailles, n'osèrent pas reprendre tout haut leurs conversations.

Quant aux harpistes, aux chanteuses et aux danseuses, qui s'apprêtaient à pénétrer dans le cercle réservé aux ébats des artistes, ils ne surent que faire !

L'An-Nu, qui était resté placidement assis à sa place, entreprit sur-le-champ une conversation sérieuse avec son fils aîné, placé à sa droite, et qui depuis quelque temps l'assistait aux grandes cérémonies, son initiation comme Pontife ne devant plus tarder. Or, bien qu'ayant le double de l'âge de Nekbeth, ce fils avait un penchant pour cette brune enfant à la chevelure tressée, qu'il avait vu naître et grandir, mais aussi embellir au fur et à mesure que les années passaient ! Son air réservé et fort agréable, l'avait attiré irrésistiblement. Ses études l'avant tenu loin de toute intimité féminine, il s'était retrouvé Prêtre avant d'avoir pris une épouse, puis Grand-Prêtre en contemplation muette devant cette presque enfant, si jolie et déjà mûrie, qu'était devenue Nekbeth ! Et le Pontife, suivant l'évolution des sentiments de son fils aîné sans que celui-ci ne s'en doute, n'avait jamais parlé mariage avec lui. Mais le moment était venu !

L'intelligence et la timidité de l'un comme de l'autre, s'alliaient admirablement. Après ce qui venait de se produire dans cette salle, le vieux Prêtre estimait le moment venu d'ouvrir les yeux à son fils, en lui démontrant que son attirance était un sentiment encore plus puissant et qu'il donnerait volontiers son assentiment à une union entre ces deux êtres.

Durant ce temps, Nout avait reconduit Nekbeth dans sa chambre, l'avait aidée à se déshabiller et à se coucher, comme lorsqu'elle était bien plus jeune et réclamait une belle histoire afin de s'endormir. Mais en ce soir mémorable, le silence réconfortant de la mère agit encore plus sûrement sur la fille adulte qu'une vieille histoire familiale ! Dès qu'elle fut endormie, la Reine quitta la pièce sur la pointe des pieds et retourna à la salle du banquet... où il n'y avait plus personne ! Les invités avaient quitté les lieux, jugeant que les hôtes ayant des choses plus importantes à faire qu'à s'amuser, il serait indécent de leur part de faire autrement ! Nout rejoignit donc son époux dans son cabinet de travail, où se trouvaient toujours Ousir et Iset !... Quelle drôle de nuit de noces avaient-ils là, songeait leur mère vraiment atterrée de la tournure que prenaient les événements ! Geb était en train d'expliquer à ses enfants que si la situation ne s'améliorait guère, ils avaient tout de même une nette supériorité désormais grâce au don de voyance de Nekbeth. C'était un atout de belle taille qui leur servirait pour parer certains mauvais coups à venir !

La Reine intervint alors en faisant remarquer à son époux qu'il était temps que ces enfants pensent à autre chose qu'à la politique, ce qui fit éclater de rire le Monarque et rougir de confusion les jeunes époux, qui en profitèrent cependant pour s'éclipser sur-le-champ. Ainsi s'acheva en réunion intime peu orthodoxe, cette fête de mariage qui avait débuté par un banquet !

À des centaines de kilomètres de là, à l'endroit précis dont avait parlé Nekbeth. se terminait un important conseil, présidé par Ousit, devenu effectivement Sit, qui montrait ainsi à tous qu'il ne se reconnaissait pas le frère d'Ousir, et donc qu'il était le légitime héritier de la couronne ! Malgré son jeune âge, il était devenu sans contestation le chef des « Fils de la Rébellion », et son principal objectif était avant tout la destruction par l'anéantissement de tous les membres constituant la dynastie royale qui l'avait destitué !

La forêt d'Akni-Bet était sans nul doute la plus grande et la plus touffue de celles existant dans le Royaume. Dès les premières contestations, elle avait été le refuge privilégié des révoltés. Puis plusieurs bandes de pillards, qui avaient profité des troubles pour mettre à sac des entrepôts de vivres devant servir aux participants du futur Exode, traqués par la nouvelle armée, avaient reflué au plus profond de cette forêt où, amenant du ravitaillement, ils avaient été accueillis en héros !

Personne ne s'y aventurait plus, même pas le gibier qui, naguère, y abondait ! Plusieurs clans s'étaient retranchés en des abris naturels, notamment des grottes qui s'ouvraient dans les collines, et dans lesquelles bien des batailles sanglantes s'étaient déroulées avant l'arrivée de Sit !

Lorsque, après les révélations de son père quant à la naissance d'Ousir, il s'était enfui, le jeune Prince était directement venu en cet endroit dont il avait souvent entendu vanter l'inviolabilité. Il savait donc qu'il y trouverait des révoltés prêts à tout s'il savait leur parler ! En peu de temps, il avait uni sous sa bannière la plupart des bandes de hors-la-loi de tous poils qui vivaient là, sous le nom ronflant des « *Mèsit Bétésou* », ces « Fils de la Rébellion », qui allaient tragiquement entrer dans l'Histoire d'Aha-Men-Ptah ! Non seulement les spoliés et les révoltés, mais aussi les bandits et les meurtriers en faisaient partie !

Cette nuit-là, ils prêtaient tous le serment qui devait devenir fameux et être enregistré dans les Annales, mais qui, hélas, ensanglanterait la population et la séparerait en deux royaumes irréductibles durant des générations, jusqu'au plus profond de ce second pays, qui naîtrait sur les bords du Nil plusieurs millénaires après !...

Fièrement, Sit présidait la conjuration, comme s'il était le vrai Maître :

- Nous allons prêter serment, nous, les Mèsit Bétésou, alors que le Soleil éclaire le Royaume de nos ancêtres, seul dieu que nous reconnaissons car c'est lui qui nous permet de vivre ! Cela est aussi certain que sa venue au matin, lorsqu'il laissera se reposer à leur tour les âmes de nos aïeux !

Il s'arrêta quelques instants de parler, afin que chacun s'imprègne bien des blasphèmes qu'il était en train de proférer et qui faisaient monter une étrange fièvre en lui. Des murmures approbateurs fusant çà et là, il reprit :

– Sois-nous donc propice, ô Soleil créateur de toutes choses ! Inspire-nous de ta force victorieuse, et entraîne nos cœurs dans la rapidité du torrent impétueux de ta combativité pour renverser tout ce qui pourrait s'opposer à notre victoire ! Nous allons jurer solennellement ce soir de ne cesser la lutte qui va commencer, que lorsque Aha-Men-Ptah sera libérée du joug tyrannique de Geb le Despote, qui inocule sciemment et délibérément dans la population, la peur d'un cataclysme, pour qu'il puisse régner en toute impunité selon sa seule volonté, et en emplissant ses coffres de la sueur née de l'angoisse semée par les prêtres à sa solde !

Un long cri de haine monta de la foule des hors-la-loi réunis dans cette clairière, comblant d'aise et d'orgueil Sit, qui étendit ses bras devant lui, en un geste qu'il voulait solennel. Dès que le silence fut revenu, il éleva farouchement la voix pour la prestation du serment. La longue litanie qui scella la fondation des « Mèsit Bétésou », fut :

Que nos ennemis soient enveloppés dans les flammes
[du feu qu'ils prédisent !
Que leurs os soient calcinés comme leurs chairs !
Qu'ils viennent ici sur les lieux de leurs supplices !
Que leur armée nouvelle soit anéantie par la nôtre
[jusqu'à la mort !
Que leur sang coule à pleins ruisseaux et forme un
[nouveau Grand Fleuve !
Que soient domptés, vaincus, et tués tous ceux qui
[se dresseront !
Que soient empalés et égorgés tous ceux qui nous
[barreront la route !
Que nos poings arrêtent le souffle de tous ceux, ici, qui n'observeront
pas le serment prêté en cet instant !
NOUS LE JURONS !...

Après avoir fidèlement psalmodié chaque phrase après Sit, des hurlements ponctuèrent le triple :

« Nous le jurons », répété bras levés par les centaines d'assistants présents, qui allaient répercuter dès le lendemain en tous lieux les slogans de la nouvelle et terrible institution des « Mèsit Bétésou », dont le Chef était Sit, le fils renégat de Geb, qui voulait reprendre la direction des affaires gouvernementales, non comme Maître, mais comme Père du Peuple, où chacun aurait une part identique à la sienne !

Les jours coulèrent de nouveau, en une intense préparation militaire des effectifs rebelles. La forêt d'Akni-Bet fut de plus en plus grouillante de gens d'armes qui s'entraînaient avec leurs pieux aux pointes aiguisées. Le temps passa également sur le reste d'Aha-Men-Ptah, où le Roi tentait d'intéresser les hommes à la défense de leurs biens contre ces « Fils de la Rébellion » qui saccageaient et pillaient sans vergogne en diverses opérations de commando aux frontières des provinces fidèles.

Iset donna naissance à un fils, qui fut nommé Hor, et qui devint Hor-Our : *Horus l'Aîné* dans la mythologie qui s'établit après le Grand Cataclysme !

La ronde des heures semblait précipiter son mouvement, comme si la spirale n'avait plus qu'une hâte : réunir tous les éléments du désastre afin que celui-ci se produise en toute connaissance de cause ! À tel point que Nout, entièrement consciente du point de non-retour dépassé, se réveillait presque chaque nuit le front moite d'une sueur froide. Geb, qui veillait très tard, étant sujet à de nombreuses insomnies, entendant du bruit dans la salle de repos de son épouse, venait alors lui essuyer le visage avec un linge tout prêt et parfumé, essayant de la consoler comme il le pouvait, et la rassurant un peu lorsqu'il lui promettait que toute la famille finirait bientôt par être réunie.

Un court rayon de joie parcourut toute la maisonnée peu après la naissance d'Hor, lorsque le mariage du fils aîné de l'An-Nu avec Nekbeth eut lieu. Ce fut avant tout une fête religieuse et mystique, fort différente des cérémonies nuptiales ordinaires, car l'époux ne tarderait pas à être le Pontife Suprême !

Chacun, inconsciemment, attendait en la redoutant la date fatidique prophétisée pour l'engloutissement du continent tout entier ! Ceux qui y croyaient, hâtaient fiévreusement les préparatifs de déménagement de leurs affaires essentielles ; ceux qui s'en moquaient, commettaient ouvertement des méfaits, et ce de plus en plus impunément, l'armée ayant été envoyée dans trois provinces pour tenter d'y rétablir un ordre bien compromis ! Les soldats étant ainsi en nombre bien inférieur aux combattants rebelles, furent partout mis en déroute, et une tuerie effroyable s'ensuivit, qui laissa Geb sans voix !

Dix années passèrent encore, qui achevèrent de blanchir complètement la chevelure du Monarque, et firent grisonner joliment celle de la Reine. Mais la situation était devenue très critique, seulement deux États restant encore fidèles à .Aha-Men-Ptah !...

Hor eut donc ses dix ans, qu'il fêta en compagnie d'une petite sœur de deux années sa cadette, et de deux frères de six et cinq printemps ! Ousir et Iset, en plein bonheur familial, contemplaient joyeusement leur petite maisonnée, et tout ce monde remonta le moral de Geb et Nout qui, évidemment, assistaient à ces joyeuses agapes. Une telle jeunesse ne pouvait à l'évidence supporter le fardeau considérable qui lui échoirait sous peu.

Sit était devenu le commandant en chef d'une armée considérable, qui continuait de s'appeler « Mèsit Bétésou », cette dénomination ayant porté chance à son promoteur. Dans les provinces soumises à son despotisme, le peuple, sinon l'armée, s'était aperçu qu'il était bien plus pressuré et qu'on l'entraînait de force dans les hordes destructrices. Les fonderies de bronze commençaient à produire un armement complet pour les troupes. Il ne s'écoulerait plus beaucoup de temps avant que le grand jour de l'invasion des derniers États fidèles ne se produise. En attendant, il vivait en cultivant sa haine rêvant d'une revanche éclatante. Sit songeait avec délices au moment où il tiendrait cet imposteur d'Ousir à sa merci, tout comme Iset qui l'avait dédaigné, et combien il se délecterait lorsqu'il ordonnerait de leur trancher la tête et verrait celles-ci rouler à ses pieds. Ainsi, le temps passait.

Le Fils Aîné de Nout, lui, avait trente-deux ans lorsqu'il accepta de se plier au désir souvent renouvelé de son père, et de devenir le nouveau Maître en prenant le pouvoir chancelant de toutes parts. La cérémonie s'opéra sans invité, uniquement en présence du Collège des Prêtres, présidé par le nouveau Pontife, le fils de l'An-Nu, qui officiait dans cette charge pour la première fois.

En prononçant les paroles rituelles, Ousir se sentit soudainement dans la peau du Maître, comme s'il était réellement investi, en cet instant, dans cette fonction, par Dieu lui-même ! Une mission exceptionnelle l'attendait, et c'était à lui de la mener à son terme.

Il écouta avec attention le chœur des Prêtres répéter quatre fois, vers chacune des orientations du cercle d'or, la phrase qu'il avait prononcée auparavant, ce qu'il avait fait sans conviction, n'en ressentant vraiment le sens qu'actuellement, en l'entendant à plusieurs reprises :

Je suis Ton Fils, que Tu mets sur le Trône de l'humanité pour la guider. Tu me transmets Ta Puissance sur toute la Terre. En acceptant a l'instant cette royauté alors que Tu m'as engendré à l'image humaine, je deviens Ton héritier légitime. Fais que j'en sois digne, jusqu'à ce que mon Fils, qui est aussi le tien, me remplace.

Les premières actions du jeune Maître furent de consolider de toute urgence les liaisons reliant la capitale aux deux États encore fidèles. De nouveaux accords avec ces Princes normalisèrent des relations qui commençaient à devenir très lâches. Mais, en ce premier jour du règne d'Ousir, qui était le 14 avril 9805 avant le Christ, le continent d'Aha-Men-Ptah n'avait plus que treize ans et trois mois à rester émergé au-dessus des eaux!

De ce moment, le Monarque entreprit de mettre sur pied une nouvelle armée non plus apte à combattre les rebelles, bien trop puissants désormais, mais qui se spécialiserait dans la protection des ports et des entrepôts qui croulaient sous le poids des vivres en tous genres accumulés là ainsi que les vêtements et les peaux. Cette année assurerait aussi la surveillance des milliers d'embarcations qui, en certains ports, disparaissaient et étaient utilisées comme bois de chauffage facilement abattu ! Il y avait donc une réorganisation importante à entreprendre afin de faciliter, le moment venu, l'évacuation rapide de la population encore fidèle au Maître.

Dans le reste du pays, où quelques espions parvenaient à se procurer les renseignements que Nekbeth ne fournissait pas directement au Roi, la masse énorme du matériel entreposé pour l'Exode, avait été pillée, éventrée, saccagée, rendue inutilisable par les hordes armées constituant les « Mèsit Bétésou ». Sit était devenu le « Seigneur ».Il avait préféré ce titre, qui convenait bien à la suprématie qu'il assurait sur un territoire triple de celui restant sous la dépendance d'Aha-Men-Ptah. Il y imposait à présent une dictature de fer, semant la terreur et la mort, chez ceux qui murmuraient simplement qu'il n'était pas l'héritier légitime de ce trône prétendu Divin !

Il assurait son emprise autour des deux seuls États restants, certain de sa victoire totale toute proche. À tel point qu'il avait on ne peut plus mal reçu les deux ambassadeurs qu'Ousir lui avait envoyés avec une offre de paix pour achever, dans la communauté retrouvée, les préparatifs de départ de tous les humains des huit États qui ne tarderont pas à disparaître.

Cette Ambassade, avec le long monologue en faveur d'une entente pour que le départ fut effectué en commun, mit Sit dans une rage effroyable ! Il ne croyait pas du tout à ces sornettes, et il considérait cette entrevue comme une tentative pour l'apitoyer sur le sort de tous ceux qui ne dépendaient pas encore de son autorité, comme un essai d'obtention d'une grâce totale !

Or, devant sa puissance, tous s'inclinaient ; il n'était donc pas question de laisser impunément un frère spoliateur en vie, lorsqu'il aurait repris son trône. Il avait donc renvoyé les Ambassadeurs au Palais Royal d'Ath-Mer, dans une caisse : les corps et les têtes tranchées...

Cette réponse silencieuse et terrifiante, présageait d'effroyables hécatombes avant peu, qui précéderaient celle, bien plus catastrophique et radicale, du Jour du Grand Cataclysme ! Il ne resta bientôt plus aucun doute sur la détermination affreuse de Sit d'en finir par une tuerie fratricide. L'enserrement de la capitale commença dans les mois suivants, s'accentuant par un isolement progressif, prélude au blocus total. Le « Seigneur » voulait une reddition complète du « Maître », et il allait tenter d'affamer Ath-Mer. Il ne resta plus que trois ans à égrener dans le tic-tac de l'horloge rythmant la Grande Année ! Hor eut ainsi vingt-quatre ans au moment où son oncle rebelle envahissait son septième État, et dont le premier acte de pouvoir fut d'ordonner la destruction immédiate des quatre mille petites « Mandjit », ces embarcations insubmersibles qui auraient assuré la survie d'au moins trente mille personnes de cette Province !

Si ce « Seigneur » à la petite semaine prouvait ainsi à ses troupes qu'il ne croyait guère à ces « niaiseries », Hor, avec toute l'ardeur combative qui l'animait, ne pouvait rester inactif devant un tel vandalisme. Comme il ne restait plus aux rebelles qu'un ultime assaut à donner pour occuper la capitale, la situation méritait d'être prise en main par un « jeune ». Aussi, celui qui se demandait avec humour s'il pouvait être appelé « l'héritier du trône », se rendit auprès de son père pour lui exposer un plan de défense qu'il avait en tête.

La tactique exposée par Hor à son père sembla si « mûrie », qu'Ousir fit de son fils son commandant en chef. Puisque le chef des rebelles disposait à présent d'environ trois cent mille hommes, d'armes et de vivres en quantité, l'armée régulière devrait mettre en position autant de soldats !

Cette préparation active tout autant que hâtive prit Sit de court. L'invasion dut être repoussée in extremis sous peine d'une guerre d'usure dont nul n'aurait pu prédire la fin.

Et les trois dernières années d'Aha-Men-Ptah s'écoulèrent dans un qui-vive continuel des deux camps retranchés l'un en face de l'autre, ainsi qu'en préparatifs fébriles d'attaques et de défenses, aux résultats sans cesse remis en question ! Hor de plus en plus impétueux et plein de fougue, déjouait toutes les ruses de son oncle. Il convient d'ajouter que Nekbeth l'y aidait grandement ! Elle lui avait, en plus, fortement conseillé de créer une seconde ligne de défenses intérieures pour assurer une meilleure sauvegarde des abords directs du Palais Royal, ultime bastion légal de ce qui avait été le si joli « Cœur-de-Dieu ».

Les dernières semaines passèrent dans l'attente du premier choc des forces en présence. Il était désormais inévitable et il semblait de plus en plus probable, d'après les rapports des espions, qu'il se produirait la veille ou l'avant-veille du « Grand Jour ». Plus personne ne pouvait rien empêcher !

Hor mettait les derniers éléments de défense des fortifications avancées au point lui-même, dans les jardins du château, de façon à ne pas être pris au dépourvu. D'autant qu'il savait que son oncle avait reçu de grosses livraisons d'armes, ce qui ne laissait rien présager de bon.

Jusqu'à ce jour de juillet 9792, où, dans des hurlements épouvantables, l'armée d'invasion enveloppa les guerriers fidèles, trois rebelles contre un seul garde, des renforts extrêmement importants étant parvenus la veille du déclenchement des hostilités. Sit s'étant aperçu de nombreuses fuites inexplicables, avait pris toutes les précautions nécessaires à une attaque surprise !

Le 26 au soir, la capitale était la proie des envahisseurs, qui mettaient la ville à sac, hormis quelques rares îlots de résistance, vaillamment défendus. Vols et pillages, viols et orgies étaient perpétrés dans la nuit, à la lueur des incendies, sinistres présages qui préfiguraient les derniers soubresauts de la terre que rien, cependant, ne laissait encore prévoir. Mais le désastre d'Ath-Mer était complet.

Avec les commandants de la rébellion, Sit avait occupé la Cour de Justice et y avait improvisé une réunion de l'état-major pour discuter de la poursuite des opérations militaires. Or, le Seigneur ne se décidait pas à ordonner l'invasion du Palais Royal lui-même. Son hésitation était compréhensible, et ses lieutenants durent l'admettre à contrecœur après une courte discussion.

Leurs propres troupes ivres d'alcool, de stupre et de sang, n'étaient pas en état d'affronter le corps défensif d'élite, supérieurement entraîné, qui les attendait de pied ferme. Ils étaient prêts à défendre chèrement chaque pouce de terrain, Hor, à leur tête, ayant assuré qu'il n'y aurait aucun quartier et pas de prisonniers.

La ruse était donc de beaucoup préférable à la force ! Aussi le Conseil des Rebelles décida, sur proposition de leur Chef, de tendre un piège à Ousir directement, seul moyen de mettre en défaut la vigilance d'Hor. Un émissaire lui fut donc envoyé, chargé de lui faire croire que son frère cadet ne ressentait plus d'animosité envers sa famille, qu'au contraire, des sentiments pacifiques l'animaient désormais et qu'il souhaitait vivement faire cesser cette guerre fratricide par un accord ménageant l'honneur des deux partis. Par cet envoyé, Sit offrait un armistice en premier gage de sa bonne foi, à condition qu'Ousir vienne lui-même avec le parlementaire pour discuter et signer les clauses de l'arrêt des hostilités qui ne manquerait pas de résulter de cette rencontre. Malgré les avertissements de Geb, appelé en hâte à la rescousse par Nout en pleurs, qu'Iset avait immédiatement été prévenir, le jeune Maître fit savoir qu'il devait accepter de se rendre à cette entrevue, cette offre du frère cadet ayant une chance d'être sérieuse, même si cette hypothèse était peu crédible. Il était vital pour tous de tout tenter pour trouver un accord, même provisoire, les éléments pouvant se déchaîner dès le lendemain.

Autre stèle, dite de Metternich, et dédiée aux exploits d'Horus contre Seth.

Son épouse, pendue à son bras, éperdue de chagrin, ne savait plus que dire pour empêcher le drame qu'elle pressentait ! Et Nekbeth n'était pas au Palais pour expliquer ce qui se passerait au cours de la réunion. Ousir convint que se rendre à cette entrevue présentait quelque danger car cela ressemblait fort à un guet-apens, mais il devait y aller quand même. La fin de leur monde était trop proche pour qu'il néglige une seule chance de faire la paix avant que le drame ne se produise. Il fallait que la population puisse en toute liberté se précipiter vers les embarcations encore intactes en certains endroits.

Le Maître serra tendrement Iset contre lui, comme s'il devait revenir très bientôt, mais, dans le fond de son âme, la parcelle Divine disait que c'était un voyage sans retour. Il accepta à contrecœur la garde d'honneur que lui imposa son père à titre d'escorte, qui comprenait seize hommes et un officier. Il partit heureux de laisser la garde du château à Hor, sachant que son fils défendrait vaillamment toutes les installations du Palais. ·

À Ath-Mer, cependant, les chefs des « Fils de la Rébellion » attendaient avec impatience le retour de leur émissaire. Des guetteurs étaient placés sur les terrasses environnantes, d'où, à la clarté des incendies qui illuminait le ciel de toute part, ils scrutaient l'horizon pour être les premiers à indiquer qui arriverait avec l'envoyé spécial ! Sit se voyait déjà le Maître du Royaume !

Après avoir traversé sa capitale en flammes et en ruines, Ousir et sa suite parvenaient sur la route menant à la Cour de Justice, où il était déjà annoncé. Dès que le portail d'entrée fut franchi, les gardes de l'escorte royale, avant qu'ils aient pu esquisser le moindre geste de défense, étaient tués par des lances et des flèches qu'ils avaient reçues en plein cœur ou dans la tête. Les rebelles avaient été massés dans la cour intérieure et ce fut plutôt une boucherie qu'une bataille...

Ousir ne fut que blessé à une épaule, des ordres avaient été donnés de l'épargner. Mais il fut traîné sans ménagement jusqu'à la salle où étaient réunis les chefs et Sit. En cours de route, l'épaule cassée fut déboîtée par la violence des hommes qui le tiraient précisément par ce bras-là en hurlant.

Ivre de son triomphe complet, Sit vint se pencher au-dessus de ce frère haï, démantibulé et saignant à ses pieds, mais qui ne se plaignait pas et le regardait avec une infinie tristesse. C'est cela qui déclencha une fureur irraisonnée ! Il se saisit de l'épée de l'un de ses capitaines et en transperça à plusieurs reprises le corps blessé, sans qu'une plainte ne s'en échappe. Fatigué dans sa démence, il ordonna à chacun de ses chefs de porter eux-mêmes un coup vengeur. Ce qu'ils firent, quelques-uns en proférant des insultes, d'autres par vengeance, mais trois se turent et plantèrent leur lance dans l'agonisant avec répugnance.

Sans un murmure, Ousir expira, probablement avec le seul regret de ne point s'être trompé sur son frère, qui niait la nécessité de s'unir devant l'adversité toute proche, comme il reniait sa famille. Et tous, comme lui, ne tarderaient pas à rendre leurs âmes à ce Dieu qu'ils ne voulaient pas non plus reconnaître comme étant leur Père !

Cette pensée ultime était loin de Sit, qui écumait d'avoir vu ce frère honni mourir si rapidement. Poussant un hurlement, il jeta un regard hagard autour de lui, cherchant quelque chose pour envelopper le cadavre, afin qu'il pourrisse en conservant cette âme, qui ainsi se décomposerait et ne viendrait pas l'incommoder dans ses nuits d'insomnie.

Avec un cri triomphal, il avisa une grande peau de taureau séchée, disposée en tenture de séparation entre deux pièces. Il s'en saisit d'une poigne rageuse et tira dessus. Il l'étendit à terre, puis, du pied, poussa le corps encore chaud sur le cuir. Il fit signe à deux de ses adjoints de refermer les bords. Ensuite, à l'aide d'une lanière de cuir d'une des tentures, il serra lui-même soigneusement l'ensemble, le ligotant du plus fort qu'il put, afin de ne laisser aucun passage d'air ni le moindre interstice par lequel l'âme d'Ousir aurait pu s'enfuir !

Un soupir de soulagement s'échappa de sa gorge en contemplant son œuvre ! La conquête du Palais serait désormais un jeu d'enfants. Afin qu'il ne subsiste rien de cette carcasse détestée, Sit ordonna à un de ses commandants de prendre quatre hommes pour porter le « colis » jusqu'au bras de mer, où il faudrait le jeter après l'avoir lesté. L'eau l'emporterait au loin, là où les crabes et les poissons carnivores se régaleraient de la dépouille après que le sel ait détendu la lanière et ouvert la peau de taureau ... soit dans fort longtemps !

Après quoi le « Seigneur » monta à l'étage supérieur, où plusieurs prisonnières attendaient le bon vouloir des vainqueurs. Il s'en choisit une, avec laquelle il verrait se lever le jour, moment tant attendu où il romprait le blocus qu'il avait institué pour donner l'assaut final au Palais ! Les clameurs de la belle victoire qui venait d'être entérinée par le départ du cadavre d'Ousir, accompagna sa montée, en le faisant rêver à son ascension du lendemain, qui serait la consécration tant attendue comme Maître d'Aha-Men-Ptah !

Dans le même temps, Nekbeth, accourue à la demande d'Iset, avait la vision épouvantable et tragique des événements se déroulant à Ath-Mer. Aussitôt, elle avait fait prévenir Hor, qui veillait avec ses fidèles officiers à ce que les gardes soient tous à leurs postes pour le choc décisif.

Après avoir été mis au courant des faits qui s'étaient déroulés à la Cour de Justice, il avait instamment prié sa sœur d'aller au fond de sa vision, et de lui dire ce qui s'était passé. Folle d'horreur, elle s'était évanouie, ne pouvant plus supporter les atrocités qu'elle « voyait » commettre à distance, sans rien pouvoir faire pour les empêcher. Objet des soins attentifs de tous, elle revint rapidement à elle, et offrit d'accompagner Hor s'il tentait une sortie, afin de l'aider pour venger Ousir.

À ce moment Iset reparut, hagarde. Elle avait fini par s'endormir, vaincue par la fatigue et l'anxiété, terrassée par un sommeil lourd. Elle avait été réveillée par un cri strident, ne s'apercevant qu'ensuite que c'était elle qui avait crié hurlant le nom de son époux. Ce hurlement à la fin de son rêve prémonitoire ancra instantanément cette idée en elle : Ousir avait été tué !

Elle s'était précipitée hors de la pièce et arrivait devant Hor et Nekbeth pour comprendre qu'elle ne s'était point trompée. Devant son état de nervosité, le jeune chef décida les deux femmes à rester ensemble à l'intérieur du Palais tandis que lui-même allait immédiatement s'occuper de la vengeance de son père.

En peu de temps, il réunit deux mille hommes de troupe à qui il expliqua ce qui s'était passé et ce qu'il attendait d'eux. Tous partirent la rage au cœur vers Ath-Mer, en une cohorte vengeresse. Les Fils de la Rébellion assurant le blocus du Palais étaient fort maussades. Ils avaient entendu les cris de victoire et ils attendaient vainement une relève depuis plusieurs heures afin d'aller eux-mêmes se mêler à la curée, mais leur impatience était mise à rude épreuve. Ils discutaient tout haut, criant contre leurs officiers qui n'envoyaient personne se renseigner. Aussi ne virent-ils pas fondre sur eux, pas plus qu'ils ne l'avaient entendu s'approcher, tel un marteau pilon aplanissant tout sur son passage, les deux mille gardes qui enfoncèrent sans difficulté le front des rebelles, tuant impitoyablement tous ceux qui étaient sur leur route ! Hor fit comme ses compagnons, se frayant un chemin à coups de hache, celle-ci ramassée sur place car il avait cassé sa lance en l'enfonçant trop violemment dans une poitrine ennemie.

Avec sa troupe pratiquement au complet, il parvint rapidement devant la Cour de Justice où il dut se rendre à l'évidence avec horreur : les lieux étaient vides *de vivants* ! Au premier, des corps mutilés de femmes assassinées, seuls vestiges bestiaux du passage des Fils de la Rébellion. Ivre de fureur, il lança quelques éclaireurs pour obtenir des renseignements. En peu de temps, il sut quel chemin suivre pour rattraper les meurtriers de son père, faire justice et ramener son corps au Palais.

La petite armée, sur son chemin, délivra plusieurs quartiers des brigands qui avaient décidé de passer le reste de la nuit chez les habitants. L'effectif d'Hor en fut ainsi doublé, les hommes valides décidant de se joindre à la troupe régulière. Sit, qui avait été prévenu par ses guetteurs de l'arrivée d'une véritable armée, avait fui une première fois à toute vitesse, puis venait de décider de se replier dans le bois tout proche.

Peu avant l'aube, la capitale tout entière était libérée, mais complètement dévastée ! Hor regroupait toutes les forces disponibles, sachant que son oncle devait faire de même dans une clairière où il aurait l'avantage, ayant l'habitude de vivre au plus profond de la forêt.

Au moment où le Soleil dut paraître... nul ne le vit. Il se leva sur le dernier jour que devait vivre cette humanité. Les Temps étaient révolus en ce 27 juillet 9792. Une aube irréelle pointa, la dernière de cette ère où le Soleil évoluait devant la constellation du Lion, resplendissant ordinairement d'une clarté dorée et éblouissante, prélude d'une belle et chaude journée d'été !

Ce matin-là, l'astre du jour sembla absent du ciel... tout comme le ciel lui-même, car un épais brouillard, de clarté diffuse et rougeâtre, oppressant par son épaisseur, étouffait tout ! Il absorbait non seulement les bruits, mais également la clarté du jour et l'air, ce qui rendait soudain la respiration sifflante et difficile. Une odeur amère et piquante, semblable au natrum qui embaumait les corps des morts, flottait et faisait trembler tous les vivants qui reconnaissaient cette saveur fétide.

Lorsque le peuple, par tout le continent, s'éveilla, il comprit qu'un événement inhabituel se produisait. Et la nature profonde de l'homme resurgit, engendrant une peur irraisonnée devant cet inconnu dramatique qui survenait.

Dans la capitale, où personne n'avait fermé l'œil au cours de cette. nuit sanglante, chacun sut que le jour était bien venu de régler les comptes avec Dieu, et que rien ne serait versé au crédit de cette humanité insouciante et inconsciente. Le sacrilège fratricide de la nuit allait trouver sa punition Divine.

La panique qui s'ensuivit est pratiquement indescriptible ! Les Annales la narrent en long et en large, en réalité elle est semblable à n'importe quelle terreur engendrée par des circonstances aussi terrifiantes. Une grande partie de la population valide courut vers le Palais Royal chercher un refuge auprès du « Maître » à. qui tout était possible. Les pauvres gens ne se souvenaient même plus qu'ils se moquaient encore ouvertement la veille de celui dont ils recherchaient soudain la protection, et qui tentait quelques heures plus tôt de les décider à hâter des préparatifs d'Exode.

Au château, durant ce temps, une triste veillée funèbre s'étirait en l'attente de l'apparition de la clarté solaire. Geb et Nout étaient en compagnie de *l'An-Nu-Père*, les autres membres de la famille s'occupant des réfugiés qui étaient venus durant la nuit, mais Iset avait entraîné Nekbeth avec elle pour rejoindre Hor et retrouver Ousir, même mort.

Étant arrivées trop tard à la Cour de Justice, les jeunes femmes tinrent un court conseil sur la conduite à suivre. Iset était pour rattraper son fils à la lisière du bois, mais sa sœur lui fit remarquer que son époux ne se trouvait pas dans cette direction mais à l'opposé, en bordure d'une plage. Ce fut alors qu'elle se rendit compte la première de l'étrangeté de cette atmosphère qui brouillait même sa vision. Elle comprit immédiatement et expliqua la situation à Iset. Il fut donc décidé d'aller de toute urgence au bord de la mer, où elle pourrait au moins mourir près de son époux. Ce sentiment égoïste ne choqua point la gentille épouse de l'An-Nu jeune, qui savait ses propres enfants en sûreté près de lui.

La matinée avançait donc, mais personne n'aurait *été* capable de dire l'heure car le soleil était toujours invisible, dans un jour où commençait seulement à s'éclaircir la rougeur sombre de la poussière impalpable de ce brouillard étrange qui prenait une teinte rouge sang.

Hor comprenait également que non seulement l'heure des règlements de comptes proprement humains était arrivée, mais aussi celle du lourd contentieux entre Dieu et les créatures qu'il avait modelées à Son image ! Il avait la chair de poule el bien du mal à ne pas montrer sa propre peur devant ses troupes elles-mêmes affolées ! Si ses soldats avaient su où se rendre, ils auraient déguerpi à toute allure ; mais leur jeune chef leur avait donné l'assurance qu'il s'occuperait de les faire partir à temps, eux et leurs familles.

Car il n'avait pas tout à fait perdu l'esprit, il pensait avec justesse que l'état d'effervescence apeurée qui régnait au sein de son armée, devait être identique, sinon pire, chez les rebelles ! Il fallait donc en profiter pour porter un coup décisif. Il réunit ses commandements pour donner l'ordre d'assaut général afin de prendre le bois dans sa totalité et y exterminer tout ce qui y bougeait, sans distinction. Il demandait seulement d'être prévenu à temps de l'endroit où se trouverait Sit afin qu'il apprenne de sa bouche ce que son père était devenu, avant qu'il ne soit mis à mort.

Ce stimulant galvanisa l'armée tout entière et elle en avait bien besoin dans ce silence insolite, total et étouffant. Ce fut un déferlement d'hommes-fantômes qui ne voyaient pas ceux qui les précédaient à plus de deux mètres, pas plus que les arbres qu'ils évitaient de justesse.

Dans cette quasi-puanteur rougeâtre, le choc des deux armées fut aussi violent que subit. Elles se trouvèrent soudain face à face, et durant une longue heure le résultat fut incertain ! La figure hirsute des uns voyant avec peine le visage apeuré des autres. La fureur des hommes mettait soudain tout en œuvre pour détruire le fruit des siècles de civilisations, alors qu'il ne restait plus que quelques heures de survie à cette terre maudite. Et la fureur Divine déclencha sa Toute-Puissance !...

Les premiers frémissements de la croûte terrestre se produisirent, légers, mais suffisamment perturbateurs pour faire cesser les combats sanglants et grotesques en cet instant où les guerriers des deux camps vivaient leur dernière heure.

Chapitre Douzième

LE GRAND CATACLYSME

Les Sources du Grand Cataclysme jaillirent des cieux crevant les écluses Divines du Lion.

Texte des Pyramides

En ce jour-là, les sources du grand abîme jaillirent, et les écluses des cieux s'ouvrirent.

Ancien Testament
(Genèse VII, 11)

Les temps étaient accomplis ! Tout en marchant sur le chemin qui longeait le mur d'enceinte, l'An-Nu tentait de percer cette obscurité rougeâtre désagréable, pour contempler une ultime fois la sérénité dorée du Temple-Dieu. Mais rien ne transparaissait plus dans la puanteur gluante de cette brume effroyable.

Il parvint auprès du double battant du grand portail avant même de le voir. Une foule immense, immobile, agenouillée et prosternée à même les dalles poisseuses, était désemparée. Le vieux Pontife aurait pu triompher facilement, mais en vérité il ne tira aucune vanité de la détresse générale. Tous allaient mourir. Il n'était plus temps de se repaître d'une victoire dont il ne tirerait aucun avantage, les temps étant accomplis...

Dans sa toute-puissance, le Dieu de l'Éternité allait punir ses créatures des innombrables péchés qu'elles avaient commis, et lui, qui n'avait point su les en empêcher, subirait le même sort. Des craquements sinistres montèrent des profondeurs faisant trembler les pieds puis, s'amplifiant, le corps entier ! Les pleurs, les cris de pitié, les hurlements, l'angoisse de toute une foule qui tentait d'implorer ce qu'elle avait bafoué et renié, sembla suprêmement vain.

Des craquements sourds créèrent des perturbations dans la lueur rougeâtre qui avait tendance à s'éclaircir au-dessus des têtes, leurs vibrations mirent à rude épreuve les tympans dont certains éclatèrent. Geb survint à ce moment, las et fourbu, mais tenant à faire acte de présence en l'absence de son fils, le Maître, vers qui le peuple se tournait pour attendre un secours. Des clameurs de satisfaction s'élevèrent à sa vue, car il apparaissait de nouveau comme un Fils de Dieu, donc comme le Sauveur.

Le vieux Monarque parvint à redresser sa taille qui ployait sous les ans d'un long règne, particulièrement éprouvant par la sottise des gens qui en ce matin-là l'acclamaient ! Il ne se sentait plus de taille à reprendre une autorité qui n'était plus la sienne, mais uniquement celle d'un Dieu en colère. La situation aurait été ridicule, si ce dénouement tragique n'avait été prédit si souvent et si longuement muri avant son accomplissement.

Aussi le vieil homme, parvenant près de son fidèle ami l'An-Nu, haussa les épaules en signe d'impuissance ; le sauvetage de son peuple, qui avait été si inconscient, égoïste et impie, devenait de plus en pins aléatoire. Il prit cependant la seule décision possible : il décréta l'Exode général immédiat. Tout le monde devait s'apprêter à quitter ses foyers, ses terres, ses biens, et son pays d'Aha-Men-Ptah, sans aucun espoir de le revoir un jour...

L'ordre devait présider au départ vers le port, ct être rigoureux lors de l'embarquement, sous peine que trop de hâte fasse échouer la partie la plus pénible du programme qui avait été élaboré avec soin afin d'éviter toute panique. Les soldats royaux seraient à pied d'œuvre pour aider tous ceux qui arriveraient.

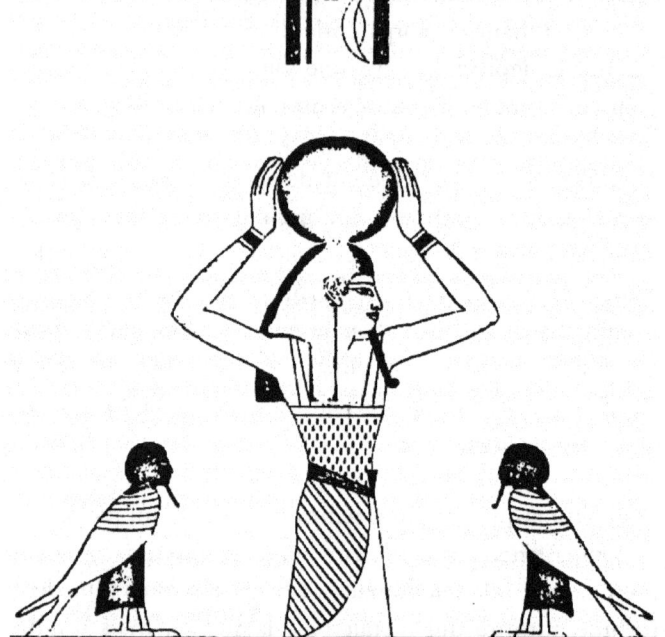

Les temps sont accomplis ! Osiris se charge du poids des fautes de l'humanité en se couronnant du Soleil défunt, afin que le Soleil nouveau qui se lève à l'est soit le nouvel instrument de Dieu.

Sans plus attendre dans ce Temple, la foule se dispersa rapidement, terrorisée malgré elle, afin de préparer au plus vite un ballot sommaire d'objets de stricte nécessité.

Dans la rade du port royal, des milliers de barques « Mandjit », réputées insubmersibles, avaient été stockées et rigoureusement gardées, avec l'équipement complet de survie embarqué : galettes d'orge, quartiers de viande séchée et salée changés chaque année, cruches d'eau étanches. Le vieux Roi envoya sur-le-champ des émissaires aux quatre arsenaux maritimes, afin que les portes en soient grandes ouvertes immédiatement et que les militaires prennent position pour que les départs aient lieu dans le meilleur ordre possible.

Ces premières dispositions, en l'absence d'Ousir et d'Hor, devaient déjà permettre le départ de plusieurs centaines de milliers de personnes en bon ordre. Dans le même temps, l'évacuation s'organisait au Palais pour toutes les familles y habitant, ainsi que sur les domaines des Prêtres. Tous déménageaient sur les bateaux qui leur avaient été affectés, depuis plusieurs années, ce qui leur restait à y transporter. Pour eux, les précautions prises depuis plusieurs décennies se révélaient payantes.

L'An-Nu en titre, le fils Aîné, donnait calmement ses ordres depuis l'endroit spécial de la rade royale où attendait son « armada ». Toutes ses directives étaient suivies à la lettre, et les trésors de toutes sortes s'entassaient dans les cales des plus grosses galères, que des remous profonds commençaient à secouer légèrement. Mais la brume, toujours aussi pesante, empêchait de se rendre compte avec exactitude de l'ampleur du désastre éventuel, même les bruits en étant très assourdis. Aussi, même sa famille embarqua dans le calme, sauf Nekbeth toujours absente, mais cela ne le tracassait pas trop, convaincu en son cœur qu'elle ne risquait rien et qu'ils se retrouveraient...

Le peuple, lui, descendait en se bousculant, en courant, essayant de traîner à sa suite un bric-à-brac invraisemblable d'ustensiles ! La panique s'emparait de tous ces pauvres gens qui, soudain, étaient devant une réalité si souvent tournée en dérision qu'il leur était impossible d'en comprendre encore la démesure réelle.

À une centaine de kilomètres de là, des volcans calmés depuis des millénaires, se trouvèrent soudain pris de contractions. Les feux souterrains devinrent assez puissants pour se faire jour et leur pression devint telle, qu'ils lancèrent haut dans le ciel une véritable pluie de terre pulvérulente s'agglomérant au brouillard et retombant jusque sur Ath-Mer. Une pluie solidifiée, de petites roches et déchets de toutes sortes, s'abattit sur la foule en marche vers les ports, écrasant les uns, assommant les autres, et l'enfer se déchaîna partout.

Ce fut une ruée vers la rade, chacun abandonnant tout ce qu'il avait de précieux pour courir plus vite. Sur le port, une peur animale balaya tout sentiment humain ; les militaires, qui ne résistaient plus qu'avec difficulté à leur propre angoisse, furent soudain renversés, écrasés, foulés aux pieds par une horde hagarde prenant d'assaut les frêles embarcations de papyrus, tressées extrêmement serré, puis enduites de résine et enfin de bitume pour les rendre imputrescibles et indestructibles.

La terreur qui les tenaillait, et l'horreur de l'événement incroyable qui se produisait, leur firent perdre toute notion de sécurité. Au lieu de ne monter qu'à dix personnes ou, au pire, à quinze, ils prirent les premières « mandjit », d'assaut, se battant mortellement, afin de s'y entasser à vingt ou trente. Si bien que la première flottille sombra avant de partir avec tous ses occupants. Quelques milliers de pauvres gens affolés périrent ainsi avant même d'avoir quitté le port de ce qui ne serait plus pour longtemps Aha-Men-Ptah !

Les volcans de nouveau actifs, crachèrent la colère Divine, recouvrant de lave les villages avoisinants. Les habitants, terrorisés, qui s'étaient calfeutrés dans leurs maisons, furent ensevelis en quelques secondes sous un fleuve incandescent.

Des milliers de tonnes furent vomies en quelques secondes par une dizaine de bouches fraîchement ouvertes, se frayant mille routes nouvelles à chaque ébranlement. Les montagnes les plus solidement assises ne résistèrent plus aux secousses imprimées au sol : des flancs se déchirèrent de toutes parts, d'autres éclatèrent et se volatilisèrent.

Deux pauvres femmes, loin de là, isolées, tentaient de retrouver un cadavre. Nekbeth guidait sa sœur dans les méandres bourbeux et puants du rivage à peine visible. Les soldats qui les accompagnaient au début avaient presque tous fui ! Il n'en restait plus que trois, prêts eux aussi à déguerpir s'ils avaient pensé pouvoir arriver à temps en un lieu d'embarquement. Car la « voyante » éprouvait de grandes difficultés à se concentrer pour « voir » exactement l'endroit où elle avait décrit la peau contenant le corps d'Ousir assassiné.

Elle savait qu'une branche basse d'un gros sycomore, au ras de la berge d'une petite anse de forme très caractéristique, agrippait et immobilisait le corps d'Ousir. Mais il était évident que les remous terribles qui se manifestaient désormais dans la mer, risquaient de rompre cette fragile amarre et d'entraîner le corps définitivement au loin, d'autant plus qu'elle ne pouvait assurer une bonne « voyance », étant donné l'atmosphère d'Apocalypse régnante.

Ce qui était pire que tout, c'était que Nekbeth savait que ce qui l'empêchait de « voir » était sa propre inquiétude quant au sort de son mari à elle et de ses enfants ! Depuis qu'elle « savait » qu'il était au port avec toute la famille, elle avait perdu tout « contact ». La panique régnant alentour et les milliers de cadavres ne lui permettaient plus aucune vision valable.

Et le petit groupe errait dans un périmètres restreint, certes, mais au sein duquel les petites rades étaient nombreuses et cachées par ce brouillard épais. Il fallait donc les explorer une à une ! Iset commençait à désespérer et sa sœur, hélas, n'osait plus l'assurer d'un résultat ! Ils étaient bien les seuls êtres rivant encore dans cette immensité où les animaux et les oiseaux s'étaient déjà enfuis Dieu seul savait où. Cela valait-il la peine de continuer les recherches si eux aussi devaient mourir ?

Sit se posait la même question désormais, quoiqu'en pensant à la lutte menée par les Fils de la Rébellion ! La plupart des brigands avaient fui en tous les sens dès les premières contractions de la terre sous leurs pieds. Ils avaient douloureusement ressenti cet avertissement plus grave, où toutes leurs notions d'équilibre et de justice étaient bafouées ! Le sol se soulevait, s'abaissait, se crevassait, pratiquement d ns un silence étouffant, qui servait d'entrée à un enfer dont ils avaient nié l'existence. Eux qui n'avaient pas cessé de se moquer des superstitions qui annonçaient la fin d'Aha-Men-Ptah, se sentirent soudain coupables et ne songèrent plus qu'à gagner un lieu plus paisible, où ils pourraient reprendre leurs esprits et s'en remettre à la grâce de Dieu.

Ce fut ce moment propice que choisit Hor pour lancer ses derniers fidèles à l'assaut d'un tertre qui ne demandait plus qu'à être investi. Il apparut lui-même aux rebelles, tout soudainement, à moins de trois mètres des chefs réunis, pourfendant l'un, assommant l'autre, tel un Dieu vengeur ! Et ces guerriers sans foi ni loi abandonnèrent tout, courant jusqu'au plus profond de la forêt, par des sentiers grimpant vers les montagnes, durant plus d'une heure. Ils arrivèrent ainsi à la rencontre du fleuve dantesque sans avoir remarqué sa descente brûlante du feu de l'enfer. Ils furent tous ensevelis et réduits en cendres avant d'avoir eu le temps de rebrousser chemin.

Leur chef, qui s'était isolé de son état-major peu avant l'attaque avec deux officiers, pour prévoir des endroits où placer des pièges, n'avait rien su de la courte bataille qui s'était livrée entre les deux camps, et encore moins entendu de bruits, absorbés d'ailleurs par le « brouillard » rougeâtre.

À leur retour, leur stupéfaction atteignit à son comble lorsqu'ils ne virent que des estropiés et des morts, entourés d'innombrables épées et de masses abandonnées. Sit comprit enfin la vanité de sa rébellion devant Dieu et qu'il avait participé à l'accélération d'un processus désormais irréversible. Tout était perdu, même l'honneur. Il restait seul, hébété, hésitant, tâchant de récupérer sa parcelle d'étincelle Divine qu'il avait jadis jetée aux ordures parce qu'elle venait de sa mère Nout ! L'atmosphère environnante avait raison de toutes les consciences...

La soldatesque, qui avait reflué vers le bas et la mer, s'était heurtée au gros de la troupe d'Hor, dont les chefs avaient convenu entre eux de stopper là leur progression en avant, afin d'évacuer le plus rapidement possible, et d'en faire part à leur chef.

Une dernière bataille opposa les deux armées, et la troupe gouvernementale, parfaitement contrôlée tailla les rebelles en pièces. Après quoi, les chefs avisèrent le fils du Maître défunt qu'il valait mieux laisser le chef rebelle mourir en solitaire et guider les fuyards vers une nouvelle destinée.

Hor donna toute liberté à chacun de partir en bon ordre, mais décida de rester lui-même afin de poursuivre son oncle et de le tuer pour que son père soit vengé. Aussitôt, une nouvelle ruée fit se précipiter les soldats en sens inverse, vers les ports où ils savaient retrouver leurs familles... peut-être. Dans cette forêt, pas très éloignés l'un de l'autre, restèrent seulement deux hommes, assis chacun sous un arbre et méditant tristement sur les événements tragiques et les éléments déchaînés...

Les « Mèsit Bétésou » n'existaient plus, et leur nom s'en perdrait à jamais ! Sit songeait avec amertume, admettant à contrecœur la puissance Divine, à l'abandon de tout auquel il était acculé ! Mais pour fuir où ? Il pensait bien qu'Hor le guettait non loin de là, prêt à venger la mort de son père !

S'il voulait en réchapper, il lui fallait prendre les devants et tuer de ses propres mains ce neveu qui ne lui laisserait aucun repos s'il restait en vie. Hor, encore méditatif non loin de là, arrivait aux mêmes conclusions, à savoir qu'il ne connaîtrait aucun répit s'il ne poursuivait pas de sa vengeance le meurtrier. Tout sentiment de prudence le quitta peu à peu et il arma sa main, fermement, d'une lourde épée de bronze. Le dernier choc humain, désormais inévitable, sembla suspendre la marche en avant des éléments en furie.

Il n'en allait pas de même au port royal, ni dans les rades encore abritées du port de la capitale ! Le tumulte atteignit son paroxysme, car ce n'était plus quelques milliers de personnes que la terreur paniquait, mais plusieurs centaines de mille qui se pressaient, s'étouffaient, se débattaient, s'entre-tuaient, plus aucun soldat n'assurant la moindre sauvegarde des biens publics, autrement dit des embarcations.

Mais le manque total de visibilité, qui stupéfiait la foule, ne l'en précipitait pas moins vers le bord de la jetée. Une poussée irrésistible se produisait, qui jetait les premiers rangs dans l'eau, les « mandjit ». du bord ayant coulé de leur trop-plein de passagers. Les autres, réussissant à vaincre la marée humaine, embarquèrent loin du goulet d'étranglement, prenant leur temps afin de ne pas couler leurs frêles esquifs avant de détacher les amarres.

Ce moment précis vit arriver la horde rebelle dans la rade et, telle un rouleau compresseur, elle rejeta sur sa droite et sur sa gauche tout ce qui gênait son avance vers les bateaux. Tout ce qui obstruait son chemin était poussé dans l'eau. Ils ne surent que trop tard qu'ils couraient ainsi vers leur propre mort bien plus rapidement que s'ils avaient pris leur temps, calmement, pour parvenir à ces fameuses « mandjit » !

En effet, ils commirent la même erreur que ceux qui les avaient précédés, en surchargeant beaucoup trop les embarcations ; dans leur hâte d'embarquer, ils ne s'en aperçurent qu'en voyant leurs bateaux s'enfoncer. Leur poids les entraîna par le fond en une seconde couche de cadavres qui s'entassa sur la première. Mais d'autres, qui se crurent mieux inspirés, avaient dirigé leurs pas vers le port royal où les grandes galères entassaient leurs chargements en toute hâte, mais assez calmement. Le déferlement des rebelles déclencha une tuerie qui laissa seuls survivants les plus forts, c'est-à-dire les « Mèsit Bétésou ».

Fort heureusement, l'An-Nu et sa famille, ainsi que plusieurs navires de Prêtres, avaient quitté le quai. Bien que tout près, cachés par l'écran rougeâtre ils ne virent rien, et ils n'entendirent rien, de l'épisode meurtrier qui ensanglanta le dernier jour d'Aha-Men-Ptah !

Les deux chefs, eux, s'approchaient l'un de l'autre, sans le savoir. Sit, cependant, plus habitué à pister en forêt, sentait que son neveu ne pouvait être loin de lui. Le brouillard, qui semblait encore s'épaissir, le protégeait en le rendant invisible, et le « Fils de la Rébellion » s'arrêta pour tenter de le localiser dans ce silence total. Cet arrêt favorisa ses intentions car, au même instant, un nuage épais de cette brume se déchira, poussé par le vent, démasquant un petit tertre surplombant le sentier sur lequel il avançait, à peine à vingt mètres en avant, et en surplomb. Là, Hor était posté en pose méditative et scrutait, mal- heureusement pour lui, le côté opposé.

L'onde. tout à coup, se sentit de nouveau envahi par sa soif d'anéantir les membres de cette famille détestée, oubliant qu'il en faisait toujours partie. Il lui fallait tuer le neveu, comme il réussirait à supprimer ses deux sœurs. Aussi, dès que la brume eut gommé la silhouette d'Hor, Sit s'approcha à pas feutrés de son jeune parent.

Les craquements de la croûte terrestre recommencèrent leur terrifiante symphonie, répercutant un écho sinistre et lourd. Les coulées de lave, qui avaient progressé lentement, atteignirent l'orée de la forêt et commencèrent leur œuvre destructrice, cassant les arbres séculaires comme des fétus de paille, les brûlant sur leur passage et anéantissant toute parcelle de vie végétale ou animale sous une couche de matière ardente.

Dans le ciel, qui parut s'effondrer à son tour, retentirent des explosions assourdies mais dont l'éblouissement soudain fit sursauter autant l'oncle rebelle que le fils cadet attendant sa vengeance : le tonnerre se mettait de la partie et la foudre démontrait encore une fois aux deux protagonistes qui allaient se trouver en présence que l'Éternité appartenait à Dieu. Mais cet avertissement céleste n'eut pas de suite immédiate, car une vapeur nauséabonde précéda, bien en avant, le désastre créé par le fleuve en fusion. Les narines soudain piquantes, celte odeur âcre et amère fit hoqueter les deux hommes.

Sit, qui n'était plus qu'à trois pas au-dessous de son neveu, fut envahi à ce moment par une peur irraisonnée. Il lança donc sans plus attendre, à toute volée, la masse qu'il serrait fortement dans une main. Celle-ci frappa avec force le descendant d'Ousir à l'épaule droite, la lui brisant nette !

Son cri de douleur se perdit dans les hurlements de la forêt en train de se consumer ; il s'affaissa d'un bloc en lâchant son épée, et son genou gauche cogna contre une arête de la roche dure, l'empêchant de tomber en contrebas, mais en cassant du même coup la rotule. Respirant avec force, et tentant de reprendre son équilibre pour voir où était l'être immonde qui l'avait frappé par-derrière, il se souleva mais retomba lourdement.

Ivre de rage à la vue d'Hor encore vivant, Sit ramassa l'épée tombée à ses pieds et, avançant d'un pas rapide, il lança la lame d'un jet ajusté de toutes ses forces. Celle-ci atteignit le visage, se plantant en un endroit que le rebelle ne put voir, les deux mains de son neveu tenant le bronze devant sa face et se tachant rapidement de sang.

Sit, désormais certain d'être le vainqueur, s'enfuit à toute vitesse sans plus attendre car il apercevait une énorme vague noirâtre et incandescente, dont les flots de braises fantomatiques s'écroulaient de plus en plus près, en dévalant des hauteurs environnantes. Ainsi Hor n'avait-il plus aucune chance d'en sortir vivant... ni même mort ! Son âme non plus ne pourrait pas venir tenter de le troubler.

La lave coulait avec un sifflement monstrueux, élevant d'énormes nuages de vapeur brûlante, de plus en plus proches du fils d'Ousir désormais solitaire et abandonné à la seule volonté Divine. Une épaule brisée, un genou cassé, l'œil droit crevé et l'autre injecté de sang, il semblait qu'Hor n'ait plus que quelques instants à vivre ! Mais il était toujours en vie bien qu'immobilisé sur son promontoire... et ne voyant plus rien.

Son oncle semblait être parti, le croyant vraisemblablement mort ; aussi adressa-t-il une ultime prière de remerciements, priant Dieu de sauver Iset et les autres membres de sa famille. Il acceptait volontiers de disparaître à tout jamais en échange de la vie des autres. Le sang s'écoulait de ses plaies et il ne lui restait plus guère de temps pour s'appesantir sur sa douleur. Il entendait bien le fruit. infernal qui grandissait, près de lui, mais il ne voulait pas céder à la panique de l'invisible !

Déjà, le fleuve de lave couchait les arbres proches, et la vapeur bouillante le surplombait, l'enveloppant en quelques secondes. Un seul râle s'échappa de sa gorge où l'air ne passait plus, et il s'évanouit. S'il se crut mort un moment, Dieu cependant veilla à ce que cette impression ne dura pas. Le Créateur avait choisi ce genre de cautérisation pour refermer toutes ses plaies sanguinolentes et purulentes, et l'empêcher dans le même temps de tenter une action irréfléchie qui l'aurait fait tomber au bas de sa colline et mourir carbonisé. Car la lave ne put venir à bout de ce roc de granit dur et tourna autour, l'entourant durant sa descente, mais le préservant. Hor restait sauf...

Au bord de la mer, toujours attristée, Nekbeth parvenait enfin à l'endroit tant recherché. La petite baie était là, embrumée certes, mais du bord d'une berge se détachait l'énorme sycomore, bien visible. Il n'y avait plus qu'à s'en approcher et à se pencher au bout de la branche la plus basse, qui devait baigner dans l'eau, pour y retrouver la peau de taureau contenant le corps d'Ousir.

En peu de temps, les recherches étaient terminées : c'était bien l'endroit vainement recherché. Iset poussa un soupir de soulagement ; le retard apporté à quitter cette terre devenue maudite n'aurait pas été inutile ! Les deux sœurs ramenèrent précautionneuse- ment sur terre la peau, que les soldats mirent sur une des petites « mandjit » vides, voguant dans cette anse, ayant probablement cassé leurs amarres et échouées là, amenées par le fort courant qui s'était levé.

Après une courte discussion, la Reine ordonna à sa sœur de quitter le rivage avec le corps et les soldats pour tenter de rejoindre sa propre famille. Il était temps qu'elle pense à elle. Iset partirait seule à la recherche de son fils. Son époux étant hélas mort et déjà enseveli dans cette peau, c'était à la mère et à elle seule de sauver le fils aîné, si cela était possible. Elle retourna donc seule vers le Palais Royal, afin que Geb et Nout soient tenus au courant des événements et puissent à leur tour quitter Aha-Men-Ptah. Elle y parvint au moment où le dernier quartier des fidèles suppliait le vieux Monarque de les accompagner dans leur fuite. Mais l'avant-dernier Maître prétendait avoir encore bien du travail à faire auparavant, et son épouse hésitait elle-même à le presser, en l'attente anxieuse où elle était de nouvelles concernant son fils et Hor, disparu à sa recherche. Iset arriva sur ces entrefaites.

Devant la décision de sa fille de partir dans la forêt, et rassuré sur le sort de la jumelle, il retrouva son autorité de jadis pour dicter sa conduite à chacun. Nul n'osa contredire l'ancien Maître, pas même son épouse, qui sut au pincement de cœur qui la prit, qu'elle ne reverrait plus son Roi bien-aimé !

Geb ordonna à Nout de partir avec les notables et ses fidèles suivantes sans plus attendre, pour rejoindre le canal, à l'extrémité du parc, où étaient amarrées les deux grosses galères spéciales prêtes à regagner le bras de mer et le grand large. Une autre terre aurait besoin d'une Mère, Dame d'un nouveau Ciel, qui devrait, en l'absence d'Ousir et d'Hor, apprendre aux rescapés comment ils pourraient se rebâtir un second pays, une seconde « Âme » qui, après Aha-Men-Ptah, deviendrait Ath-Ka-Ptah.

La violence des éléments, à cet instant, eut raison des hésitations de Nout ; elle acquiesça d'un bref signe de tête pour cacher son désespoir et sortit rapidement pour ne point éclater en sanglots devant son époux. L'énorme explosion entendue provenait d'un gigantesque cratère qui s'était ouvert soudainement sous les pieds des nombreux fuyards de la capitale, au moment où ils franchissaient la « Porte de l'Oubli » pour longer le Séjour de Repos des Bienheureux et descendre vers la mer ! L'énorme trou béant engloutit d'un coup la porte d'airain, des centaines de vivants ainsi que les milliers de morts du cimetière.

Geb, qui avait décidé d'accompagner sa fille jusqu'au plus profond du bois, pour sa dernière sortie, avait enfourché un étalon afin d'aller plus vite. En voyant le déchaînement des éléments et le chaos qui s'instaurait partout, il crut qu'il était trop tard pour tenter tout sauvetage d'Hor. Mais Iset ne voulut pas renoncer ; courageusement, elle éperonna sa monture pour l'obliger à avancer vers une colline assez haute pour la protéger et lui permettre de se repérer, le brouillard se levant enfin quelque peu. Le vieux Roi fit de même, ne voulant plus retourner en arrière. Au sommet, un sycomore se dégageait justement, majestueux, comme l'invitant à une prière ; elle descendit en hâte de son cheval et se jeta à terre en éclatant en sanglots :

- O Toi, Sycomore qui a fait naître celui dont Hor est le fils : fais qu'il soit épargné en ce jour maudit par Toi ! Tu es le Maître de la Lumière, et le Maître des Ténèbres qui nous cernent aujourd'hui : fais que le Soleil reparaisse et qu'il me permette de retrouver mon fils Hor !

Le front à même l'herbe poisseuse, toute à sa douleur et à ses supplications, Iset ne releva pas la tête vers son vieux père qu'elle sentait, debout derrière elle, fort désemparé ; elle attendait une réponse de Dieu, tout comme sa mère en avait eu une sous un autre sycomore. À peine eut-elle le temps de faire le rapprochement qu'un éclair gigantesque jaillit de la nuée qui se découvrait petit à petit, noyant l'arbre majestueux dans sa clarté aveuglante. Le terrain, sous son corps, remua fortement, comme en réponse. Elle se redressa et se jeta dans les bras de son vieux Monarque de père, toujours là quand il le fallait pour apporter son réconfort. Il la calma doucement :

- *Tu as ta réponse, mon Iset ! Dieu t'a entendue.*

- *Mais que dois-je faire, père ? Le temps presse...*

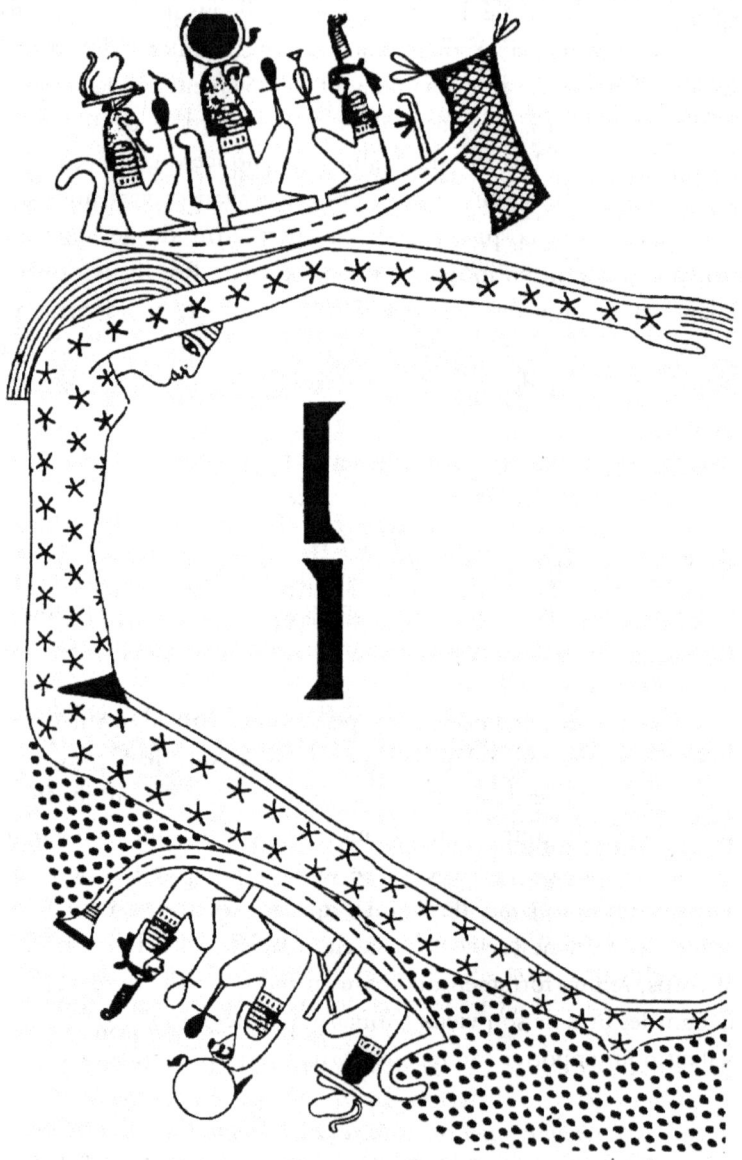

Nout assure la protection de la nouvelle barque arrivant à l'orient après le Grand Cataclysme.

Ce qu'elle ne pouvait pas encore savoir, c'est qu'effectivement elle avait déjà reçu une réponse efficace. À quelques kilomètres de là, un peu au-dessus de l'endroit où était étendu Hor, la terre s'était fendue, ouverte en une béante crevasse, où s'engouffrèrent les milliers de tonnes de lave en fusion que continuaient d'éjecter les dizaines de bouches volcaniques en activité. Elles ne menaceraient plus désormais d'engloutissement l'îlot sur lequel reposait le fils d'Ousir, fils de Dieu. Déjà, le niveau de la masse ignée s'abaissait ; le fleuve incandescent tan, il faudrait peu de temps pour que le reste s'écoule en contrebas. Le silence était déjà revenu autour du corps inerte et meurtri, comme il régnait autour de Geb et d'Iset ! Le sycomore apparut dans toute sa splendeur dans le calme revenu. Il semblait donc bien que la prière eût amené une accalmie dans la colère des éléments afin de permettre de retrouver plus facilement Hor ! Mais où chercher ?...

Elle éleva ses deux mains en signe d'imploration, vers la cime de cet arbre qui, elle en était certaine, lui permettait le dialogue Suprême. Sa prière sortit du fond de son être, instantanément, avant même qu'elle ne réfléchisse à des compositions savantes de phrases, car elle se serait fait immoler sur place s'il l'avait fallu, pour que son fils revienne :

–O Ptah-Hotep[12], roi du Ciel : ouvre tes écluses, afin que soit dominé le feu que Tu as déchaîné sur la Terre ! Sauve le fils de Ton Fils ! Ordonne que cette journée du Grand Cataclysme ne de- vienne pas celle du Grand Deuil... O Ptah-Hotep, roi de la Terre : étanche la soif du sol, afin que soit rassasiée la soif que Tu as déchaînée sur la Terre ! Sauve le fils d'Ousir ! Ordonne au Grand Fleuve d'ouvrir toutes ses réserves...

---

[12] « Dieu-de-Paix. » C'est la phonétique des deux opposés PTH + HTP qui forment l'UN.

Six millénaires plus tard, cette prière est toujours gravée dans plusieurs tombeaux de la Vallée des Rois, à Louxor; ainsi qu'à Sakkarah et qu'à Dendérah !

Et les annales du livre des « Quatre Temps » précisent par ailleurs :

- La Terre s'obscurcit de nouveau sur tout le pays, mais la prière d'Iset avait été entendue ; une pluie commença de tomber, qui était rougeâtre à son tour et innommable ! Elle accéléra très vite la cadence avec laquelle ses gouttes frappaient le sol, prouvant ainsi que les Sources elles-mêmes du Grand Abîme étaient en train de se vider ! Pluie de jour, pluie de nuit, accompagnées encore quelque temps par le bruit des flammes immenses qui crépitaient au-dessus des têtes. Et l'on vit en une deuxième vague humaine, les hommes et les femmes les plus forts piétiner les enfants et les plus faibles afin de s'enfuir plus vite. Hagards, les yeux pleins du désespoir de toute la Terre qui allait sombrer, ils oubliaient qu'ils avaient été des Hommes. Il était trop tard... Ils montèrent sur les édifices publics encore debout mais les Palais eux-mêmes s'écroulèrent. Ils montèrent sur les sycomores séculaires qui s'élevaient jadis fièrement, mais ces arbres eux-mêmes vaillants s'écroulèrent. Ils se cachèrent dans les grottes attenantes aux sources, mais les roches descellées se refermèrent, les emprisonnant, les écrasant et les étouffant. Ainsi fut parachevé le premier acte de destruction du « Peuple-Aîné-de-Dieu », en ce premier jour de tourbillons du Grand Cataclysme.

Les textes abondent sur les horreurs diluviennes, que la Tradition a transmis comme avertissement aux générations futures, mais que l'interprétation des émules de Champollion nous a retransmis bien déformés.

Ath-Mer, la fière capitale dont le nom signifie le Cœur-du-Fils-Aîné, est noyée et retourne au néant de l'oubli, comme l'impiété en avait fait un néant d'incompréhension. L'humanité y a poussé par ses millions de voix, multiples plaintes et regrets trop tardifs pour être entendus du Père.

Déjà il n'y a plus trace de vie dans ce monde qui avait été si vivant. De Son doigt, Dieu a effacé la multitude qu'Il avait engendrée. Car les orages déclenchés par les orgies innombrables étaient irréversibles. Car les batailles fratricides ne pouvaient qu'entraîner les enfants maudits dans le gouffre sans fond de l'Ameuta, phonétique du reste de ce que fut Aha-Men-Ptah, soit : le Royaume des Morts !

Les générations futures, issues des rescapés, ne poseront même plus cette question : « Où est l'Élysée de l'Orient ? » Car les millénaires de l'avenir perdront même jusqu'au souvenir de ce gigantesque tombeau sous-marin, sinon sous ce pseudonyme d'Amen ta, situé *après* le cataclysme à l'occident !

Seuls, durant un temps les Sages issus des An-Nu successifs vanteront aux descendants des rescapés, l'époque de l'Effroi et de la Crainte qu'ils vécurent lorsque le Soleil, entrant traditionnellement en Lion, changea sa course en ce jour du Grand Cataclysme. Ils perpétuèrent même cette période en signe d'avertissement, afin que nul ne recommence à défier la Puissance Divine.

Mais eux aussi s'éteignirent, et l'Histoire compréhensible d'Aha-Men-Ptah avec eux. Dès ce moment, le processus de l'Éternel Retour des choses se déclencha. L'oubli s'appesantit sur la Terre entière, et chacun fit ce qu'il fallait pour qu'un nouveau Jour de Grand Cataclysme se reproduise. Un ultime choix devra se faire à nouveau, qui élargira encore le « Lit du Désespoir », ou bien qui enclenchera enfin ces mille années de paix d'un « Âge d'Or ».

Mais revenons en ce 27 juillet 9792 avant le Christ, où la pluie torrentielle recouvrait d'un manteau liquide rougeâtre la terre du « Cœur-Aîné ». En une couple d'heures, la couche de lave était assez solidifiée et refroidie pour que Geb et Iset se remettent en selle, se dirigeant au plus profond des arbres calcinés. Les montures mirent d'elles-mêmes leurs sabots en un chemin moins semé d'écueils, qui les mena sous la colline où était immobilisé, *invisible* parce qu'étendu, Hor.

La Reine, désespérée, ne sachant de quel côté se diriger devant la désolation totale qui régnait partout, résolut de monter sur cette éminence dans l'espoir de se repérer. Comme son père, elle était trempée, et devait coordonner ses mouvements par saccades pour avancer une jambe devant l'autre. Geb soutint sa fille durant cette pénible ascension. À quelques mètres du sommet, ils aperçurent le corps étendu, qui remuait...

Iset poussa un hurlement de joie, faisant se redresser le jeune homme qui soliloquait, demandant à Dieu de ne pas l'abandonner. Il se crut la proie d'une hallucination. Sa mère ne pouvait être si près de lui... Mais une main se posa bien sur son épaule, et la voix tant aimée et reconnaissable malgré les sanglots qui l'entrecoupaient, lui dit :

- Ne crains plus rien, ô mon fils qui a vengé ton père, Dieu m'a guidé vers toi afin de te sauver.

D'une main en coupe, délicatement, la mère recueillit de l'eau de pluie qui ruisselait du roc, et épongea le sang de l'œil droit crevé ; puis, aidée par Geb, elle le nettoya soigneusement, avant de laver l'œil gauche grâce auquel surgit soudain le visage rougeâtre d'Iset, transfiguré. Hor voyait sa mère et il poussa un hurlement de joie tandis que des pleurs bienfaisants se mêlaient à cette pluie qui lui dégoulinait de partout !

Il essaya de se soulever mais serait retombé lourdement si son grand-père ne s'était précipité pour le soutenir et montrer à sa fille l'état du genou. Aidé par Iset, il chargea le jeune homme sur ses épaules, et, lentement, ils redescendirent vers les chevaux qui attendaient sagement sous l'averse diluvienne.

Aidé par son père, Hor, s'agrippant à la crinière, parvint à se hisser sur le dos de l'étalon qui ne broncha pas. Et Geb obligea ensuite sa fille à monter sur l'autre cheval, avant de lui dire d'une voix autoritaire et sans réplique :

- Iset, à présent tu vas obéir immédiatement, car le Temps est compté pour les survivants. Ousir avait mis une « mandjit » de côté dans le petit abri du lac . Sacré en cas de besoin urgent. Peut-être savait-il que le jour arriverait où il serait utile de la trouver. Ce jour est venu. Rendez-vous tous les deux à cet abri et partez le plus vite possible vers le large. Il n'y a qu'une paire de rames et c'est une embarcation légère. Je serais un trop grand poids mort, et j'ai encore à faire au Palais. Je vais descendre par les raccourcis. Ne t'occupe plus de moi, c'est un ordre ! Occupe-toi uniquement de ton fils. Va !

- Mais... Père...

- Va !!

Il n'y avait rien à ajouter, et Iset partit, suivie de très près par l'autre cheval qui se mit de lui-même à côté du sien. Tout le long du chemin, elle rassura son fils avec des paroles réconfortantes, dans le but de lui faire oublier l'absence de Geb, tout autant que sa propre douleur, car l'état de son genou, sans parler de ses yeux, devait être la source de douleurs intolérables. Ils embarquèrent sans autre difficulté. Iset rama vigoureusement afin de parvenir avant la nuit dans la « Bouche de la Fente » le bras de mer où ils seraient saufs, et où ils pourraient peut-être monter dans un bateau plus grand avec d'autres rescapés qui pourraient donner des soins à Hor.

Ils s'étaient éloignés de la côte depuis une dizaine de minutes, après avoir vaillamment franchi le petit et le grand canal, quand le premier véritable séisme se déclencha, bouleversant toutes les terres et en faisant disparaître la plupart, alors que des éclairs fulgurants zébraient le ciel avant de se perdre à la surface de l'eau en dantesques jaillissements.

Tandis qu'Hor, appuyé au banc où luttait sa mère pour garder le cap, restait insensible eux convulsions de l'environnement au bord du néant, les derniers rescapés quittaient çà et là cette terre qui avait cherché son anéantissement et l'expiait en ce jour. Les Temps étaient révolus tel que l'Homme l'avait voulu ! Les textes des Annales ne le précisent-ils pas sans aucune ambiguïté ?...

« Homme : telles furent tes pensées ; telles furent les pensées du Ciel. »

Chapitre Treizième

MANDJIT

Qui navigue toujours vers l'Occident !

Le maillet fut pris, le pieu enfoncé,
le cordage a avant mis à terre,
l'Occident était atteint :
Hor-Our était sauvé !

Arrivé à Ta Mana
(Texte d'Oumbos)

Durant cette nuit qui n'en finissait plus - celle du 26 au 27 juillet - l'enfer s'était déchaîné dans les eaux du détroit, au sud d'Aha-Men-Ptah, où le continent resserré touchait presque la terre de l'actuelle Afrique occidentale. C'était la fameuse « Bouche de la Fente », qui reliait les deux parties de la mer orientale, et sur laquelle voguaient au gré d'énormes vagues, les « Mandjit » réputées insubmersibles, et qui devraient donc parvenir sans encombre au rivage occidental en suivant la trajectoire du soleil.

L'horizon, à l'ouest, était tout embrasé par des incendies, le teintant de rouge sang. Mais était-ce bien l'ouest ? Un raz de marée, encore amplifié par le vent qui soufflait en tempête, écrasait littéralement les vagues, y creusant des crevasses de plusieurs mètres, qui entraînaient les « mandjit » au fond, ployant sous le poids des eaux qu'elles embarquaient, mais se redressant vaillamment quoique de plus en plus difficilement.

Après une accalmie relative, durant laquelle les rescapés, terrorisés, virent la côte embrasée s'enfoncer puis disparaître dans la mer en d'innombrables remous, il y eut une seconde secousse davantage ressentie car d'origine sous-marine.

Elle déclencha un effroyable cyclone qui, dans les hurlements des tourbillons de plus en plus violents, pulvérisa toutes les frêles embarcations prises dans les remous.

Seuls sur cette immensité liquide, les navigateurs survivants, à bout de forces, à moitié fous de terreur, n'étaient pas encore parvenus à la limite de l'impossible. Dans un ciel toujours rougeâtre, mais relativement serein, ils virent soudain le Soleil se déplacer brusquement en précipitant sa course en avant accompagné par le grand jour. passer au-dessus des têtes affolées. alors que les bras agrippaient fortement les rebords des embarcations comme pour solliciter de celles-ci quelque réconfort, puis disparaître à l'horizon en quelques minutes, ramenant la nuit, au sein de laquelle les étoiles, elles aussi, suivaient le même rythme rapide. La Lune apparut à son tour et traversa le ciel d'un coup pour s'enfoncer dans les flots ! Et la folie parut se calmer, comme le désordre céleste...

La nuit complète était revenue en l'espace d'une heure ! Nul n'aurait pu dire, s'il en avait eu l'envie, la durée de ce jour extraordinaire, et encore moins s'il serait suivi d'une autre journée. L'horizon restait cramoisi, et plein d'une sonorité d'un autre monde, fantomatique et insaisissable ! Les naufragés en perdition hurlaient à pleins poumons leur angoisse insurmontable ; ils croyaient leur dernière heure venue, tout comme celle d'un monde qui avait été le leur, et où ils ne reconnaissaient plus rien ! Tout avait disparu, sauf la nuit !

La mer s'était singulièrement étalée ; le détroit qui unissait les deux mers et qui n'était pas franchi, avait pourtant disparu. Dans le lointain, une côte était en ébullition, mais qui n'était plus identifiable. La vapeur et les flammes descendant jusqu'aux flots transformaient tous les profils. Les incendies du bout de l'horizon répercutaient leurs sinistres craquements sur cette pauvre humanité errante et gémissante, dont la vie tenait uniquement aux « mandjit » qu'ils occupaient en attendant, non plus une terre accueillante, mais leur dernière heure.

Un jet de braises ardentes fusa sur des kilomètres de hauteur à l'horizon, illuminant la mer démontée. Une pluie de feu retomba, en gerbes éblouissantes, alors que les sons discordants et infernaux de la déflagration terrorisaient ces êtres désemparés. C'était vraiment la fin d'Aha-Men-Ptah, ce qui était bien difficile à imaginer pour tous ceux qui, comme eux, avaient vécu là durant des générations innombrables en toute quiétude, dans le plus paisible et le meilleur des mondes. Et pourtant, cette terre se désagrégeait, se disloquait, se liquéfiait totalement en se mélangeant à cette eau infinie, pour ne plus faire qu'une avec elle.

Ceux qui avaient de bons yeux virent, sur le fond pourpre, la masse noire des derniers massifs montagneux, au loin, s'enfoncer et disparaître sous l'élément liquide : rien ! Il ne resterait rien !...

Le nouveau raz de marée qui suivit ce bouleversement sous-marin n'atteignit les « mandjit » qu'une demi-heure plus tard, alors que le calme semblait revenu. La mer fut laminée par une première vague énorme, haute d'une douzaine de mètres, qui porta sur plusieurs kilomètres, à une allure vertigineuse, tout ce qui était sur son passage... et qui se trouva soudain au cœur d'une tempête épouvantable. Le vent violent jeta des centaines de personnes à la mer, mais beaucoup avaient eu la bonne idée de s'attacher aux mâts avec les lanières ayant maintenu les voiles, emportées depuis longtemps, et étaient retenues contre ceux-ci, minces mais solides.

Tel fut le cas pour Iset et Hor, liés ensemble au piquet d'amarrage de leur embarcation désemparée ; tel fut le cas également pour Nekbeth, et aussi pour Nout et sa suite. Il en alla de même pour Sit, qui avait réussi à embarquer en solitaire, et qui comptait bien finir par aborder quelque part, et retrouver des « Fils de la Rébellion » échappés du fléau comme lui.

Hor, réduit à une totale inertie par son genou cassé et le moral bien diminué par les intolérables douleurs que lui causaient ses yeux crevés, se rendait tout de même compte de la chance qu'il avait d'être vivant en compagnie de sa mère bien-aimée. La « mandjit » leur permettait de naviguer en l'attente d'un accostage sur un rivage ; mais en restait-il un ? Le jeune homme se prit à réfléchir, oubliant ses plaies. S'il avait dû mourir, il n'aurait pas été sauvé jusque sur cette embarcation insubmersible qui les ballottait en tous sens certes, mais qui les portait bel et bien pour les conduire « quelque part » ! Il essaya de se remémorer comment pareil cataclysme était possible...

Il avait appris, par le Maître des « Combinaisons-du-Père » que la Terre était une grosse boule, semblable à la Lune lorsqu'elle apparaît pleine. L'observation, accompagnée de calculs minutieux sur les figures géométriques composées par les planètes et les astres, ont montré une longue suite de mouvements célestes fort différenciés, mais reliés entre eux par une vaste et unique Loi universelle. Un raisonnement logique devrait certainement lui démontrer que cette terre ne pouvait pas disparaître partout.

Le raisonnement scientifique, qui est le nôtre en 1975, prouve que notre globe tourne en plusieurs mouvements différents, soit sur lui-même, soit autour du Soleil, à des vitesses effarantes... surtout si l'on veut bien considérer que nous paraissons immobiles ! Il en résulte que la rotation diffère entre le plus important diamètre, à l'équateur, et les plus petits : les pôles. Une constante veut qu'une progression croissante dans le sens giratoire ne peut manquer de produire un effet contraire à celui qui attire vers le sol.

Hor, n'a pu manquer d'apprendre par ses professeurs, l'exemple classique qui nous est parvenu de la nuit des temps par ailleurs : « Si tu bandes un arc, il tirera d'autant plus loin que ta main, par la traction émise sur la corde, sera plus forte ! »

Cette propriété permit de déduire dès la plus haute Antiquité qu'il y avait un décalage dans le mouvement général des boules circulant dans la voûte céleste, dont celui de la Terre.

Les textes de Dendérah sur les « Combinaisons-Mathématiques », ne laissent aucun doute à ce sujet. On y relève, entre autres : « Le temps que met le Soleil pour revenir à un endroit rigoureusement observé, d'un lever à un autre, à l'instant où il apparaît juste devant l'étoile la plus brillante de la constellation du Lion : « le Cœur » (aujourd'hui : Régulus) dure 365 unités, plus $\frac{1}{242}$ d'unité. Or ce temps est moins long que celui mis par les étoiles pour effectuer le même cycle : 365 unités, plus $\frac{1}{256}$ d'unité. La différence annuelle de ce temps est donc de ces cinquante secondes d'arc du grand cercle céleste qui joint en les traversant les douze constellations zodiacales.

Ce qui fait que, nécessairement, pour une raison qui est inconnue des humains, il y a précession de Temps dans l'Espace au début de chaque printemps. Précisons encore plus en notre langage moderne ces données, avec les développements qu'elles comportent, car elles sont toujours en contradictions continuelles avec les tentatives d'explications scientifiques des astronomes et des physiciens. De quoi s'agit-il ?

Selon Newton, qui a tenté de réaborder cette question depuis que les traités antiques des « Combinaisons-Mathématiques-Divines » ont été perdus ou cachés, la cause ne serait autre que le renflement du globe terrestre sur sa région équatoriale. Il s'ensuivrait que cette partie du monde gravite plus fortement vers la Lune et le Soleil que le reste de la sphère. Et ce surplus de gravitation en cette partie, doit avoir pour effet de détourner continuellement le plan de l'équateur terrestre, et de le forcer de rétrograder sur le plan de l'écliptique, justement de cinquante secondes d'arc par an. En sorte, conclut Newton, que si la Terre était exactement sphérique, les équinoxes répondraient toujours aux mêmes points de l'écliptique, et l'équinoxe n'aurait jamais lieu !

De prime abord, les astronomes adoptèrent d'emblée cette théorie plutôt simpliste, et un peu comme un oracle car elle leur supprimait des points d'interrogations fort embarrassants ! D'Alembert tenta de la traduire algébriquement contre toute logique ; le résultat obtenu fut l'opposé de celui des observations ! Plein de persévérance, il reprit son travail, en pensant qu'il avait omis quelque donnée vitale, puis, aucun résultat ne changeant, excédé, il le jeta au feu !... Après quoi il mit le manche après la cognée, en imaginant une cause de ce mouvement précessionnel qui mit ses calculs en accord avec l'observation !

La rotation diurne du globe, à laquelle ni Newton, ni aucun autre de ses confrères, n'avait songé, lui en fournit la cause. Ce qui fit dire à Lalande[13] : « La solution de cette question est l'une des parties les plus difficiles du calcul des attractions terrestres et célestes ; Newton s'y était mépris, et d'Alembert a le premier résolu le problème. Euler, Simpson, et plusieurs autres se sont exercés sur cette matière, et je l'ai donnée avec la plus grande clarté dans mon astronomie. »

Mais d'Alembert l'avait-il réellement résolu ? Si ce problème n'avait été qu'une question purement mathématique, il est incontestable que sa solution aurait été satisfaisante. Mais il ne s'agit pas ici d'une simple question de chiffres. Il s'agit de combinaisons mathématiques organisées et prédestinées, que les Maîtres antiques avaient solutionnées *avec exactitude,* tout à fait différemment. En effet, à la suite de leurs très longues et patientes observations, les Anciens avaient reconnu sans erreur possible que la révolution annuelle des étoiles n'était qu'une vaine illusion d'optique, de même que celle du Soleil sous un autre aspect. En réalité, la Terre, et elle seule, tourne en divers mouvements, ce qui fait apparaître, en apparence, des configurations circulaires de plusieurs amplitudes

---

[13] *Abrégé d'Astronomie,* p. 1064

différentes au Soleil et aux étoiles, qui, s'ils sont animés eux aussi dans leurs systèmes particuliers, sont immobiles et fixes par rapport à nous.

Or, que la Terre soit retardée dans son mouvement annuel, que le plan de son équateur soit continuellement détourné et obligé de rétrograder sur l'écliptique, elle n'en accomplit pas moins tous les ans sa même révolution dans le Temps.

L'on ne saurait par conséquent admettre que « l'illusion » produite sur les étoiles immobiles, puisse être différente pour celle, identique, du Soleil dans l'Espace !

La question était donc de comprendre comment il pouvait se faire que la révolution illusoire des étoiles, et la révolution tout aussi illusoire du Soleil, ne soient pas isochrones - donc identiques -, la seule rotation réelle étant unique et toujours pareille : celle de la Terre !

En d'autres termes : comment peut-il se faire qu'une seule et même cause, constante, produise des effets différents de mouvements sur des corps immobiles ? Pourquoi les étoiles, par conséquent, achèvent-elles leur révolution complète alors que le Soleil est encore à cinquante secondes d'arc sur la même circonférence, mais en arrière ?... Telle est, en bref, la question qui reste toujours posée.

Le simple bon sens, prouve que ces deux révolutions stellaires et solaire, purement illusoires, devraient être accomplies dans le même temps. Mais alors : comment la ligne équinoxiale rétrograde-t-elle sur le plan de l'écliptique ? Il est aisé de répondre en imitant ce cher monsieur de La Palice : parce qu'elle rétrograde du simple fait apparent qu'elle rétrograde ! Mais c'est une position de principe flagrante ! Il vaudrait mieux énoncer cet autre non-sens : Elle rétrograde parce que la révolution illusoire qui l'anime est discordante de celles des étoiles et du Soleil, car si toutes concordaient la ligne des équinoxes ne rétrograderait point !

La question vitale réside donc dans ce manque de concordance entre la révolution annuelle du Soleil et celle des étoiles, *et non dans les chiffres*, qui ne sont que les résultats secondaires reflétant l'événement inexpliqué. Il ne faut pas se laisser détourner de l'aspect principal de cette grave question par les considérations secondaires qui ne sont qu'apparences.

Ce fut justement en ne supputant que sur les « combinaisons » mathématiques et Divines primordiales des jours de la Création des mouvements célestes, que les Sages d'Aha-Men-Ptah, purent prévoir les conséquences de certaines configurations géométriques désastreuses et prévoir ainsi le lieu et la date du Grand Cataclysme.

Il convient donc de poser correctement le problème, sous une forme non seulement algébrique, comme d'Alembert, mais également sous un aspect qui permette d'atteindre un résultat positif sous toutes ses combinaisons. Soit :

- La rotation de la Terre étant l'unique cause de la révolution illusoire de notre système solaire, comment se fait-il qu'il apparaisse deux révolutions annuelles différentes l'une de l'autre, de telle sorte que la ligne des équinoxes rétrograde annuellement sur l'écliptique de cinquante secondes d'arc de cercle ?

Les deux révolutions différentes proviennent de ce que la course annuelle de la Terre est une ellipse, même si celle-ci est de très faible amplitude, alors que la course apparente des étoiles a lieu au sein d'une circonférence parfaitement circulaire, telles les douze constellations zodiacales sur un équateur céleste de juste 360 degrés !

La précession équinoxiale n'est donc pas l'effet d'une perturbation occasionnée par la gravitation attractive des planètes de notre système solaire, mais un effet mécanique normal de l'« éclipticité » de l'orbe terrestre, due à ses inégalités « anomalistiques ». La gravitation n'intervient que dans le secteur du Temps, et non dans celui de l'Espace, ce qui est primordial pour toute vie humaine sur la Terre et engendre toutes les différences !

Ainsi, lorsque le Soleil aura réellement accompli sa révolution annuelle dans ce que nous appelons le Ciel, soit un tour complet en apparence, *son double,* qui est en réalité la « combinaison » laissée par la révolution terrestre, se retrouvera en recul de la fameuse durée de rétrogradation précessionnelle, de cinquante secondes d'arc, mathématiquement irrattrapables dans l'Espace !

En sorte qu'à un certain moment « M », le double, au lieu de précéder le réel, se trouvera en être précédé. La ligne des équinoxes se trouvera reportée en avant, jusqu'au point même où elle se trouvait l'année précédente, créant ainsi manifestement la rupture facile à comprendre.

Les points équinoxiaux. une fois parvenus dans leur course rétrograde jusque sur le grand axe de l'orbite elliptique, se trouvant sollicités à se porter en avant du fait de l'action des planètes de notre système, et cependant reportés encore plus en arrière par l'effet de l'inégalité « anomalistique », ne saurait plus faire autre chose qu'osciller de part et d'autre du périgée et de l'apogée sur le plan de l'écliptique dessiné au moment de la rupture, jusqu'au moment où l'équilibre rompu se transforme en catastrophe, ce qui fut nettement calculé et « combiné » dans le cas du Grand Cataclysme.

Le pivotement plus ou moins accentué sur l'axe invisible, pouvant aller jusqu'à un basculement total suivant les configurations, amène donc l'est à l'ouest, et vice versa. Par conséquent, la Terre ayant basculé, et fourni à son double le Soleil, la même apparence, celui-ci, au lieu de continuer à se lever à l'ouest, fit le contraire et apparut à l'est chaque matin alors qu'il avait strictement la même course qu'auparavant. Mais cela, les rescapés liés dans les « Mandjit ». en attente d'un jour nouveau, ne le savaient pas ! Seul Hor avait acquis cette Science alliant les « Combinaisons » et leurs pouvoirs.

Ce qui déterminait que la Grande Année de 25 920 n'était en réalité qu'une chimère, le globe terrestre pouvant difficilement continuer son évolution dans l'Espace sur plus de 180 degrés, soit 12 960 ans ! Ce qui amène inévitablement à parler d'une autre « coïncidence » vitale : celle qui a déclenché les phénomènes précessionnels juste au moment propice, c'est-à-dire à l'apparition des premiers humanoïdes, pour leur permettre un développement et une évolution cyclique lente, mais progressive, en cette durée d'environ 12 000 ans sur 180 degrés !...

Plutarque, dans sa « Vie de Platon », fournit à Copernic sa première idée sur le système que l'on attribue à tort à ce savant. Il apprit en effet par ce livre, que « des disciples de Pythagore, entre autres Philolaus de Crotone, avaient mis le Soleil au centre du monde, et placé la Terre en mouvement autour de ce fixe ! »

Tout un chacun peut lire ce passage dans n'importe quelle édition de l'« Histoire des Mathématiques » (livre III, 4) qui a été elle-même compilée à l'usage des Grecs, sans vergogne, le système héliocentrique des « Combinaisons-Mathématiques » en usage à Héliopolis, nom hellène de cette époque, d'ailleurs, mais qui signifiait exactement la valeur hiéroglyphique : la « Cité du Soleil ». Là le globe solaire était divinisé comme Maître du système solaire, ce qui se comprenait bien car si l'astre diurne avait disparu une nouvelle fois, il n'y aurait plus eu aucune Vie sur la terre !

Il est certain, et les Grecs l'ont reconnu, que cette science combinatoire venait bien d'Égypte, et que les Prêtres de ce pays l'attribuaient à des textes d'une Tradition antédiluvienne. Nul autre peuple jusqu'à nos Temps réputés de « Modernes », n'a possédé assez de cette science dite astronomique pour comprendre et démontrer que dans le mécanisme naturel réglant les mouvements cosmiques, régnaient des anomalies Divines qui permettaient aux hommes d'harmoniser leurs actes avec Dieu et le Ciel.

Il est une remarque curieuse à faire ici ; c'est que Pythagore enseignait à ses disciples familiers, que les étoiles étaient semblables à notre Soleil, et qu'elles possédaient toutes, vraisemblablement, un système planétaire pareil au nôtre. Or, la connaissance de cette Vérité suppose une science particulièrement développée, car nous ne le savons avec certitude en ce qui nous concerne, que depuis la mise en route du grand télescope du mont Palomar, où l'on a pu voir des systèmes si éloignés du nôtre, qu'ils demeuraient totalement invisibles jusque-là.

Si l'on finit par admettre à présent avec quelle exactitude fut définie la révolution apparente du Soleil, cette révolution rétrograde des points équinoxiaux, il ne saurait être hasardeux de considérer comme certaine la véracité et la réalité du fameux planisphère zodiacal du Temple de « la Dame du Ciel » de Dendérah, qui, bien qu'il nous soit parvenu après une reconstruction du Temple, n'en a pas moins gardé sa configuration originelle.

Celle où tous les astres sont placés de telle façon qu'ils ne peuvent représenter qu'une seule journée : celle du Grand Cataclysme de juillet 9792... Cela fera l'objet d'une étude particulière, mais il nous faut retourner en compagnie des « mandjit », qui, par centaines, erraient à la recherche d'un jour, d'une lueur, d'une clarté quelconque, qui leur permettrait de voir enfin s'il y avait encore quelque part une côte où il y ait possibilité d'accostage.

Le temps qui passait augmentait d'ailleurs les dangers encourus, car les petites embarcations légères, bien qu'insubmersibles - elles l'avaient amplement prouvé ! - donnaient des signes d'évidente fatigue ! Le bitume, qui maintenait la résine solidement collée au papyrus, se fendillait.

Hor se faisait cette réflexion, sentant aux gouttes projetées avec violence vers son visage, où le sel déposé lui faisait horriblement mal, que les « mandjit » ne pourraient guère tenir encore de longues heures !

Mais à quoi cela servait-il de se lamenter en pareille circonstance où l'homme était le seul responsable de ses ennuis et de la catastrophe. Abstraction faite de son intelligence perdue durant des siècles et qu'il lui faudrait patiemment réapprendre, il n'était qu'un animal comme les autres. L'image que Dieu avait modelée, provenait de ce que le Créateur avait insufflé une Âme à cette enveloppe charnelle, telle qu'il l'avait appris. Que tout cela était loin. Il aurait tout à réapprendre pour vivre, tout à refaire !

Soudain, un cri de sa mère le rappela à la réalité. Il en profita pour ouvrir en grand son œil valide mais encore tellement embrumé qu'il ne vit que la forme très vague et foncée d'un profil asexué. Il s'enquit :

- La « mandjit » a des ennuis, mère ?

- Non ! C'est le jour qui a l'air de se lever sur ta droite.

- À droite ?... Mais, c'est impossible ! Nous faisons fausse route, mère, sinon le Soleil apparaîtrait à l'ouest !

- Il est à droite, Hor; et il semble bien que ce soit l'est, car c'est à l'orient que la côte est visible habituellement.

Cette nouvelle énigme le laissa sans voix ; que pouvait cacher cette facétie Divine, qui à présent faisait fi de toutes les lois naturelles des « combinaisons mathématiques » ? Il était temps qu'une solution se présente car les esprits s'égaraient dans tous ces méandres apocalyptiques ! De toutes les barques, un concert de lamentations s'élevait à la vue de l'inexplicable mouvement solaire !

Une anxiété fort compréhensible agitait les rescapés ; mais au fur et à mesure que le jour se levait normalement, à son opposé de la veille, la côte escarpée de plus en plus visible, était reconnue par certains navigateurs, et c'était un grand apaisement.

À l'apparition de la boule écarlate au-dessus de l'horizon terrestre encore mauve des restes de la nuit, des hurlements de joie fusèrent de tous les points habités de la mer, se répercutant de « mandjit » en « mandjit ». La vie reprenait ses droits partout avec le lever de cet astre éblouissant ; c'était tout juste si l'on se rappelait déjà l'horrible journée de la veille. Cette explosion d'enthousiasme ne dura toutefois que peu de temps. Si la journée reprenait son cours normal, loué en était Dieu, certes : mais pourquoi être ainsi déplacé dans l'Espace ?...

Iset s'agenouilla, appuyant son front sur le fond plein d'eau de l'embarcation, avant de relever un peu la tête, pour dire tout haut :

- Combien ont disparu, ô Dieu de l'Éternité ?... Tu nous as châtiés sévèrement, mais nous te remercions humblement de nous permettre de vivre aujourd'hui. Pour nous montrer Ta Puissance, et nous La rappeler sans cesse, afin que nous vivions dans la Crainte d'enfreindre Tes Commandements, Tu as changé le cours du Soleil ! Désormais il navigue selon un autre chemin, qui nous rappellera jusqu'à la fin des Temps Ta Colère ! Et le Soleil qui se lève sur la Terre de l'Est, se couchera maintenant sur la mer, en ce lieu qui fut Ton Cœur : Aha-Men-Ptah, et qui devient à partir de ce jour : Amenta, le « Royaume des Morts », des millions de morts !...

La Reine du royaume englouti se redressa et vint s'appuyer sur les épaules de son fils, avant de s'écrier vers les embarcations qui approchaient, car tous reconnaissaient Iset, leur Dame Céleste : « À vous tous, je le dis en vérité : si vous êtes prêts à recommencer de vivre en accord avec Dieu qui vous a faits à son image, le monde s'éclairera bientôt sur une « Deuxième-Âme » : *Ath-Ka-Ptah,* qui sera notre deuxième patrie, purifiée, réchauffée, ressuscitée, par ce deuxième Soleil ! Car ses rayons seront les forces vivifiantes qui assureront notre résurrection. »

Quelques heures plus tard, l'accostage des centaines de « mandjit » commençait sur une terre que tout le monde, d'un commun accord, décida d'appeler en souvenir impérissable de cette épopée : « Ta

Mana », ou « lieu du Soleil Couchant », car, désormais, le Soleil ne se lèverait plus là !

Les « mandjit » devinrent les « barques qui avaient accompagné sa double course », aussi, les « Meskit » furent-elles celles du jour nouveau, reconquis grâce aux « mandjit ».

Ainsi, en moins de douze heures d'horloge, tout avait été consommé ! La Terre avait basculé d'un brutal pivotement sur son axe, glaçant dans le même temps qu'elle engloutissait le continent d'Aha-Men-Ptah, une région tropicale, et faisant éclater sous la chaleur torride, des glaciers « tombés » dans le Sud marocain !

Quant aux textes qui relatent tous ces faits, ils font du Soleil l'élément primordial, dont la présence seule permet toute vie. Ils l'élèvent même au rang d'instrument de Dieu : «La Majesté de Râ revient sur ce qui fut le « Cœur-Aîné » mais en dardant ses rayons depuis l'horizon opposé, car ils ne se posent plus que sur des morts ! Hor-l'Ancien recréera la Vie là où le Soleil se lève désormais, sur un deuxième Cœur. »

Les « mandjit », qui transportèrent les rescapés au terme de leur exode marin, furent fêtées comme il se devait. Les survivants leur firent une fête spéciale, destinée à perpétuer leurs souvenirs impérissablement. C'est pourquoi, bien des siècles plus tard, des embarcations de pierres, gigantesques. mais aux proportions exactes, furent édifiées, et dont quelques-unes ont été retrouvées, toujours tournées vers l'occident, comme à Abousir et à Sakkara, en bordure du plateau désertique bordant la route près de Gizeh. C'est pourquoi, une « mandjit » réelle, dans son bois d'origine, fut démontée pièce par pièce, et enfouie sous la grande Pyramide, l'Aimé-vers-qui-descend-la-Lumière.

Celle d'Abousir, qui mesure une trentaine de mètres, est monumentale. Le nom même du lieu où elle fut érigée est significatif : « le-Père-d'Osiris », donc Dieu ! La « mandjit » elle-même a été reconstruite sur les ordres de Ni-Ousir-Râ, pharaon de la Ve dynastie, dont le nom est : « Descendant d'Osiris et du Soleil », qui désirait perpétuer « l'Amenta ».

Ousir, « Maître des DEUX TERRES » :
Aha-Men-Ptah et Ath-Ka-Ptah.

L'orientation de la barque est évidemment est-ouest, l'avant étant dans la direction absolue de l'ouest, donc vers le Soleil couchant actuel. Le pont ainsi que les divers accessoires, ont disparu, victimes des vandales et du sable. Mais l'embarcation elle-même garde encore ses superstructures, ainsi que sa remarquable carène, réputée insubmersible, aux lignes ingénieusement assouplies, comme l'étaient celles des « mandjit » de papyrus, tressées et goudronnées.

La barque en pierre d'Abousir au bord même du plateau est probablement une merveille archéologique aussi importante que les plus réputées mais elle a toujours été fort dédaignée par les égyptologues qui n'ont jamais compris la valeur hautement symbolique de ce monument. Elle se dresse fièrement, victorieusement pourrait-on dire, là même où le Soleil va disparaître et s'enfoncer d'un seul coup sous l'horizon, aux yeux du touriste venu admirer en cet endroit le spectacle inoubliable. Avec très peu d'imagination pour suppléer aux textes, la suggestion est parfaite de cette « mandjit », s'enfonçant irrésistiblement dans l'ombre de la nuit du Grand Cataclysme !

Ce qu'elle suggère en plus aux nouveaux initiés de cette terre nouvelle : cette seconde-âme-de-Dieu, c'est que la « mandjit » a également été la barque salvatrice pour Iset, Hor-Our, Nekbeth, tant d'autres comme l'An-Nu, sans oublier Ousir et Sit, sans qui Ath-Ka-Ptah n'aurait pu naître !

Chapitre Quatorzième

CHRONOLOGIE D'AHA-MEN-PTAH

Où est l homme qui sache apprécier le temps, estimer le jour, et comprendre qu il meurt à chaque instant ?

Sénèque
(Lettre à Lucilius)

C est véritablement donner des batailles, que de tâcher à vaincre les erreurs qui nous empêchent de parvenir à la connaissance de la vérité ; et c est en perdre une que de recevoir une fausse opinion touchant une matière un peu importante.

Descartes
(Discours de la Méthode)

Les textes antiques fournissent les éléments clés de la reconstitution de la Chronologie d'Aha-Men-Ptah. Les références bibliographiques sont annexées en fin de ce volume. Si elles n'abondent pas à ce sujet, bien des auteurs grecs du début de l'ère chrétienne apportent des informations complémentaires qui, ajoutées bout à bout après avoir supprimé celles par trop fantaisistes, forment un tout cohérent.

Il est établi depuis peu, notamment depuis les récentes découvertes de Négadah, où les tombes antérieures à Ménès sont légions, que l'origine même des premiers arrivants sur ce territoire qui allait devenir Ath-Ka-Ptah ou Égypte, remontait à une époque de beaucoup antérieure au premier Roi de la première dynastie : de plus d'un millénaire au moins avant le premier Pharaon. Ce qui apporte déjà un atout complémentaire à cette chronologie.

Les bijoux enfouis avec les corps encore assez mal momifiés ; les poteries, et les autres objets luxueux qui accompagnaient les morts dans l'au-delà de la vie, datent indéniablement de ce temps très reculé, démontrant amplement la culture et le Savoir de ce peuple parvenu à cet endroit avec sa Connaissance, et qui absorba en peu de temps les autochtones, qui vivaient là encore à l'âge de la pierre, semblables, d'après les archéologues, à ceux vivant en la période chelléenne dans la Somme, en France.

Ce sont donc par des gravures rupestres et tombales post-diluviennes que la suite chronologique de ces antiques « Maîtres », monarques « Fils de Dieu » sur une terre « Aînée », a pu être établie. Mais il y a aussi les tablettes fameuses d'Abydos, les textes des soubassements de Philae, d'Esnée, les textes de Dendérah, le Canon hiératique, dont un fragment retrouvé est conservé au musée de Turin. Enfin, il y a la fameuse chronologie de Manéthon, qui fut le point de départ de toutes les élucubrations possibles durant deux mille ans, avant qu'on s'aperçoive que la mathématique employée n'avait besoin d'aucune interprétation pour être bien lisible !... En effet, la datation remonte au début de l'histoire de ce peuple, dans son premier pays, il y a donc vingt-six mille ans, l'arrivée en Égypte se situant bien avant la première dynastie, et celle-ci débutant bien par Ménès, 4 241 ans avant l'ère chrétienne. Or, jusqu'à il y a peu d'années cette donnée historique était aberrante, selon la Bible !

Manéthon, malgré ce nom grec, était égyptien, Prêtre de surcroît en même temps qu'historien, natif de Sebennytus, dans le Delta. Il vécut au IIIe siècle avant la naissance de Christ, sous le règne de Ptolémée Philadelphe. Cet empereur sage, lettré, demanda à Manéthon, lorsque celui-ci fut devenu Prêtre d'Héliopolis, et donc le gardien des ouvrages Sacrés de l'Antique Patrie, de lui rédiger une histoire complète des Pharaons (c'est-à-dire des « Descendants de l'Aîné ») en une chronologie la plus exacte possible.

Il faut bien comprendre que la fonction même de ce Prêtre, qui était « le Gardien-des-Textes-Sacrés-de-l'Aîné », était de la plus haute importance, car il réglementait les Rites Solaires d'Héliopolis, d'après le contenu de ces textes. Il était un des plus hauts personnages dans la hiérarchie sacerdotale complexe du clergé égyptien.

Cela mis au point, voici la chronologie complète de ce peuple, celle donc *qui remonte à l'Origine d'Aha-Men-Ptah,* avec les dynasties Divines, celles des Héros, puis celles qui vécurent en Égypte, cet Ath-Ka-Ptah, ou Seconde-Âme-de-Dieu. La concordance historique avec la chronologie est complète, preuves apportées par les mouvements harmoniques célestes et leurs faciles datations. Ce qui permet d'ores et déjà d'affirmer que les « coïncidences » multiples ne peuvent plus être ici des « hasards », mais qu'elles sont des actions naturelles dépendant d'une Loi des « combinaisons mathématiques » voulue par Dieu, afin d'être prévisibles par l'Homme, et de pouvoir ainsi éviter des cataclysmes en se conduisant selon les Commandements Divins !

Dans le « Canon chronologique » conservé à Turin, les neuvième, dixième, et onzième lignes, contiennent un résumé général des temps antérieurs à Ménès. Ils donnent une durée d'existence de 13 420 ans jusqu'à l'avènement d'Horus (Hor) qui est noté comme le premier « Héros » ; et de 23 200 ans pour les successions Divines antérieures à Hor, soit une suite totale de règnes étalés sur 36 620 ans jusqu'à Alexandre.

Il est aisé de concevoir les hurlements des censeurs et des exégètes qui, jusqu'au début du XXe siècle de notre ère, assuraient qu'Adam, le premier homme engendré par Dieu, l'avait été un peu plus de six millénaires auparavant !... Mais les Conciles firent évoluer ce précepte, et les derniers Papes ramenèrent à un peu plus de discernement les historiens de l'Église, notamment grâce au compte rendu de la Commission Biblique du Vatican de 1948.

L'affabulation tant préconisée il y a vingt siècles par Le Syncelle, tombe ainsi d'elle-même pour redevenir une réalité chronologique. Manéthon n'avait d'ailleurs fait que recopier des textes d'archives, mais que ceux qui pouvaient lire les hiéroglyphiques des soubassements des Temples d'Edfou, d'Esnée, et de Karnak, retrouvaient intégralement gravées suivant les données les plus précises conservées traditionnellement par les « Maîtres-des-Mesures ».

Cette suite de règnes datés dans le Temps, et matériellement à la portée des générations futures pour leurs études, a été très justement reproduite dans l'Espace, sur la planisphère de Dendérah, afin que nul n'ignore qu'il ne s'agit pas là de coïncidences, mais bel et bien d'une suite logique de « Combinaisons », voulue par Dieu, et prophétisée par les Pontifes.

Ptah, donc le Dieu-Unique, le Créateur, à un certain instant, transforma une créature terrestre à Son image, afin que l'environnement créé puisse lui servir en toutes choses. Il la toucha de Sa grâce, et cette espèce particulière acheva de se lever afin de se tenir toujours debout. Petit à petit, il se mit à utiliser la parcelle de Divinité incluse dans son cerveau, et l'esprit lui vint. L'Homme pensa, et ses réflexions créèrent l'intelligence, qui prit place dans l'Âme. Les siècles, puis les millénaires, l'affinèrent : il utilisa le feu, fondit les métaux, fabriqua les armes, et un jour, sa suprématie s'affirma sur le reste de la gent terrestre !

Mais Dieu ne tarda pas à s'apercevoir que Son image avait aussi bien changé en esprit ! Celle-ci se partageait à présent en une infinité de clans, de tribus, de peuples et de pays. Chacun d'eux désirant s'assurer la supériorité sur les autres, cela les ramenait tous à l'ignorance des Commandements Divins et à l'impiété. Ainsi le temps avait passé sur les humanoïdes qui s'entraidaient pour en faire des hommes qui se haïssaient et s'entre-tuaient !...

Chronologiquement, le Commencement de l'Humanité fut le temps où Dieu décida de *juger* les humanoïdes pour en faire Son image. Ce temps de réflexion lui permit de peser les nouvelles Ames suivant Ses propres critères du Bien et du Mal Cela dura le temps du passage du Soleil, durant 12°, dans une constellation céleste (soit durant 864 ans) à qui fut donné le nom de : Khi-Ath, ou « le Juge-des-Cœurs ». Ce fut Ptah-Nou-Fi qui lui donna cette dénomination lorsqu'il écrivit pour la postérité les rouleaux de cuir des « Combinaisons-Mathématiques-Divines ». Il justifia cette appellation par le fait que « les cœurs des premiers êtres humains étaient pesés avant que leurs âmes puissent être mesurées pour en connaître l'exact contenu en Bien et en Mal. » Ce qui permit d'introduire peu de temps après la notion de la Balance, et de donner ce nom à la même constellation.

Après ces 864 années, le Soleil avança dans la constellation suivante. Il quitta donc le groupe d'étoiles de Khi-Ath, pour un ensemble stellaire très pur, dans le temps duquel une jeune vierge, touchée par la grâce Divine, donna naissance à ce Ptah-Nou-Fi, le-Dieu-envoyé-du-Ciel pour enseigner les peuplades et qui fut le premier lettré. Tout naturellement, il mit comme symbole à cette constellation trois épis. Pourquoi ? Parce que sa mère, symbolisant le Ciel (Nout) Dieu, le Créateur, et lui, le Fils, les générations futures, cette triade fut celle de qui découla toute l'humanité !

Plus populairement par la suite, cette constellation céleste prit le nom de la Vierge, afin que l'Humanité se souvienne qu'elle descendait de Nout en cette constellation-là. Ainsi, les âmes s'habituèrent-elles à réfléchir dans l'esprit même de Dieu, pour ne jamais rompre le fil conducteur les reliant au Ciel.

En 2 592 années, soit dans le temps passé à parcourir les trente-six degrés où le Soleil y apparut, le peuple, enseigné par les soixante-et-onze descendants directs qui succédèrent à Ptah-Nou-Fi, créa une civilisation évoluée, ayant appris l'art de vivre en accord unanime avec le rythme céleste.

Lorsque l'astre du jour, poursuivant sa lente navigation le long du Grand Fleuve Céleste (la Voie Lactée : Hâpy), fut dans la constellation suivante, le soixante-treizième descendant de l'Aîné (le Pâa-râ) entreprit de diriger seul le pays dès qu'il fut sacré. Il était doué d'une très forte musculature, dont il était très fier, mais d'un petit cerveau, ce dont il se rendait moins compte ! Il aimait donc faire étalage de sa force exceptionnelle à la moindre occasion, plutôt que de faire de belles phrases ! Il était bien évident qu'après tous les mélanges de sang, sa parcelle de Divinité était très amoindrie.

Ainsi, le jour même de son couronnement, eut lieu un événement presque miraculeux dont les Annales se souviennent fort bien, et qui nous est parvenu par l'entremise d'un nom de groupe d'étoiles ! Ce jeune Maître, donc, était agacé depuis un certain temps, d'entendre sans cesse vanter les prouesses de lions qui batifolaient autour de sa demeure et que nul ne voulait braver. Voyant au moment de son Sacre, un lion hardi qui s'approchait du lieu du culte, troublant ainsi cette cérémonie pompeuse et traditionnelle, il laissa tomber sa couronne afin de sauter plus facilement sur le sol depuis la haute esplanade où se déroulait la cérémonie, pour poursuivre l'animal.

C'était un splendide mâle adulte, qui, en moins de temps qu'il n'en faut pour l'écrire, était rejoint et étranglé à mains nues !... L'immense foule qui s'était précipitée aux terrasses pour mieux jouir des détails de la lutte, applaudit avec frénésie à cet exploit sans précédent, qui ne laissait plus aucun doute sur les faveurs que Dieu accordait au nouveau Monarque.

Le nom du lion : Er-Kaï, fut donc donné à la constellation où le Soleil entrait ce même jour de consécration du Maître. Et ce dernier décida donc de s'appeler : Méri-Ptah-Er-Kaï, c'est-à-dire le « Lion-Aimé-de-Dieu ». Il est à noter, en marge de cette narration, que le nom d'Er-Kaï devint synonyme de : « Fort comme un lion », et que les Grecs firent d'Er-Kaï : Héraklès, qui devint Hercule en notre langage.

Soixante-et-onze générations lui succédèrent également durant le périple solaire en cette constellation *Er-Kaï*, mais dont les temps furent moindres. Les nombreuses mésalliances firent dégénérer cette descendance, qui perdit tout contrôle et dont les derniers représentants sombrèrent dans un total aveuglement. La colère de Dieu se manifesta sans plus attendre contre eux.

L'ordre céleste fut perturbé par un mouvement rétrograde de la course solaire dans l'Espace ! C'est donc la première relation d'un tel phénomène qui est parvenue jusqu'à nous !

Durant le gouvernement de ce cent quarante-quatrième Maître, alors que l'astre du jour se tenait au trente-deuxième degré dans cette constellation du Lion, les éléments se déchaînèrent, bouleversant des continents entiers, plaçant des mers à la place des terres, et vice versa. Le magma, avec son poids de milliards de milliards de tonnes fit pivoter la Terre sur son axe, et celle-ci se retrouva inversée, au quatrième degré de la même constellation du Lion !...

Les mouvements solaires furent alors soigneusement observés par le premier Roi de cette IIIᵉ dynastie, qui s'aperçut que le Soleil suivait à présent une course ascensionnelle directe, après avoir reculé durant plusieurs millénaires. Mais évidemment revenant sur lui-même en Lion pour 1 440 ans. Il prit donc le nom de : Mou-Kaï-Ptah, soit, « Juste-en-la-Force-de-Dieu ».

Ce nom patronymique définit fort bien la nouvelle crainte que la Puissance Divine inspira à Ses créatures ! Mais cette dynastie fixa une écriture primaire en caractères symboliques qui permit à l'intelligence du peuple d'évoluer spectaculairement. C'est pourquoi *le Lion : Er-Kaï,* symbolisa non seulement la Force, mais également Dieu et le Soleil.

Puis l'astre du jour quitta la constellation du Lion, pour entrer à nouveau en Nout, *la Vierge aux trois Épis*. La population comprit très vite que ce nom avait été donné à bon escient, ce qui démontra une nouvelle fois la Puissance Divine. La Reine de ce temps, qui avait reçu, comme le voulait la Tradition, le nom de son illustre devancière, donna naissance à un fils premier-né Divin.

Ce fut lui qui, sous le nom de : Ath-Aha-Ptah, soit le « *Second-Ainé-de-Dieu* » mit à profit l'écriture parfaite de ses prédécesseurs pour mieux faire comprendre les commandements Divins et l'intérêt qu'il y avait à bien les .observer. Il organisa les rites de la prière et des offrandes, du châtiment et des punitions.

Les 2 592 années que dura le passage du Soleil, de nouveau en Vierge mais en sens contraire, ne furent que paix et justice, et l'Humanité développa toutes les sciences physiques et perfectionna les méthodes employées pour l'agriculture. Puis ce fut l'ère de la Khi-Ath, qui jugea les Cœurs : *la Balance !* La navigation solaire, cette fois, eut lieu tout au long du fleuve, et elle dura les 1 872 années prévues. Là aussi, une sorte d'Âge d'Or s'instaura durant ce temps, grâce à l'obéissance de tout un peuple aux lois Divines. Les quelques différends mineurs qui demandaient à être tranchés, l'étaient sans difficulté une fois l'an par le Maître, qui siégeait dans une cour intérieure du Temple-Dieu. Il était assis sur une pierre de granit vert, cubique, de quatre coudées de côté, et sur laquelle était posée, à côté de lui, une balance d'or. Il se tenait là du lever au coucher du Soleil, durant les vingt-six jours de révolution annuelle qu'il effectuait dans cette constellation. Le Maître tranchait sans appel et, ses verdicts étant justes, personne n'élevait la voix... Aussi, les derniers Maîtres s'endormirent-ils dans une Foi qui n'était plus que Loi, et se prirent-ils eux-mêmes pour des dieux !

C'est pour cette raison que l'entrée dans la constellation suivante était attendue avec perplexité par les uns et avec anxiété par les autres. Ce groupe d'étoiles n'avait pas encore de nom, le Soleil ne s'y étant pas encore inséré depuis le début des Annales écrites. Cela créa un climat craintif et un certain malaise dans les milieux proches du Roi, malaise qui grandissait au fur et à mesure que se rapprochait la date fatidique du passage dans l'ère suivante.

Plusieurs accidents graves se produisirent d'ailleurs durant les années intermédiaires, pourrait-on dire, des changements d'influx astraux des constellations. À la dix-septième année du règne du

Maître régnant au début de ce nouveau Temps, le Monarque mourut écrasé sous les décombres de son Palais qui s'écroula un jour sous lui, sans que l'on comprit pourquoi. Son fils, dans un autre bâtiment était sauf ; mais le surlendemain, alors qu'on venait le chercher en grande pompe pour la cérémonie du Sacre, il fut trouvé mort, indiscutablement tué par lui-même !... Aujourd'hui, on ajouterait, à la suite d'une dépression nerveuse.

Les Prêtres, y voyant le doigt de Dieu, appelèrent cette constellation Hétet, « La Destructrice », qui se transforma en Tèti, qui est le nom du Scorpion, quelques semaines plus tard. Le peuple l'avait ainsi baptisé à la suite du suicide narré précédemment, le scorpion pouvant lui aussi se tuer en se piquant de son dard lorsqu'un mauvais instinct l'y pousse.

Ce fut un neveu du premier roi qui monta sur le trône à son tour. Pour conjurer le sort et se faire des alliés de tous côtés, il prit pour nom : Hètet-Tèti, « le Scorpion-Destructeur ». De fait, il régna longtemps et il fut d'un despotisme sanguinaire. Il asservit le monde sous son joug, après avoir décidé que seule sa justice serait valable et qu'il l'exercerait à n'importe quelle époque de l'année.

Il s'écoula dans cette constellation destructrice 1 872 révolutions solaires, durant lesquelles se succédèrent soixante et un Maîtres, qui accentuèrent par leurs injustices et les batailles continuelles qu'ils livrèrent, la colère Divine, car une nouvelle fois, la décadence humaine se précipitait.

Le dernier Roi, le soixante-quatrième de cette dynastie maudite, était à tel point dépravé, qu'il ne se maria point. Vivant en dehors de toute compagnie féminine et n'ayant donc aucune concubine, il mourut sans laisser d'enfant. Sa succession ouvrit une ère de rébellion et de guerre civile, où les prétendants à ce trône furent légion.

Un demi-frère cadet, cependant, qui aurait dû être en cent-vingt-troisième position parmi les postulants possibles, réussit, en trois semaines à s'imposer comme quatrième prétendant. Avec une fidèle compagnie d'archers, il décida d'en finir en faisant tuer au petit malin non seulement les trois futurs possibles « Maîtres », mais également leurs principaux amis et parents. Après cette sanglante journée, il n'y eut plus d'obstacle à ce qu'il devint Monarque. Il se fit accepter par les Prêtres apeurés sans protestations. Son nom fut tout naturellement Maka-Sati, « La Flèche Invincible ». Ce qui décida le Collège à donner officiellement comme nom à la constellation dans laquelle venait d'entrer le Soleil : Sati, ou « La Flèche ». Les Grecs en firent par la suite le Centaure, ou le Sagittaire...

Manéthon ayant accès aux archives d'Héliopolis, connaissait parfaitement le texte des Annales Antiques. Mais Eusèbe, Josèphe, et les autres, qui avaient pourtant à l'époque même les ouvrages de ce prêtre en main, et dans l'écriture de leur propre langue, n'en ont retenu que la chasse à l'arc du jour du couronnement ! Ce qui montre le peu d'intérêt de ces historiens latins pour la datation chronologique.

Ce Maka-Sati, premier Roi de cette VIIe dynastie - qui serait la dernière intitulée « Rois-dieux », et qui était en constellation Sati -, avait organisé une chasse dans la forêt toute proche, au nord-ouest du Palais Royal. C'était à cette époque une chasse aux animaux énormes : les âa-n'abu, aujourd'hui totalement disparus, mais que l'on appelle de nos jours mammouths.

Cette race de géants - paisibles, mais dangereux par leur masse -, la dernière de ces temps reculés, ne digérait plus que certaines jeunes pousses de végétaux. Comme ils proliféraient et se groupaient en troupeaux importants, ils devenaient un vrai fléau, non pas pour la population qu'ils dédaignaient complètement, mais pour la culture de l'orge !... Quand un troupeau d'une centaine de bêtes arrivait dans un champ, il n'y avait plus qu'à dire adieu à la récolte. En moins d'une heure, la terre était arasée, aplanie.

Un jour - c'était celui du couronnement de Maka-Sati -, poussée par la faim, une horde s'approcha des champs du Palais. Afin d'ouvrir son règne d'une façon éclatante, il organisa cette fameuse chasse aux mammouths ! Il n'y aurait que huit autres chasseurs en dehors de lui-même, uniquement armés de leur arc et d'un carquois qui ne contiendrait que douze flèches. Les invités pourraient assister au spectacle des terrasses, car des rabatteurs devaient ramener les odieuses bêtes ayant commis le crime de lèse-majesté en dévorant l'orge royale. Le Monarque et les huit chasseurs attendraient là la ruée... à l'orée même de la forêt.

Monté sur un étalon noir, et suivi à quelques pas par ses huit servants, Maka-Sati écoutait distraitement les bruits confus faits par les rabatteurs, lorsque débouchèrent soudainement deux masses énormes gris foncé : deux *àa-n abu* !

Au lieu de faire demi-tour et de s'enfuir, le jeune Roi s'arc-bouta fièrement sur sa monture, la maintenant solidement sous lui avec ses mollets, et, prenant son arc, avec la rapidité de l'éclair, il l'arma d'une flèche qu'il décocha en visant à peine et en fit autant avec trois autres en moins de dix secondes. Le second mastodonte tomba aux pieds même de son cheval, une flèche lui ayant transpercé chaque œil ; quant au premier, il s'était écroulé à quelques pas, foudroyé de la même manière par les deux précédentes flèches. Les huit chasseurs n'avaient même pas eu le temps d'esquisser le moindre mouvement !... Tous les spectateurs avaient contemplé ce haut fait d'arme, favorisé sans nul doute par Dieu. C'est pourquoi Maka-Sati fut glorifié à partir de ce jour et pour l'éternité comme « Homme-Cheval » à la flèche invincible !

Ce Monarque, cependant, malgré sa puissance physique et son prompt instinct de défense, était dénué de la parcelle Divine de ses ancêtres. Il était né d'un couple humain, et sa conscience fort élastique fit dégénérer complètement cette dernière dynastie des Rois-Dieux, après seize générations de Monarques qui régnèrent durant sept cent vingt années. Le dernier : Maka-Aha-Sati, fit régner une terreur sans nom dont la sauvagerie ne fut jamais égalée et qui, malheureusement, à cause de cela, domina son peuple durant soixante-quatre ans ! Ce qui amena le Soleil à dix degrés de cette constellation du Sagittaire !

Un bouleversement géologique survint alors, accompagné de forts tremblements de terre et d'un déluge. L'ensemble ne fut pas la suite d'un pivotement de l'axe terrestre mais d'une avance instantanée de 72° dans la rotation, ce qui présenta le jour même le Soleil, non plus à 10° du Sagittaire, mais à 21° du Verseau. Ce nom fut donné sans contestation possible à ce temps où visiblement, l'eau fut versée à pleins seaux !

La nouvelle calotte glaciaire du pôle Nord s'était enfoncée sous les flots, déchiquetant le territoire du Canada et créant l'actuelle baie d'Hudson, les côtes de l'Alaska et du Groenland, séparant ce dernier territoire par un vaste bras de mer du continent d'Aha-Men-Ptah. Il en alla de même tout autour du globe terrestre le long de ce parallèle, laissant ainsi le pôle Nord pris par les glaces en un immense territoire isolé.

Voici donc le récapitulatif chronologique d'Aha-Men-Ptah jusqu'à ce mini-bouleversement :

Méditation et Création (864 ans)	DIEU	Ptah (DIEU-UN)	Khi-Ath (Balance) 864 ans
Iʳᵉ dynastie Divine (2 592 ans)	+ 71 Rois	Ptah-Nou-Fi (Envoyé du Ciel)	Nout (Vierge) 3 456 ans
IIᵉ dynastie Divine (2 448 ans)	+ 71 Rois	Meri-Ptah-Kaï (Lion-Aimé)	Er-Kaï (Lion) 5 904 ans
IIIᵉ dynastie rois-dieux (1 440 ans)	+ 33 Rois	Mou-Kaï-Ptah (Juste et Fort)	Er-Kaï (Lion)[1] 7 344 ans
IVᵉ dynastie rois-dieux (2 592 ans)	+ 71 Rois	Ath-Aha-Ptah (Second-Aîné)	Nout (Vierge) 9 936 ans
Vᵉ dynastie rois-dieux (1 872 ans)	+ 63 Rois	Mou-Ath-Ptah (Cœur-Juste)	Khi-Ath (Balance) 11 808 ans
VIᵉ dynastie les demi-dieux (1 872 ans)	+ 55 Rois	Hetet-Teti (Le Destructeur)	Teti (Scorpion) 13 680 ans
VIIᵉ dynastie les demi-dieux (720 ans)	+ 16 Rois	Maka-Sati (La Flèche invincible)	Sati (La Flèche) 14 400 ans

Le mini-cataclysme qui bouleversa l'hémisphère Nord de la Terre à ce moment-là, porta notre globe à effectuer un bond en avant sur lui-même, et sur le même axe, qui le poussa du 10ᵉ degré du Sagittaire au 21ᵉ degré du Verseau, que les « Combinaisons-Mathématiques » calculent avec précision, afin de débuter dès cet instant précis une chronologie exacte. Nous sommes au 21ᵉ jour, du 2ᵉ mois de l'an 21 312 avant Christ.

---

1. Le Lion, à partir de ce jour, est repris en position directe par le Soleil, qui continuera à naviguer sur sa voie direct jusqu'au Grand Cataclysme.

La chronologie manéthonienne est donc exacte puisqu'elle chiffre 36 000 années au total depuis la méditation Divine. Or, nous trouvons ce même total à quelques détails près : 14 400 + 21 312 + 244 ans jusqu'à Alexandre = 35 956 ans. Ce qui nous amène, pour plus de compréhension, de présenter la même étude sous sa forme graphique :

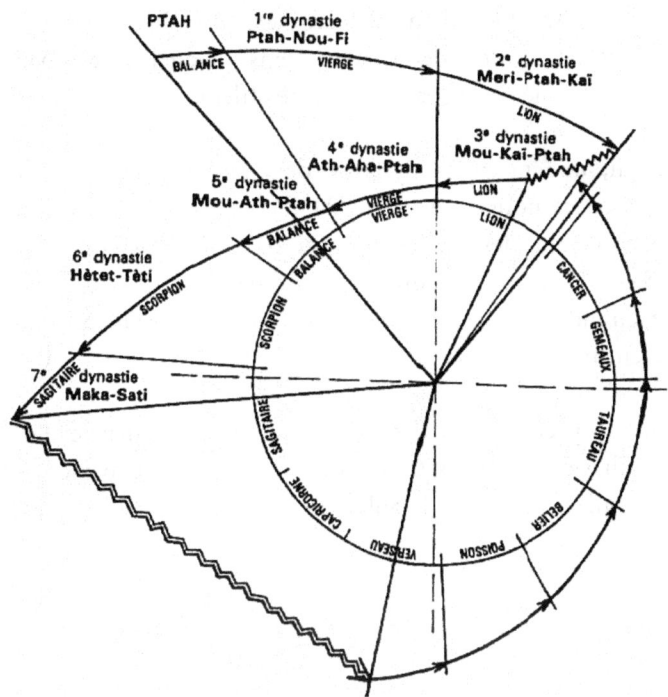

Après le bouleversement de l'axe terrestre qui avança « le ciel » de quarante journées sur l'écliptique équatorial céleste, et qui provoqua les intenses perturbations décrites quelques pages auparavant, le continent, amputé de sa province du nord engloutie, resta cependant le Grand Aha-Men-Ptah, orienté différemment et presque toutes ses terres au-dessus de l'équateur.

Les Prêtres élirent alors un Pontife, le premier, qui dirigerait les affaires relevant de la Loi Divine, et sacrèrent un parent au deuxième degré du Maître défunt, qui lui régnerait sur le peuple et serait investi du pouvoir dans les affaires ne relevant pas du domaine spirituel.

Ce dernier était encore un jeune homme qui, né sous de bons aspects des « Combinaisons » des Fixes, avait été remarqué par le Grand-Prêtre. Introduit de ce fait au noviciat de la « Maison de Vie » du Temple de Ptah, il y était resté six années, à apprendre ce qui, a priori, était susceptible d'en faire un Sage. Il était cependant certain que l'ambiance de décadence dans laquelle baignait son environnement ne l'avait pas, lui, même effleuré.

Par lui, une première dynastie de « Héros », ou de « Mânes », s'instaura en ce nouveau jour du 21 février 21 312 avant Christ, en Maître conscient des réalités exigées par Dieu en Aha-Men-Ptah. Cette seconde période chronologique durera 11 520 ans, s'achevant avec le Grand Cataclysme, qui vit son dernier « Maître », le Fils de Nout : Ousir.

Avant le premier Roi des « Héros », la VIIe dynastie des demi-dieux s'acheva après 14 400 ans d'Histoire, par une avance sur l'axe terrestre, qui fit apparaître le Soleil en constellation du Verseau :

Soleil dans constellation	Durée en années	Durée avant le Christ	Durée totale avant 1975	Durée depuis Méditation	Durée depuis les « Héros »
Sagittaire	1 576	21 312	23 287	14 400	—
		Mini déluge amenant le Soleil à 8° du Verseau			
Verseau	576	20 736	22 711	14 976	576
Poissons	2 016	18 720	20 695	16 992	2 592
Bélier	2 304	16 416	18 391	19 296	4 896
Taureau	2 304	14 112	16 087	21 600	7 200
Gémeaux	1 872	12 240	14 215	23 472	9 072
Cancer	1 872	10 368	12 343	25 344	10 944
Lion	576	9 792	11 767	25 920	11 520

... En ce jour-là « Le Grand Cataclysme » amena le Soleil à se lever à l'est...

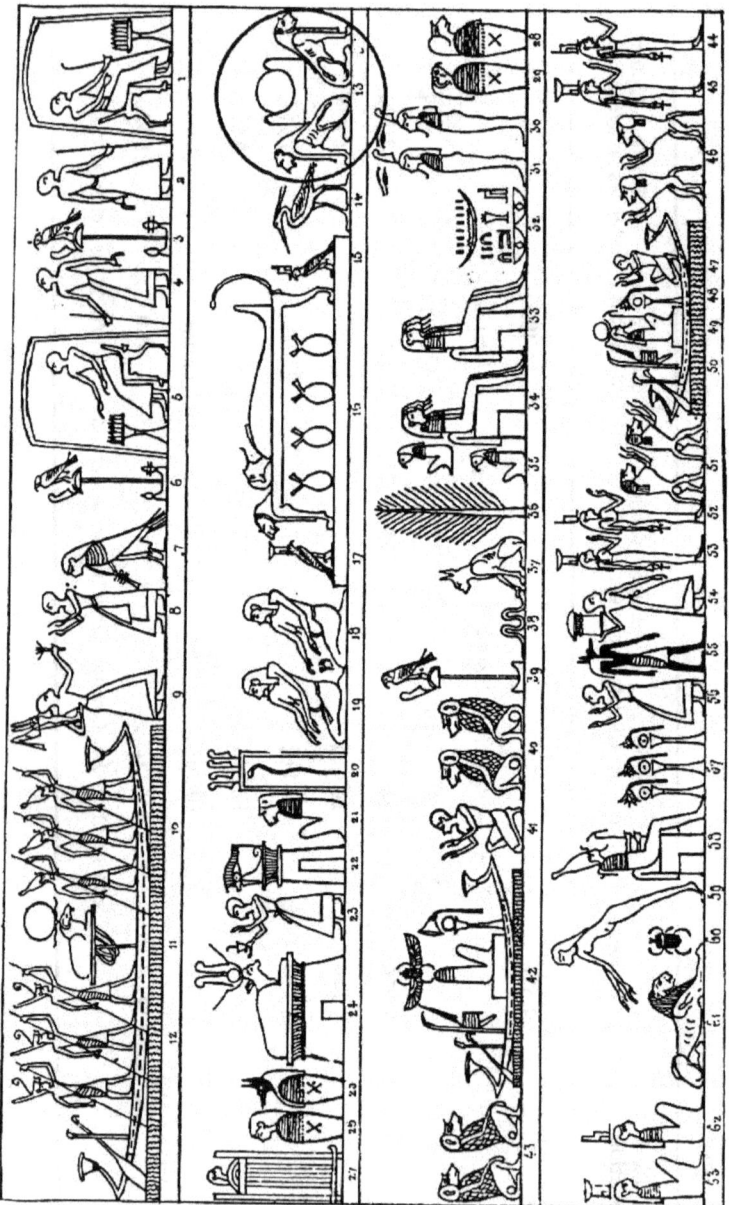

Le chapitre XVII est le seul du « Livre des Morts » à n'avoir aucun texte hiéroglyphique. Il est constitué par cette unique gravure qui narre sans équivoque le « Grand Cataclysme », en LION !

Et la troisième période dynastique, qui débuta avec les vaillants rescapés du continent englouti, débarquant sur une deuxième terre, commença ses Annales Chronologiques avec Hor : Horus-le-Pur.

Une traduction fort intéressante, quoique très approximative, du texte dit de la « Théologie Memphite », a été faite par le professeur en archéologie orientale Henri Frankfort, on peut cependant y lire textuellement, au chapitre XV :

Il arriva que l'on combattit ;
ce qui signifie qu Horus se battit avec Seth.
Et Geb dit à Horus et à Seth : « Oubliez ! »

Les rescapés, auteurs du manuscrit original, rappelaient à leurs successeurs six mille ans plus tard une réalité devenue incompréhensible ! L'Histoire fut transformée en une Mythologie adaptée à un nouveau milieu, où ces « vieux livres » étaient devenus une suite d'affabulations, plus fantaisistes les unes que les autres !...

Il est probable que Hor, pas encore entré dans la légende pour devenir l'Hor-Our déifié, pensait à cet avenir lointain, toujours attaché dans une « mandjit », avec sa mère Iset veillant tendrement sur lui, car l'embarcation roulait, désemparée,. de vague en vague, sur une mer furieuse, agitée par les soubresauts d'un continent entier s'enfonçant sous les eaux.

Immobile, le corps raidi par l'humidité et le sang coagulé, il était cependant bien vivant et extrêmement lucide. Il sentait une douce main serrant fortement une de ses jambes, comme pour la maintenir collée au bois, et l'empêcher de rouler dans les abîmes qui l'auraient entraîné vers ce Royaume englouti, devenu celui de millions et de millions de morts. Ruisselant d'eau, il tenait le bas du mât cassé, guettant au travers les cils de son œil valide, un rivage éventuellement accostable, où le Créateur, qui les avait épargnés, permettrait que leur « mandjit » s'échoue.

Le creux des énormes vagues l'en empêchait le plus souvent, et le bruit qu'elles faisaient en s'écrasant contre la si frêle et pourtant si résistante coque, lui faisait mal au cœur en même temps qu'aux oreilles ! Car il se demandait à chaque fois si sa mère et lui ne finiraient pas dans le ventre des crustacés ! Et sa Foi s'amoindrissait, d'autant qu'il se posait aussi une question angoissante : combien de rescapés pourraient-ils en réchapper ?...

Nekbeth, quant à elle, n'était pas troublée par les montagnes d'eau qui se dressaient comme des falaises devant son embarcation. Elle savait qu'elle en verrait la fin au moment choisi par Dieu. Le monde entier paraissait se dissoudre dans la clarté diffuse dispensée par un Soleil nouveau, qui n'intrigua même pas la jeune femme. Après la tempête, le calme renaîtrait, comme la vie. De nouveaux bâtisseurs édifieraient une deuxième patrie, et tout recommencerait. Les hommes n'en comprendraient pas mieux pour cela l'iniquité qui était la leur, et l'inutilité de vouloir croire sans cesse qu'ils étaient eux-mêmes des dieux !

Contemplant la peau de taureau, au fond de sa barque, qui contenait la dépouille de son vénéré père Ousir, la jeune femme ne se permit point, pourtant, de demander vengeance contre l'assassin son propre frère Sit. Elle savait que leur père n'aurait jamais voulu cela. Et que c'était lui dans ce cuir protecteur, qui lui inspirait cette pensée de clémence. Mais cette peau protégeait quoi ?... Plus Nekbeth observait cette masse, moins elle « voyait » un mort ! Ce qui lui semblait inexplicable...

Soudain, une profonde joie l'envahit ; levant les yeux vers ce Soleil qui réconfortait les cœurs, elle comprit qu'un miracle s'accomplissait. Des larmes l'inondèrent, elle était persuadée de la résurrection d'Ousir, d'une manière ou d'une autre ! Son Père, pour démontrer Sa toute-puissance en toute circonstance, rendrait la Vie à Son Fils !

Nekbeth ne savait pas comment, mais elle avait confiance !

ALBERT SLOSMAN

BIBLIOGRAPHIE

DES PRINCIPAUX DOCUMENTS ÉTUDIÉS POUR UNE COMPRÉHENSION ANAGLYPHIQUE DES TEXTES

DESCRIPTION DE L'ÉGYPTE. - Recueil des observations et des recherches qui ont été faites durant l'expédition de l'armée française, 1ère éd., 9 vol. de textes et 12 vol. d'atlas et documents dessinés (1809 à 1813).

BIBLIOTHÈQUE DE L'ÉCOLE DES HAUTES ÉTUDES. -Maspéro : *Genre épistolaire,* 1872; Grébaut : *Hymne à Amon-Râ,* 1875 ; Virey : *Papyrus Prisse,* 1887 ; Jéquier : *L Hadès,* 1894.

ANNALES DU MUSÉE GUIMET. - Lefébure : *Hypogées royaux,* 1886 ; Amélineau : *Gnosticisme,* 1887 ; Mahler : *Calendrier,* 1907.

BIBLIOTHÈQUE ÉGYPTOLOGIQUE. - Œuvres des égyptologues français : Leroux : deux volumes, 1893 ; Maspéro : *Mythologie,* 1894 ; Dévéria : *Mémoires,* 1904 ; Chabas : Œuvres, 1905 ; de Rougé : Œuvres, 1909.

ARCHEOLOGICAL SURVEY. - Griffith : *Hieroglyphs,* 1895 ; Davies : *Ptahhetep,* 1897 ; Crowfoot : *Meroé,* 1911.

ALTERTUMSKUNDE AEGYPTENS. - Sethe : *Horusdiener,* 1903 ; Schaeffer : *Mysterien des Osiris,* 1904.

EGYPT EXPLORATION FUND. - Naville : *Pithom,* 1885 ; Petrie : *Dendérah,* 1900.

ÉTUDES ÉGYPTOLOGIQUES. - Lefébure : *Mythe osirien,* 1874 ; Révillout : *Chrestomathie,* 1880.

Et par ordre alphabétique, des auteurs

Auteurs	Œuvres	Dates
Amélineau E.	Études sur le payrus de Boulacq	1892
— —	Le culte des rois prédynastiques (art. dans le « Journal des Savants » de 1906	
Ampère J.-J.	Transmission des professions dans l'ancienne Égypte	Septembre 1848
Baillet Auguste	Fonctions du Grand-Prêtre d'Ammon	1865
Bergmann	Hieroglyphs Inschrifften	1879
Birch Samuel	Select Papyri of Britisch Museum	1841
Brugsch Émile	Le livre des Rois	1887
— —	Dictionnaire géographique ancien	1877
Budge Wallis	Papyrus d'Ani	1895
Burton James	Excerpta hieroglyphica	1825
Capart Jean	La fête de frapper les Annou	1901
Chabas François	Le papyrus Harris	1860
Chassinat Émile	Dendérah (6 vol.) I.F.A.O.	1911
Davis Charles	Le Livre des Morts	1894
Dévéria Th.	Papyrus de Nebqeb	1872
Devilliers	Dendérah	1812
Ebers Georges	Papyrus Ebers	1875
Einselohr August	Avant le règne de Ramsès III	1872
Erman Adolf	AEgypten Leben im Alterthum geschildert	1885
— —	Grammaire égyptienne	1894
Frazer J.-G.	Totémisme	1887
Gaillard Claude	Le Bélier de Mendès	1901
Gardiner Alan	Papyrus de Berlin	1908
— —	The Admonitions of an Egyptian Sage	1909
— —	Textes hiératiques (pap. Anastasi et Koller)	1911
Gayet Albert	La Civilisation pharaonique	1907
Golénitscheff	Papyrus n°1 de St-Pétersbourg	1876

— —	*Papyrus hiératique n°15*		1906
GRÉBAUT Eugène	*Les deux yeux du disque solaire*		1879
GRENFELL BERNARD	*The Amherst Papyri*		1891
GRIFFITH	*Two Papyri hieroglip. from Tanis*		1889
GROFF William	*Le nom de Jacob et Joseph en égyptien*		1885
— —	*Papyrus d'Orbiney*		1888
GUIEYSSE Paul	*Hymne au Nil*		1890
HORRACK PH.-J. (de)	*Les Lamentations d'Isis et de Nephtys*		1866
— —	*Le Livre des Respirations*		1877
JOLLOIS J.-B.	*Dendérah*		1814
LANZONE Rod.	*Le domicile des Esprits*		1879
LAUTH Fr. J.	*Pharaon Meneptah*		1867
LENORMAND Fr.	*Les premières civilisations*		1874
LE PAGE-RENOUF P.	*Religion of Ancient Egypt*		1880
LIEBLEIN J.	*Recherches sur la chronologie égyptienne*		1873
— —	*Papyri hiératiques du musée de Turin*		1868
— —	*Dictionnaire des noms hiéroglyphiques*		1871
LIEBLEIN Dr J.	*Recherches sur la civilisation de l'ancienne Égypte*		1910
LORET Victor	*Rituel des fêtes d'Osiris à Dendérah*		1895
— —	*Manuel de la langue égyptienne*		1896
MARIETTE Aug.	*Description du Grand Temple de Dendérah*		1875
MARTIN Théodore	*Opinion de Manéthon sur sa chronologie*		1860
MASPÉRO Gaston	*Littérature religieuse des anciens Egyptiens*		1872
MORET Alexandre	*Le rituel du culte divin*		1902
— —	*Rois et Dieux*		1911
— —	*Mystère égyptiens*		1911
MORGAN J. (de)	*Recherches sur les origines de l'Égypte*		1897
NAVILLE Édouard	*La Litanie du Soleil*		1875

— —		*La religion des anciens Égyptiens*	1906
Petrie W. Flinders		*Religion of ancient egypt*	1906
Pierret Paul		*Horus sur les crocodiles*	1869
— —		*Vocabulaire hiéroglyphique*	1875
Reinach A.-J.		*L Égypte préhistorique*	1908
Révillout Eugène		*Chronique contemporaine de Manéthon*	1876
Rougé Emm. (de)		*Origines de la race égyptienne*	1895
Sharpe Samuel		*History of Egypt*	1870
Virey Philippe		*Religion de l'ancienne Égypte*	1909
Young Thomas		*Hieroglyphics*	1823

La presque totalité de la bibliographie a été consultée à la Bibliothèque des « Fontaines », près de Chantilly, dans l'Oise, où les Pères jésuites bibliothécaires veillent avec sollicitude sur 600 000 volumes philosophiques et religieux, tout en permettant l'accès aux personnes intéressées. Qu'ils en soient ici remerciés.

Autres ouvrages d'Albert Slosman

www.omnia-veritas.com

www.ingramcontent.com/pod-product-compliance
Lightning Source LLC
Chambersburg PA
CBHW050129170426
43197CB00011B/1765